（第二版）

就業安全理論與實務

Employment Security Theory and Practice

李庚霈◎著

序

　　近來嚴長壽董事長對技職教育極力呼籲教育主管機關重視及父母與業界的熱烈回應相挺後，促成教育部「技職教育風華再現」中長期政策的緊急變更，這是值得可喜可賀與嚴密思考的人力資源課題。

　　從人力資源培訓與運用角度觀之，人力資源在產業經濟發展過程中是最值得投資與運用的資源；而其是否能夠有效的運用，牽涉到國家、社會、學校、家庭的發展。亦即如果國家、社會、學校、家庭對各階段年齡層之人力，付出充分與及時的教育與關懷，則相信對渠等人員之生涯價值觀與態度，會產生正向與積極的作用；反之，則相信會產生極為負向與消極的作用，進而促使人力資源產生不良之發展。

　　由於現代為人父母者仍存著「望子成龍、望女成鳳」出人頭地之讀書至上心態，社會「士大夫與學歷至上」的價值觀，學校老師以學業成績作為「好學生與壞學生」之分別標準，導致「升學班」（前段班）與「放牛班」（後段班）之分野，只注重學生升學考試科目之課業教學，忽視其生活「品德及適性」發展之其他課程，例如職業價值觀與工作態度及相關領域課程等之教育與輔導，甚至不針對這些課程進行教學，使學生間均以學業成績（智育）做為互動標的等因素，導致學業成績不理想或對升學科目內容沒興趣的學生被逼得無所適從，甚至因被嘲諷與跟不上進度，一時又缺乏可正向學習之目標，久而久之無法找到出口；又可能因外在誘惑無法拒絕與難以控制自我，促使其與正途漸行漸遠，令人遺憾。

　　筆者常思考，教育單位過去雖有技職教育部門推動技職教育，但常被視為考不上高中及大學不得已之下的選擇，其程度畢竟無法與高中及大學學歷的人相比，有種矮人一截的自卑感。幸好近年來臺灣地區社經發展對專業技術人員需才孔殷，國人抵擋不住這股風潮，漸漸瞭解一技之長的

重要性，以及高職升格專科或專科升格為技術學院或科技大學，甚至與綜合大學併校或合作，相輔相成培育專業技術菁英，方使過去被視為次級學校之職業學校漸被重視，甚至凌駕於一些綜合高中或學院、大學之上，打破我國幾千年來「萬般皆下品，唯有讀書高」之士大夫觀念，這是值得欣喜的。

而進一步觀察行為偏差或犯罪的少年，在當時如果能有父母、師長或同儕給予充分及時的教育與關懷同理，瞭解其興趣、性向、人格與能力，而引導其朝其他技能類科學習發展，則相信對渠等人員的生涯價值觀與態度，會產生正向與積極的作用，減少社會問題的發生，進而成為國家培育產業經濟發展所需之中堅人才。

因此，揆諸相關單位及專家學者，針對有關人力資源規劃與運用之就業安全相關研究議題，均以就業服務為主軸，針對就業安全三大環節集結成一書者不多，筆者認為非常可惜。因此，乃以筆者從大學到碩博士以「人力運用與職業輔導」領域為研究主題，及在此一領域實務與教學幾十年經驗，嘗試彙編擬一本與現今坊間僅重相關理論，甚少論述將理論連結驗證於現代實務經驗傳承相關議題之不同類型書本，此次修正更增加「問題與討論及延伸閱讀」議題，以供關心此一領域之大專學子、實務工作者、機關團體及社會人士，或擬參加公務員高普特考及證照檢定等相關考試夥伴參考，及就業服務專業人員教育訓練與自我職能提升暨研討參考教材。

本書之完成修正，應該感謝的人實在很多，無法一一致謝，特在此一併申謝。不過仍要感謝揚智文化事業公司諸多同仁細心之協助與指教，及賢內助美華和長子沅錞、長女欣錞之體諒，更感謝服務之勞動部勞動力發展署與各就服機構之先進同仁及相關領域專家學者的賜教指正，方能使此書得以順利完成。最後，因行政院組織改造，相關機關名稱有些變更，例如103年2月17日行政院勞工委員會升格變更為勞動部、職業訓練局變更為勞動力發展署等，因此，有些資料因時空之故會維持原始時空，及

國內外年代運用體例，儘量維持國內為民國與西元等彈性因應情形。本書
利用公餘之暇修編彙集，故在資料蒐集及內容上如有不足或不成熟和疏忽
之處，尚祈先進賢達不吝賜正，以匡不逮。

後學　李庚霈

目　錄

Part 5　未來趨勢篇　　349

Chapter 13 就業安全政策及體制之評估分析與未來展望　351

參考書目　389

附錄　　405

Part

1

概念基礎篇

Chapter

1

緒　論

4

第一節　就業安全的基本概念

　　依據勞動部勞動力發展署（2014）所編印之《勞動力發展辭典》解釋說明，就業安全的主要目的乃在使國民適性就業與獲得安全保障，及無失業恐懼與危險。傳統上，就業安全的內涵包括就業服務、職業訓練及失業保險等三項。惟國際就業安全協會（IAPES）於1986年年會中認定就業服務（包括就業能力發展、職業訓練）、失業保險及勞動市場資訊為就業安全的三大支柱，而臺灣則將失業保險賦予更積極工作福利概念改為就業保險。

　　依據行政院主計總處每月所發布之「臺灣地區人力資源調查」統計結果顯示，近幾年來失業率約在4～5%左右，似乎已定型，除非有較重大景氣復甦或惡化，否則似難走回過去的昇平時期的2～3%左右情形。而失業人口中又以「非初次尋職者」中之「工作場所歇業或業務緊縮」所占比率最多（50%左右）。因此，從臺灣地區被資遣員工的失業問題經驗看，企業非經濟不景氣因素之關廠歇業現象，是否有部分是為了轉投資或規避退休金與資遣費，有待查證。

　　然而，勞工之就業安全保障，應再加重雇主責任，加上預防失業、穩定僱用、就業獎助及失業補償措施等策略，應是無庸置疑的。例如，失業保險係對勞工失業期間所給予的現金給付，以替代其所喪失或減少的部分薪資之失業補償方式。從國際實施經驗觀之，失業補償不是只有失業保險給付一種方式而已，尚有失業輔助（以工代賑、以訓代賑）、資遣費、搬遷津貼、租屋津貼、交通津貼等，故仍宜依不同失業勞工與區域性企業用人特質，廣泛地規劃不同類型而完整的失業補償制度與就業促進獎助措施。

　　總之，現代勞工在面對我國加入WTO之國際化競爭與貿易自由化及知識經濟趨勢之壓力下，其遭遇失業或轉職流動情形，將比過去頻繁。

因此，我國在2003年1月1日開始實施「就業保險法」時，政府周延完整的就業安全體制宜整合性地包括：就業市場資訊（employment market information）、就業服務（預防失業、穩定僱用、就業獎助）、職業訓練（職前訓練與在職訓練）、失業保險（失業補償及獎助僱用）等，以達到預防失業、穩定僱用與失業者就業促進之目標。

一、就業安全體系重要環節之定義

(一)就業輔導（服務）意義

就業服務亦稱就業輔導（employment service or guidement），乃是在求才與求職間從事安置，以使之成立勞資關係的工作，是現代工業國家為推行社會安全與就業安全的一項重要與積極性的施政。而其積極性意義，即是依其獨特之專業功能，加強就業市場組織，掌握人力供需動態，迅速輸送職業消息，並提供必要之職業輔導，期使求職者不因就業消息不靈通，以及對職業涵義的缺乏認識，導致就業市場雖有其適性的工作機會存在，而無法順利就業所造成的「摩擦性失業」（frictional unemployment）（又稱「移動性失業」，係因就業市場所發生之「人求事」與「事求人」的不協調情況所產生的失業狀況謂之）。

總之，就業服務係指政府運用組織力量與整合的方法，充分結合社會資源力量，協助國民解決就業問題，以實現就業安全政策，建立社會安全制度為目標的一項主要工作。

(二)職業訓練意義

「職業訓練」的英文名稱為vocational training，德文為berufsbildung，係指為準備就業的準勞工或已經就業的新進員工與在職勞工，為傳授其就業所需的職業技能，或提升其工作上所需的工作技能與相

關知識，所實施的各種訓練。依照我國現行「職業訓練法」及「身心障礙者權益保障法」規定，所稱職業訓練係指對未就業國民所實施的職前訓練，及對已就業國民所實施的在職訓練。實施方式分為養成訓練、技術生訓練、進修訓練、轉業訓練及身心障礙者職業訓練。依照日本「職業訓練法」的規定，所謂職業訓練係指為開發及提高求職者或受僱者職業上所必需的能力而實施之訓練。目前亦有人將「職業訓練」一詞做擴張解釋，而泛指一切培養或增進職業能力的各種訓練活動（譚仰光，1998；勞動力發展署，2014）。

(三)失業保險意義

失業保險（unemployment insurance）係一種在職的社會保險制度，其目的在保障在職勞工遭遇非自願性失業導致所得損失或中斷時，藉強制保險方式提供一定期間的最低所得保障，以安定其生活，為現代各國政府救濟失業勞工及解決失業對策的有效具體措施之一。而強制性失業保險始於英國，於1997年經英國國會通過失業保險法案為嚆矢。根據美國社會安全署出版《1997年世界各國社會安全制度》一書的統計，目前至少已有68國實施此制，例如美國、英國、德國及日本等。我國勞工保險條例中昔將其列入附則中，並將其實施地區、時間及辦法，由行政院以命令定之，並於1999年1月開始實施勞工保險失業給付，及配合就業服務及職業訓練制度的調整，積極規劃辦理於2003年1月實施「就業保險法」廢止前開辦法，以建立完整就業安全體系（柯木興，1998；李庚霈，2003）。

(四)就業（勞動）市場資訊意義

所謂就業（勞動）市場資訊（employment [labor] market information）係指就業市場動態及影響因素、勞動力特質，及人力供需媒合過程紀錄等各種資訊而言。這類資料的蒐集，有助應用者判斷整體就業市場實際運

作狀況，或消除因缺乏就業機會與勞動供給資訊所造成的摩擦性人力供需不平衡現象。因此，就業市場資訊的內容，應依需要資訊的對象不同而做不同的選擇。對求職者而言，最關心就業機會、工作條件及事業發展等資訊；對求才者而言，最想瞭解當地就業市場的工資率、各職類人力的供應是否充裕，以及各企業或各行業間對勞力的競爭情況等資訊；對就業有關的行政主管與規劃人員而言，最想知道人力供需或其盈缺、失調原因的分析等資訊。針對各界不同的需要，以及各地區不同的特性，就業市場資訊的彙編，即應以滿足求職人、雇主或其他應用者的需要為導向。

綜合言之，一般就業市場資訊應包括：人口結構資料、全國經濟變動情勢、地區性工商活動報導、教育統計資料、人力資源資料、職業訓練消息、求職求才消息、勞動條件資料、職業指導資料報導、技能檢定消息、新職類特徵報導、有關法令增修訂報導等資訊（曾碧淵，1998）。而事實上勞動（就業）市場資訊提供之最終目的，係希望能夠達到「新、速、實、簡」之「有效就業媒合」目標。

二、就業安全目的

第一，係為使「人盡其才」與「事得其人」，亦即為求職者謀得適當的工作，為求才者謀得適當的人才（right man in the right place），以達到「適性就業」之目標。

第二，使「人」與「事」得到適當的配合，善用社會人力資源，發揮國民工作效能，提高工業生產目標，以達到國民充分就業，繁榮國家經濟，增進國民生活福祉。

第三，促使教育與人力資源之「學以致用」目標，能夠透過科系設置與產業結構及就業市場勞動力需求之人力資源規劃與運用的理想目標得以實現。進一步而言，即教育主管機關可以各校科系設置與畢業生就業人數及學以致用情況，進行績效評鑑，作為補助款撥補之依據，如此即可達

到「就學」與「就業」結合之理想目標，以減少「畢業即失業」或「高學歷高失業率」問題之發生，使資源達到最有效的運用及減少失業人口問題。

綜合言之，就業服務措施的執行，在於如何由執行機關產出「服務」給政策對象——求職者與雇主。亦即就業服務機構如何建立有效的傳遞系統（delivery system），提供服務予目標對象，使「人」與「事」之妥適調節、配合與運用的過程。

三、我國當前就業安全體系的功能

(一)就建立「經濟性目標」而言

1.誘導人力參與建設，以達到「質」、「量」並重目標。
2.抑制通貨膨脹，紓解失業壓力。
3.改進人力資本。
4.減少人力浪費。

(二)就建立「社會性目標」而言

1.積極協助民眾脫離貧困。
2.引導謀職者獲致理想職業。
3.降低社會問題成本。

(三)對「個人」功能而言

1.協助個人增加所得。
2.減少失業。
3.提高個人自我實現需求的滿足感。
4.減少個人對家庭社會的依賴。
5.增進個人身心靈健康。

6.改善個人家庭物質、精神生活及促進家庭關係的和諧。

(四)對「雇主」功能而言

1.協助解決技術人力的瓶頸。

2.協助滿足人力的需求。

3.提高企業整體的生產力與社會責任。

(五)對「政府」功能而言

1.平衡所得分配。

2.增加國民總生產。

3.減少失業現象。

4.促進社會、經濟安全與政治穩定。

5.穩定物價。

6.減少反社會行為。

7.減少社會救助金支出。

8.增加稅收。

9.調節軍事人力。

四、各主要國家當前就業安全的主要工作內容（範圍）

各主要國家當前就業服務的主要工作內容（範圍）計有下述數項：

1.職業介紹與安置服務。

2.職業指導與諮詢服務。

3.行職業分析與分類服務。

4.雇主服務。

5.人力資源規劃與運用服務。

6.就業市場資料（訊）之建立服務。

7.職業交換服務。

8.就業訓練服務。

9.失業保險及就業促進相關工作。

　　而我國過去在臺灣地區的地方公立就業服機構尚附帶權宜性的業務，包括「專技人力調查」、「技能檢定」、「技能競賽」、「外來勞工」等多項相關業務。

　　總之，為因應當前社會、經濟與政治環境的變動，未來社經發展與就業市場需要，及發揮就業安全制度之整體功能，各國之就業安全政策與服務工作內容，亦隨之因應快速變動且與日俱增，尤以「外籍勞工」的引進，所衍生的多元與複雜問題，實有賴立法予以規範，方能符合社經與就業市場脈動之實際需要，以激發國民就業意願，增進國民就業技能，確保國民充分就業權益，達成支援生產、繁榮經濟與安定社會之目標。

第二節　就業安全的沿革與發展

一、就業安全歷史沿革

1.迎合工業革命後社會的需要。

2.由教會社團及政府的鼓勵下，產生公益性的職業介紹機構。

3.經由政府立法，由政府設立機構負起輔導國民就業之職責，並兼辦失業保險。

4.就業輔導與失業保險分工的趨向，以及為使給付金額達資源有效運用目標，便又有結合就業機會（雇主）與職訓及就業諮詢暨求職技巧準備知能之強化，乃又採取「三合一就業服務」之「單一窗口」服務趨向之作法。

5.以就業為導向的職業訓練，意即所謂的「訓用與學用及產學訓合

一」理念。

6.辦理加強就業者能力資格條件與性向、興趣結合的職業心理測驗之研發，及職業生涯規劃諮詢（商）工作。

7.加強雇主拜訪與聯繫之服務工作，以開發（增加）就業機會。

8.政府部門在經濟不景氣時，擴大辦理公共建設或服務業務，以創造臨時性就業機會，提供失業民眾工作機會。

9.加強區域性及國際化產業經濟發展所需職類人才之培訓。

10.為降低失業率而採取增加「公共建設」投資之政策，由政府籌編財源，擴大公共建設投資計畫，也因而增加一定期限之就業機會，進而由政府部門依業務需求，提出增加用人計畫，提供一定期限之擴大就業機會，參與解決失業問題，例如韓國1998年之「公共建設」投資計畫，失業率由約6.8%降至2003年之3.6%，以及我國2003年之「擴大就業機會計畫」，政府部門提供約七萬五千個工作機會案，預定將失業率降至2004年之4.5%等均是。

11.求職與求才就業機會管道由公私立就業服務機構，延伸到民間團體機構之參與，進而發展到公私部門就業資訊網站之經營的多元化情況。另其作業機具設備設施亦積極發展為電腦資訊化趨勢。

二、就業安全的發展

(一)就業安全發展要件

1.生產工具與設備脫離工人。

2.就業者工作場所遠離居處。

3.職業技能專精且變易快速。

4.就業機會不足，使就業者知能不易發揮。

5.傳統產業生產工具的提升達精緻化，新興行業與服務業從業人數增加，機具設備設施發展為電腦資訊化。

(二)就業安全專業從業人員應有的素養與工作原則

1.以失業者及初進入就業市場者為優先服務之對象。

2.保護身心障礙及弱勢求職者。

3.免費服務；但是服務所需費用比一般情形要高時，可以向雇主酌收超額之費用，及依法設立之「私立就業服務機構」，可依規定收費。

4.提供雇主及求職者自由選擇人才及就業機會。

5.工作應具有公正不偏之職業道德。

6.不得違背法律及社會善良風俗。

7.就業諮詢與諮商之專業知能。

8.就業市場資訊閱讀與分析及預測能力。

9.職業分析與職業分類技術知能。

10.對來尋求服務者之接納、尊重與人性對待。

11.瞭解職業心理測驗量表之內容、特性與解釋分析之重點。

12.瞭解同理心的運用。

13.專注與客觀的態度及熱誠助人的心。

14.瞭解職業訓練職類之內涵與開訓結訓日期，及未來就業機會與職訓職類間學以致用之相關性。

 ## 第三節　就業安全的相關理論

一、相關主義之驗證

大體言之，綜合各專家學者的觀點，可知當今世界現存的主義（思想意識）仍有四大主義，若從經濟觀點言之，則包括資本主義

（capitalism）、社會主義（socialism）、共產主義（communism）、民生主義（the principle of livelihood）等四大主義（朱言明，1994），謹據此針對外勞決策開放引進外勞後，對國內勞工之就業權益和社經影響及人力運用方面進行比較論證。

(一)資本主義方面

資本主義是以自由經濟為基礎，在自利心的誘因下，利用機械生產，追求最大利潤，以蓄積大量資本。其特徵包括：

1.財產（生產工具）所有權私有制。
2.分工專業化與消費者主權之市場經濟制度。
3.自由競爭與追求利潤的贏利制度之經濟體系。

由上述外勞引進工作概況可以知道，確實對資方製造了自由競爭與追求利潤的贏利制度，但是卻對國內勞工就業權益與社會成本造成嚴重影響，以及在人力運用方面造成更多的阻礙（朱言明，1994；吳寄萍，1987）。

(二)社會主義方面

社會主義流派既多，彼此主張也不盡相同，但是他們所訴求的目標或揭櫫的原則、理想、特徵，都提供了人們解決社會問題的啟示。其主要特徵為：

1.追求社會平等與經濟平等。
2.消滅貧窮，舉辦社會保險，以解救人類的痛苦。

由社會主義觀點可證之於外勞決策之不當，無論是對外勞或國內勞工或社經環境均未能達成均衡作用。誠如俗云：「惡法亦法」，如何痛下針砭，當是其時了！尤以針對農業人力及失業者與特定對象運用方面的

輔導規劃策略之研訂與推動,更是不能再延宕了(朱言明,1994;吳寄萍,1987)。

(三)共產主義方面

係廣義的社會主義中之一派,主張將現有社會組織澈底破壞,廢除私有財產制度,社會所有一切財產完全屬於共有,共同生產、共同分配,以實現「各盡所能,各取所需」之共產社會,自古已有的思想,經馬克思之手,將之建立成所謂「科學的」體系。誠如國父孫中山先生所言:共產制度不適用中國,更不適合現代人類的需要。在共產制度下外勞政策應是多餘的考量,因為其本國勞工就業機會係以分派方式進行,如此尚感不足,何需再假外人之手?更遑論有關農民人力及失業者與特定對象運用方面之輔導規劃策略的研訂與推動了(朱言明,1994;吳寄萍,1987)。

(四)民生主義方面

孫中山先生認為社會問題之發生,原來是要解決人民的問題,而社會問題便是民生問題,所以民生主義便可說是社會主義的本題,解決的原理可以說是全憑事實,而不尚理想。故其包括社會主義、共產主義與集產主義,而具有「以養民為目的」、「以均富為原則」、「採用和平的方法」、「建設自由安全的社會」、「以經濟地位平等為目的」、「以造成大同社會為目的」的特質,進而用民生主義代替社會主義,二十世紀不得不為民生主義之擅長時代。惟以目前臺灣引進外勞社經概況觀之,已非其所言之「民生主義」,而是一般所言之「資本主義化的民生主義」,更非所強調的「人盡其才」的理想目標,實值有關當局省思(朱言明,1994;吳寄萍,1987;周世輔,1978;《國父全集》,1989)。

二、相關理論之驗證

由社會學、心理學、經濟學及人力資源等四個領域之專家學者論見，針對研究主題進行比較驗證。

(一)由社會學領域之專家學者論見方面進行探討

◆功能結構系統理論方面（functionalism or structure system theory）

社會功能學理論再三強調社會各部門是相互關聯的，此種相互關聯的特質乃組成功能體系。其主要概念常包括四個基本命題：

1.每一個體系內的各部門在功能上是關聯合作與相配合的。
2.每一個體系內的組成單位通常都是有助於該體系的持續運行操作。
3.每一個功能體系都包含數個次級體系（subsystems）。
4.體系本身是穩定和諧的，不易有所變遷（change）。

由此觀之，外勞決策管理機關如未能儘速建立「外勞僱用指標」，以發揮功能論所強調的國內人力運用的均衡點，將會導致衝突理論現象的發生（白秀雄，1983；蔡文輝，1987；陳秉璋，1988；詹火生，1988；李庚霈，1997）。

◆衝突理論（conflict theory）

前述功能學派社會學家強調社會變遷是緩慢的，非破壞性的，其主要目的是在於調整修正失調的部門，以維持社會的整合性與均衡目標。而衝突學派的社會學家則剛好持相反意見，他們認為變遷是必然的，而且也是急遽的，社會變遷的後果是破壞性而非建設性的。

因此，衝突功能論（functional conflict theory）是指衝突對社會的功能。考舍（Lewis A. Coser）認為衝突的起因乃是由於社會報酬的不均衡分配，以及人們對此不平分配所表現的失望（白秀雄等，1983；蔡文

輝，1987；陳秉璋，1988；詹火生等，1988）。準此則上述現象將不僅會發生在國內勞工身上，同樣亦會發生在外勞身上。屆時我勞資與外國勞工和其政府等四方，勢必將矛頭指向我國政府，此時若不儘速防患於未然，則要承受付出的成本將多倍於今（李庚霈，1997）。此一現象可由近年來與泰國政府間衝突，產生凍結外勞事件加以驗證。

◆社會交換理論（social exchange theory）

　　社會交換理論是綜合實驗動物心理學、行為心理學與經濟學的基本理論，而將人與人之間的互動行為視為一種計算利益得失的理性行為。其認為各人之間的交換行為乃是維持社會秩序的基礎之一，避免痛楚與難堪、機會與利益等都可當做交換的對象。所以，酬賞概念是社會交換理論的基石，也因而衍生出酬賞與懲罰、取與給、利潤與成本等概念作為解釋團體的特質（白秀雄等，1983；蔡文輝，1987；陳秉璋，1988；詹火生等，1988）。

　　準此，則引進外勞之國內雇主與外勞及其國家三者間，呈現互利狀態，而國內勞工與一般國民及受保護少年卻需承受負向不良苦果，以社會交換論之，可能又會產生衝突理論之現象，不得不慎思慎行我國的外勞政策走向（李庚霈，1997）。

(二)由心理學領域之專家學者論見方面進行探討

◆佛洛依德（Sigmund Freud）的人格結構理論

　　佛氏認為人格是一個整體，係由本我（id）、自我（ego）及超我（super ego）等三個部分所構成。本我是人格結構中最原始的部分，自出生之日起即已存在，慾力（libido）是推動個體一切行為的原始內在動力，是生之本能。強調趨樂避苦的「唯樂原則」（pleasure principle）；自我是個體出生之後，在現實環境中由本我分化而來的。其強調「現實原則」（reality principle），是位於本我與超我之間，對本我的衝突及超我

的管制具有調節緩衝的功能；超我是人格結構中的道德部分，對自我與本我負有監督功能，係強調完美原則（perfection principle）。

◆**馬斯洛**（Abraham Harold Maslow）**的需求層次理論**（need hierarchy theory）

馬氏認為動機是人類生存成長的內在動力，而此等內在動力是由多種不同性質的需求所組成，各種需求之間有高低層次之分，依序由下而上包括生理需求（physiological need）、安全需求（safety need）、愛與隸屬的需求（love and belongingness need）、尊重需求（esteem need）和自我實現需求（self-actualization need）等五種，只有低層次的需求獲得相當滿足之後，人類才會採取行動以滿足高一層次的需求。前面四種需求為基本需求（basic need），又稱匱乏需求（deficiency need），而自我實現需求是衍生需求（meta need），又稱存在需求（being need）。

因此，外勞管理決策如能像佛氏所強調的，能使本國與外國勞工在工作中達成自我功能的調整，更能像馬氏的需求層次理論所強調的，在最基本的生理（經濟）需求滿足後，方能有自我實現需求的可能，否則有可能變成社會治安的一顆不定時炸彈，則其與國內犯罪率的增高又有何兩樣？（黃坤祥，1995；郭靜晃，1994；張春興，1985；藍三印，1992；李庚霈，1997）

(三)由經濟學領域之專家學者論見方面進行探討

◆**經濟發展理論**（economic development theory）

誠如李偉士（Lewis, 1954）所提的經濟發展理論所述，一個落後國家在經濟發展之初，勞動力常呈現無限供給局面，但隨著工業社會發展，勞動需求量愈來愈多，勞動供給量漸呈短缺之勢，導致薪資報酬節節升高，產生「勞動供給曲線後彎」現象，對休閒、生活品質的注重取代了工時的投入。結果使勞動供給由局部性、結構性短缺，達到全面性

的短缺。若無法及時趕上產業升級腳步,則縮小規模慘淡經營,或關廠歇業、產業外移。此一趨勢不僅加深產業空洞化疑懼,更使勞資關係丕變,社會問題浮現。此時政府開放合法外勞的引進,對國內勞工而言,無異是雪上加霜,尤以一向工作權與所得常呈現不確定性保障的農民而言,更增添機會減少的憂慮,對雇主與外勞之敵意與抗爭行動因而增加。

◆ **工資理論**(wage theory)

工資理論(李如霞,1986;陸民仁,1983)一般分為「生存費用說」、「工資基金說」、「生活程度說」、「議商說」等四種如下:

1. 生存費用說:係馬爾薩斯、李嘉圖諸氏所揭櫫的。認為工資有一個最低量,以維持工人最低生活所需的費用,工資絕不能低於此數,不然就無以維生。故生存所需費用就是勞動的自然價格,此種悲觀論調後來為德人拉薩爾引為工資鐵律。亦即勞動的長期供給,在最低生活費的工資率水準下其彈性為無限大,則不論勞動的需要情況如何,長期的工資率僅能等於最低生活費。

2. 工資基金說:工資是由雇主從一固定的基金中所支出的,如果工資付多,則雇主利潤就少;反之,則多。此種假設是錯誤的,工資是從推銷物品所獲得的收益中所支付的。

3. 生活程度說:工資是取決於勞動者所要追求或維持的生活程度,想維持高的生活程度,工資亦高;反之,則低。

4. 議商說:工資實際上是決定於雇主與工人雙方在議商時所具之力量,雇主的力量大,工資就低;反之,則高。

◆ **熊彼得創新說(動態說)的利潤理論**

在靜態社會中,利潤是不可能產生的,唯有在動態社會中,企業家不斷的努力創新,始能產生利潤。故,利潤是創新活動的結果,是對企業

家從事創新活動的報酬（李如霞，1986）。

◆ 一般均衡理論

係法國瓦爾拉斯所建立的理論，著重經濟各部門或單位之間的互相關聯性，要求整個經濟社會中所有各部門的均衡。亦即各市場均有其供給曲線，任何一個市場的某一決定變數變動，將影響所有產品與要素市場，而經由調整，致最後趨於全面的均衡。此亦是「完全的凱因斯模型」（complete Keynesian model），或稱「完整的凱因斯體系」（complete Keynesian system），係指產品市場、貨幣市場與勞動市場同時達到均衡的情形（李如霞，1986）。

(四)人力資本理論

人力資本理論（the theory of manpower capital）強調人力資源發展是國力形成的基礎，所以，一個國家的真正財富及其政治、經濟、社會發展的潛能，以其國人天賦才能是否得以充分發展與有效利用為準。正如馬歇爾所強調的「所有資本中最有價值的是投資在人上的」。自從1960年代人力資本理論興起後，世界各國開始重視人的能力培養，即強調教育、訓練、就業資訊健康與工作條件的加強，使大家認識到「人力資本形成」比「物質資本形成」對經濟成長更重要。

所以，人力資本理論強調人力資本投資提高人力素質，增加生產力，使廠商增加利潤，以及個人增加所得的基本論點、人力資本投資的成本效益會影響廠商與個人的行為，因而瞭解最適人力資本投資的原則。因此，人力資本投資的機會成本會超過直接成本，故個人在做人力資本投資時，會考慮成本效益，也就是說人力資本投資的行為是受投資報酬率的影響（彭台臨，1989）。

因此，從上述勞動經濟學理論的探析可知，臺灣人力資源運用的有效性與外勞引進及產業結構與發展的拉鋸戰一直未休。外勞可分為「競

爭性」與「互補性」兩種，以競爭性外勞而言，因為本國勞工在「比較利益」因素居優勢，此一競爭不明顯。但是，如果外勞產生「替代效果」，則會使原為「補充性」政策變質。以目前臺灣外勞引進狀況，及在諸多報告中已列載了引進外勞對我國政治、經濟、社會、文化與產業升級等多方面的弊端觀之，我國的外勞管理政策與國民就業權益如何平衡是一直以來的執政者面臨考驗的重大議題（黃坤祥，1995；李庚霈，1996、1997）。謹分述如下供卓參：

1.增加人口壓力導致治安惡化，及對本國勞工就業權益具威脅。
2.延緩產業結構調整，影響產業升級步調。
3.提高企業管理的困難度，形成勞資關係緊張與對立。
4.導致社會結構複雜化及衛生工作的隱憂。
5.不肖仲介公司為牟暴利，不惜違法犯紀，導致非法外勞日益增多，對政府威信與公權力形成一大挑戰，使外勞決策系統更令人擔憂與質疑，加上近年強推的「自由經濟示範區」等政策，更是臺灣在走向國際化與本土化的嚴肅課題。

問題與討論

一、請簡述何謂完整的就業安全體系？其具備何種功能及發展？

二、請以您所學簡述就業安全制度與體系之理論哲理（俗稱意識型態）為何？

三、請以您所學簡述就業安全制度與體系之社會學相關理論基礎為何？

四、請以您所學簡述就業安全制度與體系之心理學相關理論基礎為何？

五、請以您所學簡述就業安全制度與體系之勞動經濟學相關理論基礎為何？

六、請以您所學簡述就業安全制度與體系之人力資源相關理論基礎為何？

延伸閱讀討論議題

除了前述相關理論外，還有哪些理論或更深度與廣度的理論與哲理，可作為驗證就業安全制度與體系的基礎議題？

Part

2

實務篇一：就業服務篇

Chapter

2

主要國家之就業服務政策及體制

第一節　德國之就業服務政策及體制

一、發展過程

1.早在中世紀時，手工業工會即設立類似職業介紹所組織。

2.1983年設立職業介紹所。

3.1900年於失業民眾較多之大都市設立勞動交換所，並有專門輔導婦女就業機構出現。

4.1908年成立中央青年福利協會，專司青年職業輔導之責。

5.1913年成立職業輔導委員會，負責就業工作之策劃與推動。

6.1914年於普魯士邦設立不收費公立就輔機構，制定法律訂定居民滿一萬人之地區應設立一所職業介紹所。

7.1918年聯邦政府頒布職業介紹法，建立公立就輔機構。

8.1920年勞工部成立中央職業介紹局，統籌全國就輔工作，於各地普設職業介紹所，負起青年就輔工作。

9.1927年聯邦政府通過「就業安置與失業保險法」，成立一個公法人型態的國民就業安置與失業保險署，負責職業介紹和強制性的失業保險，並負責職業指導、職業訓練與學徒安置。

10.1935年頒布法律將就業輔導機構統歸勞工部管轄，並確定了就業輔導原則，就業輔導機構與學校密切配合，使教育與國家需要完全結合成一體。

11.1952年聯邦政府頒布「聯邦就業安置暨失業保險署組織法」，設立「聯邦就業安置暨失業保險署」，隸屬於就業與社會部，延攬政、勞、資三方人士共同參與國民就業工作。

12.1957年修訂1927年時聯邦政府頒布之「就業安置與失業保險法」，作為該署推展業務之法律依據。

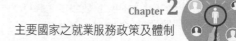
13.1969年頒布「就業促進法」，重新規定「就業安置與失業保險署」法律地位及其職掌，並改稱「聯邦就業署」，使更確保就業市場供需平衡的功能，尤重人力規劃的推行。

現在（2014年）德國仍重視主導公會、工會與公部門的合作，積極建立發展職能基準制度，建構職業職能工作。

二、行政體系

於聯邦就業輔導署下設就業輔導處、失業保險處、顧問委員會及理事會等四個機構，受勞工與社會事務部監督。

1.就業輔導處：分設有中央就業輔導處、就業研究所、行政訓練中心、福利中心、財務稽核中心、人力徵募委員會國外代辦處、區就業輔導處（內設理事小組）、就業輔導中心（內設理事小組）、就業輔導站。
2.失業保險處：職掌失業保險給付。
3.顧問委員會：職掌就輔工作策劃與推行。
4.理事會：下設常務理事會，職掌法律、預算、基金及組織合理化等問題。

三、業務方面

1.就業介紹服務。
2.職業輔導服務。
3.促進就業訓練與教育服務。
4.供應就業市場資料服務。
5.辦理失業保險服務：支付失業保險金及倒閉救濟金、子女補助。

6.特種職業就業服務。

7.殘障者復健與就業保障服務。

8.勞動力調查服務。

9.確保維護促進工作能力。

10.確保對職業的工作能力。

11.醫師服務。

12.心理服務。

13.技術輔導服務。

14.權利（益）保護服務。

四、人員與經費

(一)人員方面

至1984年全國工作人員有六萬五千人，分三種：

1.文官（公務人員）：四萬八千人。

2.就業諮詢與心理測驗等專家與顧問：一千七百人。

3.約僱人員：一萬五千三百人。

(二)經費方面

依照聯邦國會通過的特別法規定費率分別向勞工及雇主收取，費率為按每一工人每月所得薪資1%計收，雇主則按工人工資表2%繳納。故聯邦及地方政府無需負擔就輔機構經費，如有不足實需，方由聯邦政府負責補助差額。

五、德國就業服務特色可供我國借鏡之處

1.振興公共及私人投資。

2.為找工作困難者開拓就業機會。

3.加強人力素質之開發。

4.在公共服務計畫中擴大就業機會。

5.減少工作量（時間）以增加就業機會。

6.積極主導由公會、工會與公部門的合作，建立職能基準制度，培育
核心職能及發展技檢證照與僱用比率工作。

 ## 第二節　英國之就業服務政策及體制

一、發展過程

1.1637年依納司上尉在倫敦設立第一個「職業情報所」，辦理工役的
求職求才業務。

2.1657年依納司上尉在倫敦設立第二個「職業介紹所」。

3.1893年在各地成立「國民就業輔導委員會」，設立「勞動交換
所」。根據1893年第一部官方公報，1892～1893年間計有二十五個
公立或半公立就輔機構，及十七個私營機構。

4.1902年依據「倫敦勞工局法案」成立勞工局，辦理失業勞工的登記
與職業介紹。

5.1909年公布「勞動交換法」。

6.1910年通過「職業選擇法」。

7.1910～1914年英國就業輔導業務迅速擴展，從1910年全國六十一所
勞動交換所，到1914年增加為四百二十三所。

8.1916年「勞動交換所」改組為「職業交換所」，一方面辦理職業介紹，一方面兼管失業保險業務。

9.1917年「英國勞工部」成立。

10.1927年中央設「青年就業輔導委員會」，策劃及推行學校青年就業輔導工作。

11.1939年依據「軍訓法」及「兵役法」改組為「勞工及兵役部」。

12.1944年通過「殘廢人員就業法」，1948年通過「就業及職業訓練法」，自此英國就業輔導工作奠定了健全的制度。

13.1965年通過「員工遣散法」後，就業服務的角色有了實質上的變化，該法規定雇主擬大批遣散員工時，應於二至三週前通知職業交換所，以協助其評估適當的遣散人數，並辦理就地安置就業工作，以保障國民就業安全。

14.1973年修正「就業及訓練法」，於1974年設立「人力服務委員會」或稱「人力規劃委員會」（Manpower Services Commission, MSC），設置「就業服務署」及「訓練服務署」，辦理全國的就業服務及訓練工作，及人力規劃部門、企業服務部門與特別方案部門等五個部門（孫清山，1994），建立了中央集權制度的行政。

15.1979～1986年是英國就業服務及職業訓練政策的轉變時期，一方面削減社會福利支出，減少失業給付的實際數額，提高領取失業保險條件；另一方面擴大就業機會的方案和措施，以達到就業機會的目標。1986年發表藍皮書「就業——對英國政府的挑戰」，主要目的在評估從1979年以來，政府所推動的各項就業服務及職業訓練的改革方案及其成效，其次也在指陳未來就業服務及職業訓練發展的方向。

16.1997年推出「僱用失業對策」之新協定方案（The New Deal），進而發展現（2014年）運用主張的賦權或增能理論（Empowerment Theory）。

　　整體而言，英國自1992年保守黨進行匯率、利率政策的改革，以及工黨執政期間在經濟改革極大的發展，使得經濟狀況好轉，人民在就業機會與穩定就業上有所進展。而近年來更致力於福利和勞動市場的改革，尤其「新法案」（The New Deal）、「勞動家庭稅收法」（The Working Families Tax Credit）和「全國最低工資法」（The National Minimum Wage）等法主要目的，係加強對工作的激勵與減少貧困。另隨著勞動市場的快速發展、失業率大幅降低，大量的新工作機會要求很多沒受過良好訓練的勞動力投入，影響勞動生產力的成長。因此，英國政府當局把提高生產力的重點放在對增加公共部門實物和人力資本的投資，以及改善私人資本投資的環境上，包括通過增加競爭力、放鬆管制與鼓勵企業革新等，已相當程度刺激企業提高生產力的意願，進而促使失業率由1993年的10.3%降至2003年7月的3.1%；後因金融海嘯2013年平均變為7.5%，2014年1月降為6.8%。

二、行政體系

(一)就業部

　　主要功能在處理人力規劃策略和勞資關係，設有「失業給付辦事處」和辦理「中途解僱津貼」工作，及地方的「生涯服務委員會」提供青年就業訊息與諮詢工作，協助青年選擇適合其性向的職業。

(二)人力服務委員會

　　於1974年1月1日成立，隸屬於就業部，屬於顧問諮詢機構，設土席一人、委員九人，成員包括企業雇主、工會、地方政府、政府有關部門首長及專家學者等代表，其主要目標有四個：

　　1.提高就業人數減少失業人數。

2.協助開發人力資源。

3.輔導求職民眾獲得所需要的就業機會。

4.高人力素質。

(三)就業服務署

至1978年，就業服務署下設九個區（省市）就業處，八十個地方（縣市區）就業服務局，及一千零二十三個職業中心（鄉鎮），主要工作為提供遭解僱者有關就業的建議與服務。

三、業務方面

第一，受1963年的「主動的人力政策」影響，於1966年訂定「主動的就業服務策略」，主要要點如下：

1.就業服務應與失業保險分開。

2.應設置人力中心組織，並配置人力專家。

3.在人口集中地區設置人力中心，於每一中心設置幾個衛星站，提供櫥窗式服務，積極推廣自我服務觀念。

4.為這種新服務網提供所需房舍。

5.對殘障者等對象提供特別照顧。

第二，1972年根據「主動的就業服務策略」宣布新的就業服務目標，主要要點如下：

1.透過與雇主密集式接觸，提高就業機會兩倍。

2.勸導擬轉業者多利用公設就服機構。

3.提高就業安置層次。

4.改善服務效能，協助易地就業。

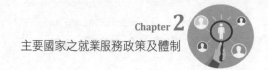
因此，英國就輔機構主要業務及服務項目有八項：

1.青年就業服務：18歲以下在學青年。

2.傷殘人員就業服務：各地職業中心設有傷殘就業服務員。

3.兵役徵集及退役就業服務：徵募軍役與退役軍人復業轉業等事宜。

4.專門職業就業服務：對專門職業人員就業服務及訓練工作。

5.海外就業服務：遴選合格人員施予職前訓練，然後派往海外領地或國協地區服務。

6.職業交換服務。

7.職業諮詢服務。

8.學校職業指導：於中小學階段即開始實施。

第三，1978年人力服務委員會對就業服務業務有了新的發展趨向，主要要點如下：

1.著重就業訓練及專業服務：專責輔導高級人力及建立新的就業輔導網。

2.青少年機會專案：為16～18歲青少年提供訓練和工作經驗的機會，施予職業準備課程：
   (1)誘導就業課程。
   (2)短期工職課程。
   (3)職業選擇課程。
   (4)預備課程。

3.臨時工作專案：提供臨時就業機會予19歲以上之失業者。

4.工作經驗方案：向工商界爭取「實習機會」。

5.工作讓與方案：鼓勵高齡者將工作讓與年青者，以紓解青少年失業問題。

6.工作分割方案：將全時工作分割成部分工時工作，以安置失業青年。

7.創業津貼方案：激勵失業青少年自行創業，並協助其維持初期之生活，每週給予生活津貼，為期一年。

四、人員與經費

(一)人員方面

1984年全國就業輔導工作人員總共有一萬五千餘人，均為公務人員，並受就業保護法保障。就業輔導工作人員選派與訓練方式有六種：

1.曾受青年就輔工作訓練且具職業指導經驗者。
2.從就輔工作中接受訓練者。
3.舉辦長、短期在職人員講習班，造就合格人員。
4.大學相關科系設立課程培養人才。
5.合格教師。
6.專設就輔訓練課程造就就服人員。

(二)經費方面

經費由地方到中央均由中央就業部統籌編列，再依各單位之實際需要撥付各機關使用。

五、英國就業服務特色

1.青年訓練方案：針對16～17歲離校失業青年施予一年密集職訓和工作實習。
2.成人職業訓練：針對失業成年提供職訓方案。
3.社區工作方案：針對缺乏工作經驗又長期失業者提供一年就業時間。

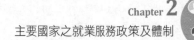
4.社區工業方案：由立案的慈善組織針對社區中處於較劣勢的16～19歲年青人，提供一個暫時的工作機會。

5.志願工作方案：使失業者從事志願性工作，以免失去失業津貼補助的資格。

6.企業津貼方案：幫助想自行創業，但又怕失去社會安全給付而裹足不前之失業者。

7.青年工作者方案：鼓勵雇主提供較多之長期性全職工作機會予缺乏工作經驗之年青人。

8.提前退休方案：允許年紀較大工人提早退休並領取津貼，但其雇主必須僱用一失業者取代其工作。

9.工作折半（分享）方案：鼓勵雇主將全職工作分成兩份，以接納更多的兼職工人。

六、英國就業服務未來待努力方向

1.政府和工業界合作擴展青年訓練方案。

2.政府藉由提高稅距及降低所得較低者所繳的國民保險費，以增加失業者工作動機。

3.政府改革或廢止繁複且受到限制的工資會議制度，並延長所有公司中申訴不公平解僱的期限為兩年，以減少僱用工人的阻礙。

4.政府增加提供給長期失業者的社區工作方案之社區，並盡力試驗提升此方案和其他類似方案之價值的新作法。

 第三節　瑞典之就業服務政策及體制

一、發展過程

　　瑞典的就業政策一直在經濟政策上扮演著重要的角色及地位,而其就業政策之形成始於第二次世界大戰後「雷恩─梅德納經濟模式」（Rehn-Meidner Model）之建立,此一模式的主要項目有四:

1.以有限度的政策內涵滿足各種需求。
2.強調縮小薪資差距之穩定的薪資政策。
3.以策略性目標之措施處理失業問題,以加速經濟結構的改變。
4.促進勞動力之流動以平衡供需,並且藉由職業訓練與增加就業機會措施等作法,減少失業人口。

　　因此,藉由此一思考與運作模式,在1951年界定其勞動市場政策應包括公共工作、對私人企業的補助、中央政府促成訂單、訓用合一的訓練計畫等措施。

二、行政組織

　　瑞典的就業政策最顯著的特色是單一的行政管理體系,通稱為「勞動市場行政體系」。此一體系分為全國性組織、郡級組織、基層的地區性組織等三個層級。

(一)全國勞動市場委員會

　　為全國性組織,負責全國性勞工市場政策的規劃,及督導郡勞工市場委員會與各就服單位推動之方案,由雇主、政府部門及勞工組織代表共同組成。

(二)郡級勞動市場委員會

負責郡級勞動市場政策的規劃與執行，及督導郡區內就服機構之運作，由雇主、政府部門及勞工組織代表共同組成。

(三)區級勞動市場委員會

為基層的地區性組織，由雇主、政府部門及勞工組織代表共同組成。每個就業服務區下設有就業服務處及就業服務站，是最基層的組織，亦是最重要的實際執行單位。其最主要的職責是負責公共就業安置、職業諮商與職業評量、區域內職業復健計畫、救助與津貼性相關工作等。

三、就業服務方面的特色

1. 擬定就業政策時，對國家經濟發展趨勢有透徹分析與瞭解後，方確定就業政策方向，以使其發揮最大效益。
2. 就業政策的發展顧及社會問題及失業問題之預防，以避免兩方面問題同時發生。
3. 就業措施與計畫富機動性與靈活性，以因應不斷變動情勢之處理。
4. 行政體系非常完整，勞工組織亦非常的健全，對就業政策之推動有相當大的助益。
5. 就業政策的基本原則是在觀念上扶助弱者，而在作法上則強調失業者自立之理念。
6. 就業服務機構扮演著非常重要的角色，主導著政策成效良窳，因此其積極主動性或消極被動性影響著服務功能之發揮與績效。
7. 就業服務機構與學校密切配合與合作，對學生畢業後之求職過程有很大的幫助。

8.救助與津貼性相關工作等計畫之規劃與執行，應達到「消極的減少失業」與「積極的強化求職知能」的功能，以發揮應有之效益與目標。

四、瑞典就業服務方面可供我國借鏡之處

1.發揮救助與津貼性相關工作之積極就業促進功能，及知能的強化。

2.研擬降低年輕人失業率與失業期限的作法，可減少社會問題發生，及人力資源充分運用。

3.增加部分工時就業機會提供，可減少非勞動力人口，增加勞動力人口就業率。

4.就業服務機構與學校密切聯繫合作，可加強在校生對自己之職業生涯規劃認知與決定能力，促使其畢業後能從容的明智選擇適合自己的工作，適性就業，減少職業試探與失業期間。

5.行政層級職掌分工與就業政策之彈性因應化，可供我國在中央與地方權限及政策決策上作參考。

6.就業政策顧及國家經濟發展趨向及區域性產業結構，以及就業服務機構在區域性中之角色功能定位。

 ## 第四節　美國之就業服務政策及體制

一、發展過程

1.1800年為協助國外新近移民，並解決內陸開發農礦人力缺少問題，開始有私人在碼頭興辦職業介紹工作。

2.1890年俄亥俄州最早成立公立就輔機構，接著1896年紐約州及1902

年威斯康辛州亦先後成立。由於觀念與作法的侷限，僅呈現緩慢成長，截至1915年全國僅有七十九所州辦就輔機構。

3.1907年，私立就輔機構，由派深斯博士在波士頓所設立之波士頓職業介紹所，協助青年選擇職業為始；聯邦政府創辦全國性的國民就業輔導行政工作，始於移民局所設立之就業諮詢處，負責國內外來移民之就業輔導業務。

4.1913年聯邦勞工部成立，就業諮詢處改隸該部，並於1918年擴大為聯邦就業輔導處。

5.1933年依據「華格納—皮雪爾法案」建立聯邦與各州政府合作之就業輔導制度，由勞工部主管。揭示四大目標：

(1)繼續因應社會需要擴展就服業務。

(2)對主要服務項目訂定一個統一原則。

(3)聯邦政府應籌劃就服之發展，對州級以下執行機構應給予技術協助。

(4)聯邦政府應儘量給予各州在就輔方面之自主權，以適應區域性的人力情況。

6.1935年通過社會安全法案開辦失業保險。

7.1939年聯邦就業輔導處改隸社會安全局，成立就業安全局，業務包括就業輔導與失業保險二項。

8.1948年就業輔導與失業保險業務合併隸屬聯邦安全署，1949年又重隸勞工部就業安全局迄今。

9.1962年甘迺迪總統簽署「人力發展與訓練法案」，計畫訓練幾百萬個缺乏社會所需的技能而失業的勞工。一方面創造就業機會，一方面輔導國民充分就業，使人力培養與人才出路密切配合。

10.1964年詹森總統簽署「經濟機會法案」，旨在消滅貧窮，提供每一位公民教育、工作及尊嚴的生活機會。

11.1969年尼克森總統發表「新聯邦主義」，包括「人力訓練法

案」，此乃針對因自動化和技術改變，造成對經濟與勞動市場就業分配不良之影響而提出，特別著重於人力方案的實施。

12.1971年修訂「食物券法」規定，以輔導申領者自食其力。

13.1973年訂立「綜合就業與訓練法」，內容包括就業訓練、就業服務、就業諮詢、測驗服務、職業介紹等，及過渡性的以工代賑與特殊對象的就業及訓練服務。

14.1974年各地設立「職業銀行」，又稱「人力銀行」，採用電腦作業，掌理就業機會，為就業輔導機構提供職缺。

15.1975年鼓勵雇主僱用依賴津貼生活之國民，制定稅收寬減法規定，凡僱用一名達九十天以上，則可申請福利稅20%寬減額。

16.1976年訂定「就業年齡歧視法」，加強輔導年逾45歲以上國民就業。

17.1977年規定各州申領公共扶助金者，須向就服機構登記就業，以減輕政府福利金負擔。

18.1978年訂定「充分就業暨平衡成長法」，主要內容為凡有工作能力及意願者都應給予充分機會，使從事合理報酬工作，以保障工作權。

　(1)預定於1983年前訂定系列措施，以達成成人之失業率不超過3%，全國勞動力失業率不超過4%，通貨膨脹率不超過3%之理想目標。

　(2)如有必要，總統可視情況建議修正達成這些目標的時間表。

　(3)規定總統與國會及聯邦儲備局之間協調的程序，俾透過財經政策以達成這些目標。

19.1982年訂定「職業訓練協合法」，主要係為低收入又無技術之年輕人和成年人、離職工人，及其他面臨嚴重就業障礙之國民提供職業訓練及其他服務，以協助其獲得職業，就業後政府不再給予任何補助。主要內容係將據以辦理就服工作已逾五十年之「華格

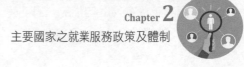
納—皮雪爾法案」加以重大修正，所揭示的新的就服目標為：

(1)加強職業介紹工作。

(2)加強職業交換工作。

(3)為有利職業交換，對求職求才應有統一之分類。

(4)配合失業保險，加強辦理工作查證。

二、行政體系

依1983年2月7日核定之組織法，勞工部下設「就業與訓練局」，除負責就服及職訓立法，及有關施行規則之研訂外，並負責督導及技術協助各州就服機構，以及推動特案就服工作。

三、業務方面

1.青年就業輔導工作。

2.一般就業安置服務工作。

3.退伍軍人就業輔導工作。

4.就業諮詢與職業指導工作。

5.職業訓練工作。

6.傷殘重建輔導工作。

7.配合失業保險工作。

8.農業人力就業輔導工作。

9.老人就業輔導工作。

10.自力更生計畫工作。

11.工人職業調適協助方案工作。

12.提供勞動市場消息工作。

13.參與社區發展活動工作。

14.執行人力政策工作。

四、人員與經費

(一)人員方面

聯邦雖嚴格要求各州及地方機構必須選任合格就輔人員，任職後須經常接受在職訓練，惟此一人事制度不一定被州政府採行，而各州政府人事制度更是不一致。

(二)經費方面

除由聯邦政府及州政府自普通稅收中支出外，餘均由特別基金撥付。

五、美國就業服務特色方面

1.與失業保險密切結合促使就業服務、職業訓練三大環節得以充分配合，相互支援。
2.有立法依據且組織結構健全，利於工作推動與提供高品質服務。
3.採用現代化連線作業方式，加速勞力供需間之配合。
4.大專校院的就業服務相當積極，協助學生做好職業生涯規劃。

六、美國就業服務措施可供我國借鏡之處

1.擴大就業服務網，增加新的就服項目。
2.主動積極宣導就服新觀念。
3.充實職業指導資料，加強與學校間之聯繫配合。
4.擴大雇主聯繫訪問，爭取中高級就業機會。

5.提高自動化作業利用率。

6.加強就業服務與職業訓練機構間之配合。

7.重視就業能力薄弱者就業服務。

8.協調社福機構與團體，共同舉辦各項服務活動，以擴大為民眾及社區提供就業服務機會。

9.One-stop Center（生涯服務單一窗口中心）的設置，使各相關機關為民服務工作集中在一個定點，相互協調、分工合作，以減少民眾奔波多處辦理手續，節省交通往返時間及精神體力。

 ## 第五節　日本之就業服務政策及體制

一、發展過程

1.在德川時代即設有「職業介紹所」，稱「桂庵」或「口入屋」，為一種私人的營利事業。

2.明治39年東京市救世軍本部設「職業介紹所」，成為公益事業之一。

3.明治42年內務省特撥專款在各大都內設「職業介紹所」，並鼓勵公私團體創辦職業介紹所，職業介紹事業乃迅速發展。

4.1921年通過「職業介紹法」，各地普設免費的職業介紹所。

5.1923年公布「職業介紹官制」，設立中央職業介紹事務局，實行全國性統制職業介紹行政，確立日本就服制度，並逐年在各地先後設立職業介紹局，由中央職業介紹事務局監督管轄。

6.1947年成立勞動省，廢止1921年頒布之「職業介紹法」，另制訂「職業安定法」──就業服務法，並實施失業保險制度，先後修改多次。

7.1949年頒布「失業緊急處理法」，授權給政府推行工賑計畫，其目的不在達成經濟效益，僅在於使失業者有工作做，依該法受僱人數達三十萬人之多。

8.1958年頒布「職業訓練法」，除須舉辦技能檢定外，並要求公辦職業訓練與企業訓練應予以配合。

9.1959年頒布「解僱礦工臨時措施法」，建立大區域就業交換制度，協助礦工轉到其他區域或其他職業就業。

10.1960年定頒「生理殘障者就業促進法」，除須舉辦技能檢定外，並要求公辦職業訓練場所建立比例配額制度。又由於經濟高度的成長，促使就業市場由長期的供過於求，轉變為供不應求現象。因此，日本的就業政策改以主動性措施為主，此種政策的改變主要係立基於三種因素：

(1)基於國家經濟觀點，為使人力能夠有效的運用，應使供不應求現象改善，以達到人力供需均衡目標。

(2)由於人力未能有效運用，致使有經驗的中高齡者很難輔導就業，而年輕勞力又難以滿足市場之需求，因而產生人力供需不均衡之現象。

(3)由於每年畢業生志願就業者人數逐年下降，以及勞動力又有日趨老化的現象，導致人力供需不均衡之現象更日趨嚴重。

11.1965年修訂「就業安全法」，建立「僱用促進措施制度」，為難以安置就業的失業者、中高齡者、身心障礙者，提供職業輔導、職業訓練（即專班的適應性訓練）等福利服務，以加強公立就服機構與公共職業訓練機構的功能。

12.1966年訂頒「僱用對策法」，建立「就業安全制度」行政現代化目標。主要措施有三個部分：

(1)研定整體性的促進人力運用政策，以達到勞動力在質與量方面的供需均衡狀態，使個人、家庭、企業、社會及國家能夠融為

一個生命共同體。

(2)改進人力供需調節功能，以促使勞動力能夠適度的流動，充分發揮知能，提高生產力。

(3)改善人力發展功能，以因應人力短缺與技術變遷所造成的衝擊現象。

13.1969年修訂頒布「職業訓練法」，以建立生涯訓練制度，強化勞工職業能力開發工作，得以隨時接受職業訓練強化職業知能，因此於1971年又研訂五年全國職業訓練計畫，以推動本項工作。

14.1971年訂頒「中高齡者僱用促進法特別措施法」，獎助企業僱用中高齡者，以促進「中高齡失業者」之就業服務工作。

15.1974年訂頒「僱用保險法」，消極的給付失業勞工部分金額，以安定其失業期間之生活；進而積極的開發就業能力與機會，以預防失業。

16.1978年為因應1973年石油危機所帶來的經濟不景氣現象，訂頒「特定不景氣業種離職者臨時措置法」，獎助企業調整產業結構，以預防大量失業情況，並輔導離職者再就業。

17.1999年創設「緊急地域僱用特別支付金」，至2001年執行二千億元，提供三十萬個臨時工作機會。

18.2000年5月16日發布實施「以消除人力供需失調為重點之緊急僱用對策」。

二、行政體系

日本的就業輔導機關，依其業務性質可分為三種類別如下：

(一)決策機關

決策機關為勞動省，相當於我國之勞動部，下設勞工行政、勞動基

準、婦女及青少年、職業安定以及職業訓練等五個業務局。

(二)執行機關

執行機關在中央為勞動省之職業安定局，在地方為各都道府縣之職業安定課，及各地之公共職業安定所（相當於我國各地區之公立就業服務中心）及出張所（相當於我國各地區之公立就業服務站）與分室（相當於我國各地區之公立就業服務台），以及特別相關的勞動市場中心。

(三)諮議機關

諮議機關在中央為勞動省之職業安定審議委員會，屬於勞動大臣之諮詢機構；在地方為各都道府縣之職業安定審議委員會，係屬於各都道府縣知事之諮詢機構。

三、業務方面

(一)就業輔導的四大目標

1.促進勞工在區域及行業間的正常流動。
2.協助新進就業市場之應屆畢業生有關工作調適之知能。
3.促進高齡者及婦女之就業。
4.協助企業改善人事管理與人力預估工作，以提高勞動參與率和生產力，進而因應人力短缺之現象。

(二)職業介紹

基於尊重國民的基本人權，採取自由、適才適所、公益、平等、中立及不隱瞞勞動條件等六大原則，推動有關職業介紹之各項工作。

◆一般職業介紹

即所謂的就業安置，通常均會先予求職人輔導後，再推介就業，並進行記錄與追蹤輔導。

◆應屆畢業生職業介紹

1.初中及高中學校大多採取兩種途徑：

(1)公立就業服務機構與學校合作，為學生提供職業介紹服務。

(2)由學校自設就業輔導室為學生提供職業介紹服務。

2.大多數大學則採取一種途徑：係由學校向勞動省報備後，即可執行免費的就業服務工作。

◆特案職業介紹

包括人力銀行與部分時間工作介紹所等兩種。

1.人力銀行：又稱人才銀行，於1967年開辦，在七個大都市設立，其主要服務對象是退休的管理人員、專業人員或技術員等，促使他們能夠有機會再貢獻其經驗與專長。

2.部分時間工作介紹所：為適應都市工商業發展的需求，於各大都市分別設立，專門負責推行志願從事部分時間工作求職者之職業介紹服務。

◆中高齡者職業介紹

訂定辦法獎助僱用高齡者或實施60歲為普遍化的退休年齡之企業，給予獎勵金，或實施職務再設計所需設備之貸款融資。另由公立就業服務機構發給中高齡失業者「求職手冊」，支給就業輔導與職業訓練津貼，以協助其獲得工作或習得一技之長適性工作。

◆收費式之職業介紹服務

依據日本所訂定實施之「職業安定法」規定，日本之就業服務工

作是不收取任何費用的。但是對於必須具備特別技術之職業者，例如美術家、藝術家、經營管理者、科學技術者、會計師、醫師、牙醫師、藥劑師、助產士、護士、律師、翻譯員、理容師、美容師、糕餅師、料理師、調理師、調酒師及影藝人員等，若職業安定機構無法有把握其供需情況者，經勞動大臣核可後得為收費之職業介紹。

(三)身心障礙者就業服務

依據日本憲法第二十五條即對身心障礙者作特別保護之規定。另於「身心障礙者僱用促進法」第二條第二款亦做企業雇主對於身心障礙者就業負有共同責任，及「身心障礙者僱用比率」之規定。

(四)職業輔導

亦即進行職業知識之傳授，協助職業選擇與就業安置，及就業後之追蹤輔導等一連串工作。因此，各公立就業服務機構及公共職業訓練中心均設有職業輔導人員，為一般求職人、失業者及在學學生進行職業輔導事宜。整個職業輔導體系非常健全，包括五個程序，即分析、綜合、診斷、處置及隨訪，主要內涵為：

◆ **透過會談進行分析、綜合、診斷之內涵**

　　1.瞭解求職人個性。

　　2.綜合個人資料。

　　3.判定職業能力。

　　4.判定適當職業。

　　5.發現需要協助問題等，以掌握當事人之身體能力、適性職業、人格特徵、職業興趣、技能、學業成績與社會經濟的因素等狀況。

◆ **處置之內涵**

經由上述會談所掌控資料，瞭解當事人之實際需求後即可：

1.提供情報。

2.輔導協助其問題澄清與面對。

3.職業介紹（推介），以使當事人明確瞭解有關就業市場各項內涵，包括關於經濟與勞動力資訊、行業種類、勞動市場現況、關於事業場所、職業種類與其內容、即將就業之處所、有關職業事項及可利用之機關等資訊之提供。

◆隨訪之內涵

即推介就業後之追蹤輔導，以確定當事人能夠適應就業而結案。

(五)雇主服務

包括十項服務工作：

1.員工招募方面之輔導：時常派員訪問雇主，提供就業市場現況資料，以爭取就業機會，協助雇主找到適合之人才，平衡人力供需。一般常透過大眾傳播媒體、直接招募及以工帶工等三種方式進行人員之招募。

2.人事管理方面的輔導：各公立就業服務機構須應企業雇主之請求，提供有關人力僱用或工作指派、人力規劃技術、職業性向測驗、工作分析、對應徵者的甄選及其他有關事項之輔導與勸告，以協助雇主擬定有效率的人事制度，並促進高齡者與身心障礙者就業。

3.勞動條件之審查與輔導服務：以使雇主均能守法，不會違反有關之勞動法令。

4.提供雇主有關僱用管理問題之諮詢輔導服務：以達到正確的僱用管理，並能夠進一步保障與促進高齡者與身心障礙者就業權益。

5.針對企業雇主研訂獎助與獎勵制度：以提供雇主做適當僱用與良好管理之輔導服務。

6.提供有關就業市場現況分析之資料與資訊，及就業趨勢與就業條件

等輔導服務。

7.進行職業交換輔導服務：即在人力供需不平衡現象下，常需藉由勞動力的移轉，以使區域間與行業間藉由職業交換途徑，將在本地無適當就業機會之求職者介紹到其他公立就業服務機構，以達成職業交換任務。

8.實施失業保險：各公立就業服務機構接受失業者申請失業給付時，一方面設法安置其就業，另一方面在其未就業前核發維持生活的津貼。

9.職業訓練：日本於1947年開始設立「職業訓練中心」，專門辦理各行業所需要之技術人員訓練，並對各工廠督導人員提供訓練及技術上的協助。依其性質可分為五種類型之訓練工作，包括養成、職前、職業輔導員、轉業及再訓練（在職進修訓練）等。另有關實施職業訓練之機構亦分為公私兩種類型：

(1)實施職業訓練之公立機構有五類，包括一般性、綜合、中央、身心障礙者及核定的職業訓練所等。

(2)實施職業訓練之私立機構事實上是由企業界自辦，主要訓練種類有四類，包括追加、補充、專長及監督指導等訓練。

10.執行職業安定政策：職業安定政策係由中央政府制定，主要是由勞動省負責規劃推動，並由各地公立就業服務機構負責實際執行工作。

四、人員與經費

(一)人員方面

1.中央及都道府地方之各審議會諮詢人員不須具備公務人員任用資格。

2.永久性事務官則須具備公務人員任用資格，而且地方公立職業安定所所長（公立就服機構主任）之任免，均須報奉勞動大臣核准。

3.專門職業之就業輔導人員任用情況如下：

(1)公立就業服務機構之職業諮詢員，係由勞動省就業安定局直接任命。

(2)教育行政機構之職業輔導員係由文部省聘任。

(3)各級學校之職業輔導員係由各地方教育委員會就學校教師中具備資格條件者聘任之。其資格條件包括：大學畢業修滿規定之職業輔導學分，且取得證書者，或具備職業輔導實際知識與技能者；公立就業服務機構之工作人員，受過勞動省所舉辦之實務訓練，訓練內容包括職業輔導與就業安全方面之專業知識與工作技術。

4.各地方公立就業服務機構除須接受中央勞動大臣之指揮外，並須接受當地都道府縣知事之監督。

(二)經費方面

日本政府辦理各項有關就業服務工作，均以免費服務為原則，認為本項工作為政府的一種責任。其經費預算在中央是由勞動省編列，並按規定標準撥付各督府；而在各都道府亦由地方政府編列，按規定支出必要的配合經費。

五、日本就業服務特色

1.完整與健全的就業安全體系。

2.應有盡有的就業輔導相關法令。

3.中央統籌編列就業輔導預算經費，並撥交各地公立就業服務機構執行。

4.公立就業輔導機構完善與最新之科學機具設備,發揮靈通消息之卓
　著績效。

5.特別重視高齡者與身心障礙者之就業輔導工作。

6.特別注重就業諮詢之求職求才工作。

六、日本就業服務未來待努力方向

1.泡沫經濟下高失業者之就業輔導工作有待加強。

2.「終身僱用制度」瓦解後之因應辦法及輔導協助工作。

3.協助、輔導青少年建立正確職業觀念。

4.加強跳巢與轉業的輔導工作。

5.促進婦女就業輔導工作有待加強。

6.促進更生保護人就業輔導工作有待加強。

7.促進農民就業輔導工作有待加強。

8.其他就業能力薄弱者就業促進工作有待加強。

七、日本就業服務工作可供我國借鏡之處

1.健全我國中央與地方就業服務分工合作體系,使事權統一明確,達
　可近性,以應實需。

2.確立就業服務工作之政策方針,以引導社會經濟的發展目標。

3.規劃實施僱用保險制度工作。

4.規劃並落實促進國人就業之中、長程輔導服務計畫。

5.強化公立與私立就業服務機構之輔導服務功能。

6.盡量委託民間執行公共服務計畫,及用人單位有彈性用人之權限,
　創造臨時性就業機會,減少失業人口與人力閒置。

第六節　韓國之就業服務政策及體制

一、韓國僱用保險制度之沿革

1.1967年制定「就業安全法」中規定失業保險為政府主要施政之一，惟未施行。

2.1993年制定「就業政策基本法」、「僱用保險法」。

3.1995年7月1日正式實施「僱用保險制度」，辦理僱用安定、職業能力發展、僱用保險給付等三大事業。

4.1997年亞洲金融風暴，失業人數增加，造成國家財政困難。

5.1998年5月底止，韓國外匯負債高達一千九百億美元，為有效解決失業問題，乃積極調整就業安全施政方針，將原來以失業保險給付為主的政策導向，改為以職業能力發展（職業訓練）為主要方式，統籌全國公私立技職機構，提升勞動者之工作技能與專長，以預防失業。另實施「公共服務工作計畫」，提供短期工作機會，使失業者可以維持工作意願與安定生活。

6.2000年實施「全國基本生活保障法」為申領者提供就業諮詢服務。

7.2002年實施以品質為核心的失業對策及加強弱勢族群就業服務，重修訂「高齡者就業促進法」禁止對渠等就業岐視規定。

8.2003年發展知識產業與活化中小企業投資，創造高生產力與薪資，並創新全國技能檢定服務與學校教育連結，促成終身學習制度建構。（郭振昌，2005）

總之，南韓1974年修訂1961年12月6日所頒訂之「就業安全法」第一條：主要目標在為製造業及其他任何行業提供其所需之人力，並協助勞動者在某一行業或在某一職業獲得適合其資格條件之就業機會，以確保個人就業安全，並促進全國經濟發展。而且自1990～1997年平均經濟成長

率高達10.8％，到了1997年下半年由於亞洲金融風暴影響，致使韓國經濟起了急遽之惡化，到了1998年失業率亦由長期低於3％的超低水準陡升至6.8％以上，失業人口在金融風暴前後共增加一百萬人左右，就業人數減少一百二十萬人，進而導致超過一百萬人因此掉入貧窮線以下。因此，為振興景氣，化解亞洲金融風暴對就業市場的不利影響，韓國政府除了在國際貨幣基金（IMF）協助下，大力推動多項經改計畫之外，亦針對如何解決失業問題採行許多重要的因應策略，主要策略如下：

1.擴大財政支出，包括增闢高速公路、興建國民住宅、新設學校與增蓋教室。

2.擴大減稅措施，包括在一百八十種非課稅或減免優惠範圍之內，廢止四十三種，縮小或調整十六種優惠事項。

3.調降銀行利率，包括八次的調降貼放利率、短期融通利率，及使央行利率由5.25％降為4％。

4.調整企業與金融機關結構，制定「企業結構調整促進法」與「債權銀行協議會經營協約」，設法挽救體質尚可的企業，使其能夠起死回生，將經濟傷害降至最低程度，以及加速公營銀行「民營化」作業。

5.支援貿易出口，分別派遣高階經濟使節團前往各個主要出口市場促銷活動，並藉由海外展示會推銷韓國新產品，達到宣傳效果與創造外匯的目標。另特別選定一百家優良廠商，給予更新設備、投資貸款的優惠與各種補助費用，以幫助企業在資訊通訊產業（IT）、生物科技（BT）、奈米技術（NT）、環保技術（ET）等方面，繼續維持領先優勢，確保韓國產品在國際市場上的占有率。

6.勞動市場政策主要策略項目包括：

(1)決策機制的調整於1998年1月成立「三方委員會」，研議如何因應經濟危機，直接隸屬總統辦公室，並於1999年5月通過「三方委員會法」賦予所有與勞工有關政策之法定審議權。

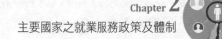
(2)勞動市場彈性化，1998年決議修改韓國「勞動基準法」及成立
「工資求償保證基金」，允許企業經營權移轉、合併、購併而
解僱勞工。但是為保障勞工權益，要求雇主避免解僱與諮詢工
會或勞工代表等項義務，而被解僱勞工經濟損失，如果在工資
或資遣費有所損失時，可向「工資求償保證基金」請求給付。

(3)促進就業措施，包括就業機會的維持與創造、職業訓練及就業
服務等。

(4)強化社會安全制度，擴大適用範圍及引進「生產福利」觀念，
即強調社會福利與就業結合，避免民眾因領取社會福利而自絕
於一般職場，並確保社會福利制度的永續性。

二、組織架構（至1998年）

勞動部（僱用政策局、僱用管理局、職業能力發展局）→勞動廳
（六個）→勞動事務所（原四十六所，新增二十二個臨時事務所）。

三、僱用保險制度之主要內涵作法

1.被保人：五人以上事業單位員工為強制加保對象。

2.保險費率：由勞雇雙方分別負擔，有三項保險費率以不超過受僱員
工每月薪資3%為限。

3.給付標準：非志願性失業前三個月平均薪資50%。

4.給付期限：依被保人投保年資及年齡，給予六十日至二百一十日保
險給付。

5.給付資格（等待期）：非志願性失業，經辦理求職登記及推介就業
後，二十八日內仍未獲得工作者。

6.失業再認定：二週。

7.成立僱用保險基金及就業政策委員會。

8.配套措施：職訓津貼（國民最低生活費70%）、高齡者及婦女就業促進、就業服務電腦連線提供就業市場資訊。

四、韓國就業服務措施可供我國借鏡之處

第一，人力不足問題。韓國一千二百萬經濟活動人口中，僅約六百萬個勞工參加僱用保險，而該國辦理僱用保險業務之單位，全國計有六個勞動廳及四十六個勞動事務所。而我國約一千一百多個勞動力人口中，計約有九百多萬個勞工參加勞工保險為被保險人，卻僅有四十多個就業服務中心、站（2014年4月），相對於韓國而言，顯然偏低。

第二，經費不足問題。韓國僱用保險基金因下列因素導致保險財務嚴重虧損：

1.遭受國際性經濟不景氣之強烈衝擊後，勞工因就業技能欠缺，至失業率驟增，失業給付件數暴漲。

2.失業認定標準過於寬鬆，非但失去失業保險保障非自願性勞工失業期間生活之宗旨，更使保險財務嚴重不足。

3.加上勞工可拒絕就業之推介，及事業體不論任何理由積欠保險費，仍予給付等措施，造成僱用保險基金嚴重不足，導致韓國財政愈趨艱困。

第三，電腦系統部分功能未能相容及電腦容量與軟硬體設備不足，無法因應重大經濟危機帶來之龐大失業人潮，致使就業服務功能無法正常運作。

第四，就業安全體制施政重點之調整，因為平常即重視職業訓練業務之推廣，加強勞工工作技能，使之不易遭受失業難題，並可因勞工素質之提升，使國家總體勞動生產力大幅增加。

　　第五，技職教學的配合，鼓勵勞工踴躍參加職業訓練，確實做到將工作穩定、技能提升與教育訓練三項業務緊密結合，學、術科並重之理想。

　　第六，人性化的辦公場所及提升公務人員服務精神與態度素質。

　　第七，失業給付等待期適度延長，將其規定為申請日起第二十八日發給。

　　第八，經費負擔：韓國僱用保險制度含括僱用安定、職業能力發展與僱用保險三大項，其經費來源，除僱用保險給付由勞資雙方平均分擔外，僱用安定與職業能力發展所需經費，均由雇主全部負擔，職業能力發展經費，更依企業規模大小採取差別費率，強調雇主促進就業與穩定勞雇關係之責任，亦值國內參考。

問題與討論

一、請簡述德國之就業安全制度與體系主要內涵特色及我國可資借鏡為何？

二、請簡述英國之就業安全制度與體系主要內涵特色及我國可資借鏡為何？

三、請簡述瑞典之就業安全制度與體系主要內涵特色及我國可資借鏡為何？

四、請簡述日本之就業安全制度與體系主要內涵特色及我國可資借鏡為何？

五、請簡述美國之就業安全制度與體系主要內涵特色及我國可資借鏡為何？

六、請簡述南韓之就業安全制度與體系主要內涵特色及我國可資借鏡為何？

延伸閱讀討論議題

新加坡的公共政策與就業安全制度的特色及可資借鏡議題。

Chapter

3

我國就業服務政策及體制

第一節　我國就業服務政策

一、就業政策是否為政府公共政策

(一)公共政策之定義

1.政策一詞（policy）係來自希臘文、梵文及拉丁文。希臘文與梵文的語根polis（城、邦）加上pur（城）演變成拉丁字politia（邦）。然後演變成中古世紀英文字policia，此字義即「公共事務的處理」（the conduct of public affairs）或「政府的管理」（the administration of government）。最後演變成今天所使用的policy一字。

2.綜合各專家學者的論點，對公共政策之定義為：「是政府機關為解決某項公共問題或滿足某項公眾需求，決定作為或不作為，以及如何作為的相關活動。」由此可揭示數項要點：

(1)公共政策係由政府機關所制定的。

(2)制定公共政策的目的是在解決公共問題或滿足公眾需求。

(3)公共政策包括政府機關所決定的作為或不作為活動。

(4)政府以各種相關活動表示公共政策的內涵。如法律、行政命令、規章、方案、計畫、細則、服務、產品等內涵。

因此，就業政策應是政府公共政策之一。

(二)就業政策之定義

1.一個人為何要工作、要有職業？理由為何？

(1)獲取薪資以維持個人生活經濟所需。

(2)以所得薪資作為養家活口之經濟來源。

(3)奉獻所學知能，不做社會的寄生蟲。

(4)以所學知能參與生產，創造產值生產力。

(5)藉由工作過程與成果，覺得自己有用，獲得自我實現成就感。

(6)對國家、社會回饋與貢獻，不做寄生蟲或依賴者。

(7)希望維持自尊、受人敬重，實現才能夢想。

(8)希望實現自己的理想，達到心理學家所謂「自我實現」之精神層次的需求。

2.由此可知，就業問題具有下述數項功能與意義：

(1)經濟性功能與意義：獲取薪資以維持個人生活經濟所需。

(2)政治性功能與意義：藉由所學知能參與政治運作，或透過政治性決策擴大就業政策等具有政治性意涵之決策。

(3)社會性功能與意義：以所學知能參與生產，創造產值生產力，對國家、社會回饋與貢獻，不做寄生蟲或依賴者。

(4)文化性功能與意義：針對原住民就業促進或文化產物行銷，以豐富其收入，進而進行文化傳承工作。

(5)心理性功能與意義：實現自己的理想，達到心理學家所謂之「自我實現」精神層次的需求。

(6)生理性功能與意義：以所得薪資作為滿足生理器官所需營養之滿足，及養家活口之經濟來源。

(7)教育性功能與意義：奉獻所學知能，學以致用，不做社會的寄生蟲。

(8)家庭性功能與意義：以所得薪資作為養家活口之經濟來源，維持家庭和樂與婚姻生活之憑藉。

3.就業政策之定義：

就業政策即是政府為了輔導國民就業，調節勞動供需，以促進經濟、社會發展的重要措施。質言之，其現代意義等於人力政策的執行，凡是政府為了確保勞動力的充分就業而執行的各項計畫活動，

諸如，就業安置、就業訓練、失業保險、增加勞力及行業移動的種種措施，及職訓與職教方案、貸款創業、就業市場研究預測，各種低素質勞動力的輔導專案等均包含之。

二、我國當前就業服務政策之理念與依據

(一)中國方面

1.《禮運・大同篇》：「大道之行也，天下為公，選賢與能，講信修睦，……使老有所終，壯有所用，幼有所長，鰥寡孤獨廢疾者皆有所養，……男有分，女有歸，……」。

2.孫中山先生之〈上李鴻章書〉：「……人盡其才，地盡其利，物盡其用貨暢其流，……」；及主張人力培育方案應著重教育、就業與生活機會的平等，一切教育措施均應配合達成此一目的為目標。

3.蔣公之〈民生主義育樂兩篇補述〉：「中國建設之途徑，第一步工作，要謀中國人思想之統一」。

4.蔣總統經國先生之〈使科技成為帶動建設的原動力〉一文。

5.中華民國「憲法」於民國36年1月1日公布，同年12月25日施行之第二章「人民之權利義務」及第十三章「基本國策」之部分條文如下：

(1)第二章「人民之權利義務」之規定：

‧第十一條：人民有言論、講學、著作及出版之自由。

‧第十五條：人民之生存權、工作權及財產權，應予保障。

‧第十八條：人民有應考試服公職之權。

(2)第十三章「基本國策」第三節「國民經濟」之規定：

第一百五十條：國家應普設平民金融機構，以救濟失業。

(3)第十三章「基本國策」第四節「社會安全」之規定：

．第一百五十二條：人民具有工作能力者，國家應予以適當之工作機會。

．第一百五十三條：國家為改良勞工及農民之生活，增進其生產技能，應制定保護勞工及農民之法律，實施保護勞工及農民之政策。婦女兒童從事勞動者，應按其年齡及身體狀態，予以特別之保護。

．第一百五十四條：勞資雙方應本協調合作原則，發展生產事業。勞資糾紛之調解與仲裁，以法律定之。

．第一百五十五條：國家為謀社會福利，應實施社會保險制度。人民之老弱殘廢，無力生活，及受非常災害者，國家應予以適當之扶助與救濟。

．第一百五十六條：國家為奠定民族生存發展之基礎，應保護母性，並實施婦女兒童福利政策。

．第一百五十七條：國家為增進民族健康，應普遍推行衛生保健事業及公醫制度。

6.民國34年5月社會部所提出之「四大社會政策綱領」中之「勞工政策綱領」之十六條規定內容，及「戰後社會安全初步設施綱領」均以改善國民之生計與輔導就業，並促進勞資合作調節勞力供求、增進勞動效能、加強國際勞工聯繫，以確保社會安全等為主。

7.民國53年11月之「民生主義現階段社會政策」乙項「國民就業」之六條規定內容，均以積極創造就業機會、辦理職業訓練與輔導就業，並加強聯繫公私企業調劑人才供求等工作為主。

8.加強國民就業輔導工作綱領。

9.青年工作要點。

10.國民黨十一屆三中全會於民國68年2月8日所通過的「社會工作決議案」。

11.「就業服務法」各章之規定均以促進國民就業為宗旨，尤於第三

章明確訂定「促進就業」專章，保障國民就業機會，積極規劃各項就業促進工具。

(二)國際方面

1.民國37年12月11日「世界人權宣言」第二十三條之規定：人人有權工作，自由選擇職業，享受公平優裕之工作條件，及失業保險等。

2.國際勞工組織1964年所提出之「就業政策公約及建議書」有關就業政策方案的有效組織，創造較高的就業水準，使經濟繁榮和充分就業。而國際就業安全協會（IAPES）更於1986年年會中認定就業服務（包括就業能力發展、職業訓練）、失業保險及勞動市場資訊為就業安全的三大支柱。

三、當前就業政策擬定之基礎概念

我國當前就業服務政策擬定之基礎概念，不外乎是以積極性就業促進為著眼，排除消極性救助方式，並研定加強促進各類特定對象就業措施，主要採行內容如下：

1.以失業者及初進入就業市場者為優先服務之對象。

2.保護身心障礙及更生受保護求職者之權益。

3.免費服務，但是服務所需費用比一般情形要高時，可以向雇主酌收超額之費用，及依法設立之「私立就業服務機構」，可依規定收費。

4.提供雇主及求職者自由選擇人才及就業機會。

5.工作應具有公正不偏之職業道德。

6.不得違背法律及社會善良風俗。

7.就業諮詢與諮商之專業知能。

8.就業市場資訊閱讀與分析及預測能力。

9.職業分析與職業分類技術知能。

10.對來尋求服務者之接納、尊重與人性對待。

11.職業心理測驗量表之內容、特性與解釋分析重點及同理心的運用。

12.專注與客觀的態度及熱誠助人的心。

13.調整公立就業服務機構組織及設置。

14.建立就業服務專業與獎勵制度。

15.加強就業服務與職業觀念及正確價值觀之宣導，協助青少年潛能開發，以強化其就業競爭力。

16.改進電腦作業，建立全國就業服務資訊系統及網站。

17.強化生計輔導工作，加強就業諮詢專業服務工作，輔導其做好職業準備與職涯規劃，以促進青少年適性就業。

18.制定工作手冊，充實機具設備。

19.加強特定對象就業服務與職業訓練，以強化就業意願與技能及競爭力。

20.辦理雇主座談會及現場徵才活動與拜訪雇主，加強對雇主服務，開發與爭取就業機會。

21.強化勞動供給，因應國家建設計畫與經濟發展所需人力之培訓。

22.辦理失業輔助措施及就業促進津貼，以及就業保險。

 第二節　我國就業服務法令

一、我國促進國民就業服務的法令

1.「就業服務法」於民國81年5月8日公布施行，並先後多次修正以符實需。

2.「就業服務法施行細則」於民國81年8月5日公布施行，並多次修正。

3.「兒童及少年福利法」（現為「兒童及少年福利與權益保障法」）於民國92年5月28日公布施行，第九條及第二十五條規定有關勞工主管機關主管年滿15歲少年之職業訓練、就業服務及勞動條件之維護等相關事宜。

4.「省（市）公立就業服務機構設置準則」於民國81年7月29日公布施行，並至民國92年7月14日止先後多次修正為「公立就業服務機構設置準則」。

5.「外國人聘僱許可及管理辦法」於民國81年7月27日公布施行，並先後多次修正。

6.「就業安定基金收支保管及運用辦法」於民國81年9月18日公布施行，並先後多次修正。

7.「私立就業服務機構許可及管理辦法」於民國81年7月27日公布施行，並先後多次修正。

8.「就業保險法」於民國91年5月15日經總統公布，訂於民國92年1月1日施行，並廢止民國88年1月1日施行之「勞工保險失業給付實施辦法」。

9.「就業保險法施行細則」於民國92年1月1日發布施行。

10.「失業勞工全民健康保險保險費補助辦法」於民國91年10月13日發布施行。

11.「雇主僱用失業勞工獎助辦法」、「就業保險之職業訓練及訓練經費管理運用辦法」、「違反就業服務法罰鍰案件處理要點」於民國91年12月27日發布施行。

12.「就業促進津貼實施辦法」於民國91年12月30日發布施行。

13.「輔導餐具清洗產業或其他傳統產業僱用因限制使用政策失業勞工獎助計畫」於民國92年3月27日發布施行。

14.「身心障礙者權益保障法」（原名殘障福利法於民國69年6月2日發布實施）於民國96年7月11日發布實施，從社會福利概念正名為應有權益保障，提供無障礙個別化職業重建與職務再設計等服務，並規劃將提供身心障礙者服務體系分成兩種，一種是「職業重建措施」由地方主管機關提供支持性與庇護性就促服務，而中央主管機關提供一般性就促服務，將一個個案事權硬分割成雙軌道的行政體系。另更提高公私部門定額進用比率，即公部門員工總數三十四人以上須進用3%身障員工，私部門員工總數六十七人以上須進用1%身障員工，及依「職務分析」將警政、消防、關務、國防、海巡、法務及航空站等單位，明訂為：不列入定額進用總人數計算範圍之單位。

二、我國促進國民就業服務的方案

(一)促進就業安定方案（83.3.5行政院修訂備案）

(二)第一期加強就業服務方案主要採行措施內容（74.7.26發布實施74.7.26～80.12.31）

1.調整就業服務機構組織及設置。

2.建立就業服務專業制度。

3.加強就業服務與職業觀念之宣導。

4.改進電腦作業。

5.強化就業諮詢服務、發展心理測驗、充實職業輔導資料。

6.制定工作手冊，充實機具設備。

7.加強低收入戶15歲以上人口之就業服務。

8.加強推動轉業輔導及部分工作時間就業服務。

9.加強對雇主服務，爭取就業機會。

10.加強與各級學校聯繫，協助志願就業畢業生順利就業。

11.加強與職業訓練之配合，協助結訓學員順利就業。

12.加強民營職業介紹所之管理。

13.外籍人士在我國就業之管理。

(三)第二期加強就業服務方案主要採行措施內容（81.2.20發布實施81.1.1～86.12.31）

1.調整公立就業服務機構組織及設置。

2.建立就業服務專業與獎勵制度。

3.加強就業服務與職業觀念之宣導。

4.改進電腦作業，強化生計輔導工作。

5.制定工作手冊，充實機具設備。

6.加強特定對象就業服務。

7.加強對雇主服務，爭取就業機會。

8.強化勞動供給，因應國家建設六年計畫與經濟發展所需人力。

(四)加強就業服務行動方案主要採行措施內容（87.1.7發布實施87.1.1～87.12.31）

1.規劃齊一公立就業服務機構軟硬體設備，促使整體形象一致化。

2.規劃簡併作業流程，提高就業服務效率。

3.調整現有人力，並推動志工參與。

4.開拓就業機會，加強職業推介。

(五)就業安全政策白皮書主要內容（86.4.1.發布實施）

1.勞動供需趨勢分析。

2.勞工工作觀念與意向。

3.就業市場發展動向與因應對策。

4.加強公共職業訓練、建立生涯訓練體系。

5.推廣企業職業訓練、提升勞動人力素質。

6.擴展技能檢定、落實技術證照制度。

7.健全就業服務體系、提升就業服務功能。

8.強化特定對象就業服務。

9.外籍勞工政策與管理。

10.建立勞工老年附加年金保險制度。

11.規劃實施失業保險。

第三節　我國就業服務措施

一、我國促進國民就業服務之相關對策計畫

(一)針對被資遣失業勞工部分

1.當前失業問題因應對策（85.8.31行政院核定實施85.7.1～86.6.30）。

2.失業輔助措施（85.11.21勞委會發布實施）。

3.加強宣導與落實資遣通報制度實施要點（85.10.18勞委會職訓局發布實施）。

4.補助被資遣員工搬遷津貼作業要點（85.10.18勞委會職訓局發布實施）。

5.補助被資遣員工求職津貼作業要點（85.10.18勞委會職訓局發布實施）。

6.建立轉業輔導網實施要點（85.10.18勞委會職訓局發布實施）。

7.獎助民營事業單位僱用高齡者、殘障者、原住民及被資遣員工實施要點（85.10.18勞委會職訓局發布實施）。

8.促進被資遣失業勞工以訓代賑試辦要點（85.9.23勞委會職訓局發布實施）。

(二)針對促進特定對象就業部分

1.促進特定對象就業要項分工配合表（85.10.18勞委會職訓局發布實施）。

2.補助就業能力薄弱者參加公共職業訓練機構及政府委託經政府立案之職訓機構、機構、學校、技藝補習班受訓津貼試辦要點（85.9.10勞委會職訓局發布實施）。

3.負擔家計婦女、中高齡者、殘障者、原住民、生活扶助戶及急難救助戶參加職業訓練期間生活津貼補助實施要點（85.10.18勞委會職訓局發布實施）。

4.原住民就業媒合專案計畫（85.9.3勞委會發布實施）。

(三)其他總體之促進就業部分

1.就業促進津貼實施要點（87.7.15勞委會發布實施），主要措施包括：(1)尋職津貼（求職交通津貼、臨時工作津貼、訓練生活津貼）；(2)創業貸款利息補貼；(3)僱用獎助津貼；(4)就業推介媒合津貼。

2.民國90年2月開辦「永續就業工程」，結合產業發展與地方文化，促進就業解決失業問題。後於民國91年推動「多元就業開發方案」，辦理經濟型、社會型、企業型之計畫，共創就業機會。

3.「勞委會結合人民團體設立就業服務據點經費補助計畫」於民國92年1月8日發布施行。

二、我國促進國民就業服務之相關措施

　　我國促進國民就業服務之相關措施大都依據「就業服務法」第三章「促進就業」相關條文之規定訂定，較常被提及或運用的是第二十四條「特定對象就業促進」之各特定對象就業輔導措施，包括有：

1. 促進婦女就業措施（83.8.6行政院核定實施）。
2. 促進中高齡者就業措施（83.8.13行政院核定實施）。
3. 促進殘障者就業措施（84.3.28行政院核定實施）。
4. 促進原住民就業措施（83.9.5行政院核定實施），及促進失業青年、原住民就業措施（85.8.31勞委會發布實施）。
5. 促進生活扶助戶就業措施（85.11.8行政院核定實施）。
6. 失業輔助措施（85.11.21勞委會發布實施），主要措施有：(1)以工代賑；(2)以訓代賑；(3)搬遷津貼。
7. 92年度促進青少年就業實施計畫（92.3.11勞委會核定實施）。

 ## 第四節　我國就業服務體制

一、我國當前就業服務體系與分工概況

　　目前我國就業服務機構，在中央方面係由勞動部勞動力發展署負責全國就業服務工作之統籌規劃與推動等事項。此外，行政院國軍退除役官兵輔導委員會負責國軍退除役官兵之輔導安置業務；法務部所屬之監獄與輔育院（矯正學校）則設有技藝訓練與職業輔導；而司法院所屬之臺北、臺中、臺南與高雄等四個地方法院設有少年觀護所，職掌個案調查、教學習藝及心理測驗等處遇矯正保護及建議工作。總之，加上二十二個直轄市縣市政府勞工（社會、民政）局（處、科）亦在各主要城市設立

公立服務中心或就業服務台（據點）暨民間就業服務據點負責各地區的就業服務工作，截至民國103年我國就業服務行政體系約有將近三百至四百多個公立就業服務機構（據點），未來應會依實需增減。

二、公立就業服務機構主要職掌內容與功能

(一)各主要國家當前就業服務的主要工作內容

各主要國家當前就業服務的主要工作內容計有下述數項：

1.介紹與安置服務。
2.職業指導與諮詢服務。
3.職業分析與分類服務。
4.雇主服務。
5.人力規劃服務。
6.就業市場資料之建立服務。
7.職業交換服務。
8.就業訓練服務。

而我國目前在臺灣地區的公立就業服機構則依據「公立就業服務機構設置準則」第三條規定，公立就業服務機構掌理下列事項，或得將前項所定掌理事項，委託相關機關（構）、團體辦理之。

1.求職、求才登記及推介就業事項。
2.職業輔導及就業諮詢。
3.就業後追蹤及輔導工作。
4.被資遣員工再就業之協助。
5.雇主服務。
6.應屆畢業生、退伍者、更生保護會受保護人等專案就業服務。

7.職業分析、職業訓練諮詢及安排。

8.就業市場資訊蒐集、分析及提供。

9.雇主申請聘僱外國人辦理國內招募之協助。

10.特定對象之就業服務及就業促進。

11.就業保險失業給付申請、失業認定等事項。

12.中央主管機關委任或委辦之就業服務或促進就業事項。

13.其他法令規定應辦理事項。

(二)公立就業服務機構主要功能

由前開業務職掌可知我國當前就業服務體系的功能如下：

◆就建立「經濟性目標」而言

1.誘導人力參與建設，以達到「質」、「量」並重目標。

2.抑制通貨膨脹，紓解失業壓力。

3.改進人力資本。

4.減少人力浪費。

◆就建立「社會性目標」而言

1.積極協助民眾脫離貧困。

2.引導謀職者獲致理想職業。

3.降低社會問題成本。

◆對「個人」功能而言

1.協助個人增加所得。

2.減少失業。

3.提高個人的滿足感。

4.減少個人對家庭社會的依賴。

5.增進個人身心健康。

6.改善個人家庭物質生活及促進家庭關係的和諧。

◆對「雇主」功能而言

　1.協助解決技術人力的瓶頸。

　2.協助滿足人力的需求。

　3.提高企業整體的生產力。

◆對「政府」功能而言

　1.平衡所得分配。

　2.增加國民總生產。

　3.減少失業現象。

　4.促進社會安全與政治穩定。

　5.穩定物價。

　6.減少反社會行為。

　7.減少社會救助金支出。

　8.增加稅收。

　9.調節軍事人力。

問題與討論

一、請簡述就業政策意義及研擬之基本概念基礎為何？

二、請簡述我國之就業服務法制方案之主要內涵特色為何？

三、請簡述我國之就業服務措施之主要內涵特色為何？

四、請簡述我國之就業服務體系主要內涵特色為何？

五、請簡述我國之公立就業服務機構主要業務職掌及功能為何？

六、邇來全球化與自由貿易化趨勢聲浪掀起各國經濟產值與人才流
　　動之人力資源重要議題，尤以非典就業型態與工作者之就業機
　　會及工作條件暨權益保障問題的討論，進而臺灣亦因而衍生了

前所未有的學潮，攻占中華民國憲法所賦予的重要行政三聯制的最高立法機關與行政機關官署，而造成遺憾的未有睿智的主其事領導者，恰如其份及時因應解決，急惰任其動盪，影響交通、住戶、經濟、教育、社會等基本人權問題，躍上國際議論紛紛適法性問題，忝為已開發國家應有民主自由之素養！？請您以所學專業知能討論如下問題：

(一)請以相關理論哲理（俗稱意識型態）進行判斷，何種理論哲理最適合解釋此現象，並請簡述之。

(二)請簡述就業安全制度與體系之社會學相關理論，進行判斷何種理論最適合解釋此現象，並請簡述之。

(三)延續前題請以心理學或勞動經濟、人力資源等相關領域理論，進行判斷何種理論最適合解釋此現象，並請簡述之。

(四)延續前題請以各主要國家就業服務政策與體制內涵，綜合性的進行判斷討論簡述前述現象之優劣，並指出臺灣可借鏡之處。

十、請簡述我國「身心障礙者權益保障法」之定額進用比率，及不列入定額進用總人數計算範圍之單位為何？

延伸閱讀討論議題

一、請簡述何謂非典型就業？其型態為何？並請就我國就業服務政策與體系（制），進行討論其與非典型就業型態之相關性及應有的有效具體作為為何？

二、派遣勞動及業務承攬外包勞動政策與制度概況內涵。

Chapter

4

就業諮詢及職業心理
測驗理論與實務

第一節　就業諮詢理論

一、教育（社會工作）、輔導、諮詢（諮商）與心理治療的意義及區別

(一)教育（社會工作）（education, social work）的意義

多半是指學校中教育人員對學生的一種協助，以提供學生在某一學科領域所需瞭解之知識，進而透過疑問討論後，達到教學相長的目標。而社會工作是指社會工作者對個案的一種協助，以提供其所需資源及案主參與與自決，面對問題與解決問題的專業關係動態過程。

(二)輔導（guidance）的意義

是指輔導專業人員給予他人的協助，使其能做明智的抉擇與適應，並解決問題，進而能透過經驗而產生預防作用，甚至對同一問題的再發生時，能夠有免疫作用。

(三)諮詢（consult）與諮商（counseling）的意義

諮詢與諮商是指一種語言溝通的過程，由受過專業訓練的諮商員或諮詢員，以平等對待的關係，運用適當的輔導措施，協助前來求助的當事人認識自我、澄清觀念，及解決問題的動態過程。嚴格的說，諮詢是一種間接的協助服務，而諮商則是一種直接的協助服務。二者的主要目標有七項：

1.促成行為的改變。
2.增進因應技巧。
3.加強做決定的能力。

4.增進人際關係。

5.助長個人潛能的發展。

6.減少社會問題發生。

7.增強家庭系統的關係。

(四)心理治療的意義

多半是指一種僅限於有嚴重適應問題的個人短時期的治療過程，期望能夠透過治療，協助個案在適應上有所改變與調整，得以逐步恢復。

總之，以上四種助人的專業可視為一條線段上的四個點，是連續的，不是割裂的，期間的差異應是程度的，而非本質的，以所需專業職能教育訓練與層次而言，由基礎到特別專業職能依序為教育（社會工作）＜（小於）輔導＜諮詢＜諮商＜心理治療，亦即心理治療所需接受的特別專業職能教育訓練是最多的，而各種助人的專業互相尊重和協調合作，當可對當事人提供適切且深入而完整的服務。

二、就業諮詢的目的與功能

(一)協助個人生涯的發展

包括工作能力、職業興趣、工作性格、職業價值觀、職涯探索、工作世界的認識及決策與解決問題能力等內涵。

(二)提升就業輔導工作的專業地位

包括諮商的專業能力、適當的會談技巧、適當的測驗工具、協助解決問題或選擇適切的生涯發展之能力等。

(三)有效運用人力資源，促進社會繁榮進步

　　包括國民充分就業、適性就業、工作效率達到最高點及個人整體發展的生涯規劃等，達到「人盡其才、事竟其功」目標。

三、就業諮詢的採借相關基礎理論

　　就業諮詢的相關理論如下：

(一)精神分析治療法（psychoanalytic therapy）

　　佛洛依德為代表，是歷史上第一個有系統的心理治療學說，透過人格結構探討潛意識，從過去瞭解現在，強調早期經驗的重要性，闡明行為的因果性，使當事人不再防衛，而勇敢的面對原來不敢面對的經驗。

(二)現實治療法（reality therapy）

　　葛拉塞（William Glasser）為代表，是一個短期、重視現在，強調個人力量的治療。基本上著重案主現在行為，以面對現實，對自己的行為負責。

(三)理性情緒治療法（rational-emotive therapy, RET）

　　艾利斯（Albert Ellis）為代表，是一個以教導、認知、行動為主的治療，強調思考和信念，亦即情緒反應是隨著刺激事件發生，但實際上是個人信念體系所造成，只要以理性有效制止，便可終止困擾。

（A事件→C反應）

B理性

(四)溝通分析治療法（transactional analysis therapy, TA）

伯尼（Eric Berne）為代表，是一種從內在人格結構探討團體中人際關係、人際溝通多層變化主因，係個人內在存有不同的自我狀態，以做不同的表現。強調認知層面以協助案主評估早年決定，並做新的與適當的決定（PAC　父母—成人—兒童人格結構）。

(五)個人中心治療法（person-centered therapy）

羅吉斯（Carl Rogers）為代表，是一種強調此時此地、同理心、無條件的尊重及誠摯等概念的治療，以促使案主開放自己的經驗，更相信自己，發揮自我導向的能力。

(六)完形治療法（gestalt therapy）

波爾斯（Fritz Perls）為代表，是一種把不協調的對立狀態引出來，以使個人自覺，尋求解決的方法，進而達到心理上的整合，解決內在的衝突。

(七)意義治療法（existential therapy）

又稱「存在主義」，以梅伊（Rollo May）、馬斯洛（Abraham Maslow）、弗蘭克（Viktor Frankl）、喬拉德（Sidney M. Jourard）為代表，是一種協助案主體驗自己存在的真實性，以發展潛能及力行實踐的態度，亦即諮商員進入案主的世界，並參與案主的現實，瞭解案主，協助案主發現、欣賞、認同所處的世界，以發現生活意義。

(八)行為治療法（behavior therapy）

班都拉、梅可包姆、馬哈尼、貝克、渥爾波、拉薩爾斯、卡茲丁（Bandura, Meichenbaum, Mahoney, Beck, Wolpe, Lazarus, Kazdin）為代表，

是一種協助案主去除不良適應的行為，進而幫助其學習建設性的行為。

(九)家族治療法（family therapy）

是一種改變家庭溝通和互動關係，使徵候的行為消失於無形的治療方法。包括開放系統、結合的三角關係、回饋、家庭副體系及自動調適等概念。

四、就業諮詢的一般模式（流程或過程）

(一)準備階段

使就業諮詢人員與求職者做好必要的準備，以便順利進行正式的諮詢服務。諮詢人員需運用專注、傾聽技術進行服務。

(二)探討階段

以問題的瞭解和探討為主，諮詢人員需運用真誠、尊重、初層次同理心及辨識感覺與情緒等技術（**表4-1**）進行服務。

(三)分析統整階段

表4-1　辨識感覺與情緒檢核表

項目	感覺 （甲）	出現情境 （乙）	口語表達 （丙）	身體反應 （丁）	備註
強烈正向（Ⅰ）					
微弱正向（Ⅱ）					
強烈負向（Ⅲ）					
微弱負向（Ⅳ）					
中庸（Ⅳ）					

資料來源：改自黃惠惠（1991：147）。

　　重點在整理資料，分析各問題的癥結，必要時可運用適當的測驗工具，分析其未揭露性格、潛能或問題癥結，以協助其理出頭緒，認清問題真相。諮詢人員需適當的運用高層次同理心、自我表露、面質、立即性等技術進行服務。

(四)行動階段

　　諮詢人員根據求職者的領悟，以創造性問題解決的過程，採取力場分析觀念，說明問題解決原理（**表4-2**），協助其探討各種可能產生建設性改變的方法，再依其抉擇協助擬定行動計畫，鼓勵其採取行動，並於執行時適時給予支持和回饋。

(五)檢討階段

　　諮詢人員就整個諮詢過程的目標、方法及效果，與求職者、同事或督導共同檢討，以增進諮詢知能，同時亦可追蹤瞭解求職者生活與適應狀況，必要時再給予適當的協助（改自黃惠惠，1991：53）。

表4-2　力場分析：從7W解析自我助力與阻力

項目	助力	阻力	備註
WHO（人）			
WHEN（時）			
WHERE（地）			
WHAT（物）			
HOW（如何）			
WHY（為何）			
FOR WHOM（為誰）			

五、就業諮詢的實施

(一)就業諮詢人員的角色

1.協調者：就業諮詢人員透過協調相關資源，以提供案主瞭解與選擇、運用。

2.教導者：就業諮詢人員透過諮詢（商）過程可以教導求職者求職應對技巧與做好生涯規劃及就業準備。

3.研究者：就業諮詢人員透過案例分析與相關團體的運作過程等經驗研究，可將有效的溝通技巧與求職準備，提供當事人或相關諮詢人員參考運用。

4.諮詢顧問者：資深就業諮詢人員可就自己之經驗指導新進之就業諮詢人員，使其獲得一些工作經驗與技巧，得以儘速進入工作領域。

5.評量（估）者：就業諮詢人員透過與個案諮詢後，瞭解其特質條件與需求，再參考現今之就業市場所需人才之資格條件，評估個案適合工作機會，予以推介輔導及支持。

(二)就業諮詢人員的特質

1.對人的關心，使個案感受到尊重、熱誠協助的心意。

2.肯定自我，感覺到馬斯洛精神層次之「自我實現需求」的滿足。

3.保持彈性，不過度剛毅或自我，使個案感覺未被接納。

4.瞭解自己的人格特質，創造自己之輔導諮商風格。

5.瞭解人的特質與行為法則，以利於與案主建立專業關係，獲得其信任與安全感。

6.善於控制自己的情緒與態度，隨時給予個案良好的態度與支持。

(三)就業諮詢人員的基本態度

1.無條件接納求職者,使其感受到被尊重與獨立個體之對待。

2.真誠對待求職者,使其感受到同理心的誠摯關懷。

3.尊重求職者的意願與選擇,不對其做任何批評與評價,僅對其提供可供選擇之相關建議。

4.恪守專業道德,發揮專業精神,以提供專業化、人性化之就業服務工作。

5.不可專為雇主甄選員工,而應抱持「顧客導向」觀念,使求才者能順利找到所需員工,求職者得以適性就業。

(四)諮詢環境布置與工具

1.諮詢環境布置:諮詢雙方以90度角面對面坐著,小桌子或茶几則放置在中間稍後處,以利雙方非語言的行為表達及觀察,達到案主感覺安全、舒適而敢於表達自己內心的痛苦、疑惑……,利於雙方溝通和瞭解。

2.諮詢工具及物品:包括職業資料、個人資料、電腦設備、測驗、紙筆、茶水及面紙等。

總之,就業諮詢人員所需熟悉與運用的專業技術,包括建立友善的關係、接納技術、引導技術、結構技術、反應技術、沉默技術、解釋技術、澄清技術及終結技術等,而其運用之妙則存乎一心。誠如Corey所說的:「沒有任何一種諮商的方法是適用於所有的當事人」,因此,就業諮詢人員應依據本身人格特質與所學之專業特長知能,摘取各家之長,以融合成自己特色的一套諮商方法與技術,方能愉快的為求職者提供專業與適當的就業諮詢服務和協助。

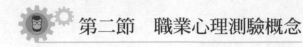

第二節　職業心理測驗概念

一、前言

　　自己是生涯決定的主人，自己適合做什麼，不適合做什麼；喜好什麼，排拒什麼；擁有什麼，缺乏什麼，這些都是在生涯決定的時候，必須深思熟慮的要點。因此，透過各種不同的輔助工具之協助，對自我進行探索，是生涯決定過程中最重要的方法之一。

　　職業心理測驗的主要目的是在提供客觀的及具有代表性的行為樣本。根據心理測驗專家阿那斯塔西（Anastasi, 1961）所下的定義：心理測驗是一種對行為樣本做客觀和標準化的測量。因此，其所下的定義包括五個因素：

1.具代表性的行為樣本。

2.測驗過程、情境與計分等均達標準化水準，方能獲得真實的結果。

3.以客觀性和實徵性為基礎的測驗項目難度。

4.信度，係指測驗分數或結果均需能達穩定性。

5.效度，係指測驗測量某種行為特徵的真確度，由效度可以看出一個測驗是否發揮它的功能，因此，效度的決定通常需要一種獨立的、外在的效標，這種效標就是測驗本身所欲預測的。

二、測驗的功用

1.辨別智愚，以利對個案做適性之就業服務，並針對身心障礙者提供社區化就業服務與職務再設計之輔導。

2.分別才能，確定個案之興趣、人格、性向、價值觀與其所具備之資格條件，以利做好就業服務。

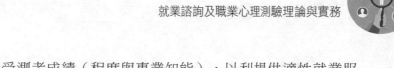

3.客觀評量受測者成績（程度與專業知能），以利提供適性就業服務。

4.清楚須強化何種專業知能及改進教學方法。

5.增進學習動機，強化自己具第二專長，甚至第三專長之進修學習。

6.針對結果進行診斷，確定個案之興趣、人格、性向、價值觀情況，以對其做適性就業之建議。

7.針對結果進行預測分析，以協助個案做好生涯規劃。

8.針對推介就業之個案進行就業後追蹤輔導，以協助其就業適應與就業後支持，以利其穩定就業，減少人力資源之流動。

9.引導當事人進行自我探索。

10.澄清當事人的自我概念。

11.增進輔導者對當事人的瞭解。

12.預測某些可能發生的事件。

13.將個人興趣、能力、性格轉換入職涯條件中。

14.找出各種可能性和替代性。

15.協助做決定和訂定目標、計畫。

三、職業心理測驗類別

(一)依測驗目標分類

1.智力測驗。

2.成就測驗。

3.性向測驗。

4.人格測驗。

5.職業測驗。

(二)依受測驗對象分類

1.個別測驗。

2.團體測驗。

(三)依測驗材料分類

1.語文測驗。

2.非語文測驗。

(四)依測驗功用分類

1.成就測驗與預測測驗。

2.難度測驗與速度測驗。

3.普通測驗與診斷測驗。

四、現代常用之職業心理測驗

近年來由於測驗在教育、諮商輔導、人事甄選、臨床等方面廣泛使用，因此，針對不同的用途、不同的觀點，而有許多不同種類的測驗，例如：(1)人格測驗是測量智能以外的其他精神特質；(2)職業測驗的目的，是將人的能力與職業所要求的條件相配合，使個案得以「學以致用」、「職能得其人」；(3)興趣量表係協助學生選擇適合其興趣之職業或科系，以為諮商輔導之參考；(4)價值觀念及意見與態度量表的目的，係協助個案瞭解其人格型態與價值觀念，以便在未來的工作能有良好的適應。本研究係借助於「基氏人格測驗量表」（the Guilford Martin personality inventory）、「大學科系興趣量表——社會組」、「工作價值觀量表」（work value inventory）、「職業探索量表（the vocational self-directed search inventory）——教育與職業計畫指南」、「我喜歡做的

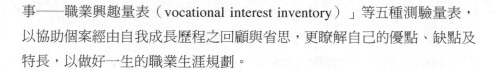

事——職業興趣量表（vocational interest inventory）」等五種測驗量表，以協助個案經由自我成長歷程之回顧與省思，更瞭解自己的優點、缺點及特長，以做好一生的職業生涯規劃。

(一)基氏人格測驗量表

係J. P. Guilford博士所創，分為情緒、社會適應、內外性向、反省等四大類，再細分十三個項目，來探討分析受測者之人格特質，以協助受測者作自我調適與修正之參考。

後來我國心理測驗教授賴保禎研發類此之「賴氏人格測驗量表」供國人使用，旨在測量受試者的人格特徵，以供輔導諮商之參考。信度係數為0.09；效度達非常顯著水準，有一百三十個題目，共有十三個分量表：(1)D，抑鬱性；(2)C，感情變異性；(3)I，自卑感；(4)O，客觀性；(5)N，神經質；(6)Co，協調性；(7)Ag，攻擊性；(8)G，活動性；(9)A，領導性；(10)S，社會的外向；(11)T，思考的外向；(12)R，安閒性；(13)L，虛偽等。

每個分量表代表一個人格特徵，在側面圖上端有等級，從左向右，由低而高分為1、2、3、4、5等五個等級。如果得1或5就是偏於兩端，如果得2或4就是接近兩端，如果得3就是居中的位置。另十三個分量表構成四種人格因素，每一因素代表一種二次元的人格特徵，以觀察情緒是否穩定、社會適應是否良好、性向是內向或外向、有否反省等四種人格特徵。再者可從側面圖整個趨向，以五種典型按其類似程度來客觀解釋判斷：

1.A型／平均型（average type），係指有九個以上居中位置（三等級），此類型者屬於平凡人，被動性格。

2.B型／偏右型，係指有八個以上在偏右位置。此類型者情緒不安、社會不適應；活動外向，又稱「暴力型」（blacklist type）。

3.C型／偏左型，係指七個以上在偏左位置，此類型者情緒安定、社會通識良好；不活動內向，又稱「鎮靜型」（calm type）。

4.D型／右下型，係指有九個以上在右下位置，此類型者情緒安定、社會適應普通；活動積極外向的性格，又稱「指導型」（director type）。

5.E型／左下型，係指有九個以上在左下位置，此類型者情緒不安、社會適應不良；不活動、消極內向的性格，又稱「怪癖型」（eccentric type）。

(二)大學科系興趣量表——社會組

係劉兆明、余德慧、林邦傑等專家所編製，藉由受測者於中文、外文、歷史等十六個大學科系所得分數，於百分位數中所占等級程度，測出受測者對大學科系之興趣程度，以協助其選擇適合自己就讀之科系。本量表旨在測量個案對於自己的興趣及大學各科系特質的瞭解程度，以作為科系選擇的參考。信度係數為0.89與0.66，各組因素純變異量為57.2～62.3%。此量表題本分為自然組和社會組兩種，每種（組）各有二百四十題，由十六個科系量尺的項目交錯排列而成（例如1、17、33、49、65、81、97、113、129、145、161、177、193、209、225等十五個題目），每一量尺包括十五個項目，可提供十六個量尺分數。計分時應將受試者在每一個橫欄各題上所圈選的數字相加，依序填入答案紙右上角計分欄R. S.欄中。每一橫欄均有十五題，代表一個科系量尺分數，將十六個量尺所得原始分數對照常模，換算成百分等級後，即可繪製側面圖。總之，本量表兼顧升學與就業的需要，而不同於一般的「職業興趣量表」，經由本量表的實施結果，可作為轉系輔導的參考依據。

(三)工作價值觀量表

係美國Dr. Donald E. Super於1970年所創，由我國陳英豪、汪榮才、

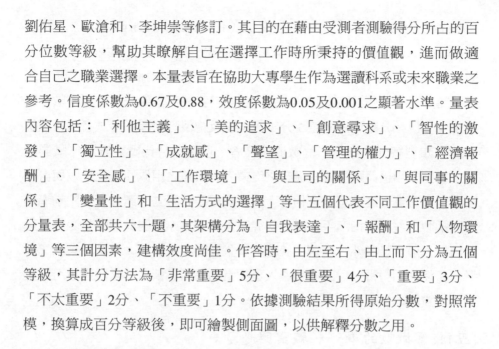

劉佑星、歐滄和、李坤崇等修訂。其目的在藉由受測者測驗得分所占的百分位數等級，幫助其瞭解自己在選擇工作時所秉持的價值觀，進而做適合自己之職業選擇。本量表旨在協助大專學生作為選讀科系或未來職業之參考。信度係數為0.67及0.88，效度係數為0.05及0.001之顯著水準。量表內容包括：「利他主義」、「美的追求」、「創意尋求」、「智性的激發」、「獨立性」、「成就感」、「聲望」、「管理的權力」、「經濟報酬」、「安全感」、「工作環境」、「與上司的關係」、「與同事的關係」、「變量性」和「生活方式的選擇」等十五個代表不同工作價值觀的分量表，全部共六十題，其架構分為「自我表達」、「報酬」和「人物環境」等三個因素，建構效度尚佳。作答時，由左至右、由上而下分為五個等級，其計分方法為「非常重要」5分、「很重要」4分、「重要」3分、「不太重要」2分、「不重要」1分。依據測驗結果所得原始分數，對照常模，換算成百分等級後，即可繪製側面圖，以供解釋分數之用。

(四)職業探索量表

係Dr. John Holland所著的《自我引導探索》，由路君約、簡茂發、盧欽銘、林一真等修訂。該測驗量表的主要目的，是在幫助受測者找出幾種值得考慮的職業，以作為將來選擇職業之參考，而能夠喜歡的去從事所選擇的工作，盡一己之力量，貢獻國家社會。本量表係多層面評量式測驗的代表，可提供輔導老師更多層面的分析與訊息，及協助當事人對自己的職業興趣及能力做整體充分的瞭解，並能與我國現有職業屬性相配合，進而得到一個生計抉擇的內容，以瞭解個人最喜愛何種職業，是一種廣受運用、經濟，可自我施測之中國本土化、精確化的職業諮商工具。其信度係數為0.73～0.83與0.74及0.87，效度係數為0.01及0.05之顯著性水準。

本量表共包括「職業憧憬」、「活動」、「能力」、「職業興趣」及「自我評估」等五大分測驗，其結果可求受試者在「實用」（R-realistic）、「研究」（I-investigation）、「藝術」（A-artistic）、

「社會」（S-social）、「企業」（E-enterprising）、「事務」
（C-conventional）等六類型的四個分測驗分數及總分，共計三十個分
數。作答及計分方式，由左至右、由上而下分為兩個等級：喜歡（或
是）為1分；不喜歡（或否）為0分。另「自我評估」部分，依所答數字即
為得分。原始分數可用來查百分等級常模及繪製側面圖。受試者可將本量
表的六類型總分，找出三個數值最高者，取為綜合代碼，查閱「職業索
引」以探索自己與國內哪些職業之從業者有較高之相似性，及比較與自己
目前所屬專業團體類型是否相符。另職訓局委託國立台灣教育學院輔導研
究所編製之《擇業指南手冊編製研究報告》中，亦指出此類型量表除了可
適用於一般求職者外，也適用於瞭解學生職業發展情形，作為職業輔導參
考。若能使用得當，可節省輔導人員相當的時間、精力，求職者也可以得
到比較實際的協助。

(五)我喜歡做的事——職業興趣量表

係行政院勞工委員會職業訓練局委託中國測驗學會修訂委員黃堅
厚、林一真、范德鑫等三位委員修訂的一份興趣量表，藉由受試者在十二
個方面的興趣分數，參考百分等級、T分數常模及繪製興趣側面圖，以便
對受試者的興趣做更多角度的分析與瞭解，供受試者瞭解本身喜歡做的事
情，進而作為職業抉擇之參考。本量表主要用途是藉以瞭解我國國中程度
以上學生及成人的職業興趣，以作為其選擇職業的一種參考。信度係數
（Cronbach α 係數）介於0.74～0.84之間，以各分量表僅有十四題而言，
這樣的信度係數相當令人滿意。三個月的再測信度介於0.42～0.70之間，
中數為0.60；一年之再測信度介於0.51～0.77之間，中數為0.65，時間相隔
的長短及樣本的性質似乎並不太影響信度的數值。另本量表十二個興趣範
圍的相關係數介於0.52～0.71之間，其中數為0.60左右。大致而言，各分
量表所測之興趣具有達到中度的正相關之顯著水準。

本量表共有一百六十八個項目，都是與職業有關的活動、生活經

驗的描述及職業名稱，適合團體及個別施測，並無時間限制，一般大約十五至二十分鐘可以完成。受試者必須對每一欄項目在「喜歡」、「？」、「不喜歡」等三種答案中，選擇一個作答，而且不能有不答之情形發生。由本量表測驗結果可以求得受試者在「藝術」（artistic）、「科學」（scientific）、「動植物」（plants & animals）、「保全」（protective）、「機械」（mechanical）、「工業生產」（industrial）、「企業事務」（business detail）、「銷售」（selling）、「個人服務」（accommodating）、「社會福利」（social welfare or humanitarian）、「領導」（leading influencing）、「體能表演」（physical performing）等十二方面的興趣分數。與此十二項興趣有關之特性及職業分述如下：

◆ 藝術

具此種興趣的人喜歡以創造性的方式來表達感受及意念。與這個興趣範圍有關的職業可分為八大類：文藝（literary arts）、視覺藝術（visual arts）、戲劇（performing arts: drama）、音樂（performing arts: music）、舞蹈（performing arts: dance）、工藝（craft arts）、雜藝（elemental arts）、模特兒（modeling）。

◆ 科學

具有這類興趣的人喜歡發現、蒐集及分析自然界的事物，並且將科學研究的結果應用以解決醫學、生命科學及自然科學的問題。與這個興趣範圍有關的職業可分為四大類：理化科學（physical science）、生命科學（life science）、醫學（medical science）、實驗科學技術（laboratory technology）。

◆ 動植物

具有這類興趣的人喜歡農、林、畜、牧、漁撈、狩獵等與動物及植物有關的事情。與此興趣範圍有關的職業可分成四大類：農林漁牧狩獵業管理（managerial work: plants & animals）、農林漁牧狩獵業督

導（general supervision: plants & animals）、動物訓練及服務（animal training & service）、農林漁牧狩獵業基層工作（elemental work: plants & animals）。

◆保全

具有這類興趣的人喜歡為人保護生命及財產。與此興趣範圍有關的職業可分為兩大類：公共安全及法律執行（safety & law enforcement）、保全服務（security services）。

◆機械

具此類興趣者喜使用機具、手工具及將有關技術與原理應用於日常生活中。其有關職業共有十二類：工程（engineering）、機械管理（managerial work: mechanical）、工程技術（engineering technology）、航空器及船舶操作（air & water vehicle operation）、精機技術（craft technology）、系統操作（systems operation）、品管（quality control）、水陸運輸工具操作（land & water vehicle operation）、物料管制（material control）、精細手工（craft）、設備操作（equipment operation）、機械業基層工作（elemental work: mechanical）。

◆工業生產

具此種興趣者喜在工廠做重複、具體而有組織工作。其相關職業共四大類：生產技術（product technology）、生產工作（product work）、生產品管（quality control）、生產基層工作（elemental work: industrial）。

◆企業事務

具此種興趣者喜做非常具體、很組織化、注意細節及精確性的工作。有關職業共七大類：行政事務（administrative detail）、業務資料計算（mathematical detail）、財金業務（financial detail）、語言溝通（oral communication）、檔案處理（records processing）、事務性機械操作（clerical machine operation）、文書雜務（clerical handing）。

◆銷售

具此類興趣者，喜用個人說服方法及銷售的技術讓別人聽從己見。與此有關職業共三大類：專技銷售（sales technology）、一般銷售（general sales）、販賣（vending）。

◆個人服務

具此類興趣者喜依別人個別需要及期望，提供照顧性的服務。與此有關的職業共五大類：接待服務（hospitality service）、美容及美髮服務（barber & beauty services）、客運服務（passenger services）、顧客服務（customer services）、隨從服務（attendant services）。

◆社會福利

具此類興趣者喜助人解決心理、精神、社會、生理及職業上困難。與此相關的職業有三大類：社會服務（social services）；護理、治療及特殊教育服務（nursing, therapy & specialized teaching services）；兒童及成人照顧（child & adult care）。

◆領導

具此類興趣者喜用高等語文及數理能力來影響別人。與其相關職業共十二大類：數理及統計（mathematics & statistics）、教育與圖書館服務（educational & library services）、社會研究（social research）、法律（law）、行政主管（business administration）、財經（finance）、服務性行政（services administration）、傳播（communications）、促銷（promotion）、法規執行（regulations enforcement）、企業管理（business management）、合約及申訴（contracts & claims）。

◆體能表演

具此類興趣者喜歡在觀眾前面表演體能活動。與其相關職業有兩大類：運動（sports）、體能特技（physical feats）。

(六)通用性向測驗

通用性向測驗研發過程中，最困難的問題是要如何將適用的多種能力測驗結合，編製成一套綜合式與可通用的職業性向測驗組合。美國勞工部就業服務處（United States Employment Service, USES）便於1930年代開始致力於此方面的研發，完成了近百種的單一能力性向測驗。惟此一些單一能力性向測驗，均只能針對某一個職業之人員甄選或就業安置時使用，無法適用於職業諮詢或諮商及職業探索等需求之協助上。

為解決上述之困難，USES採取「因素分析」（factors analysis）研究方法，抽樣進行「內在效度」（因素效度）與「外在效度」（使用效度）之研究分析，依據分析結果找出多數樣本均出現之基本性向（即共同因素），再根據這些基本性向來選擇適當的測驗，共選出十五個分測驗，可測量十種性向，構成一套性向測驗組合（aptitude test battery），即GATB B-1001版本，期能以最短時間與最精簡的題目來同時測出這些性向。後於1945年起發展各種職業常模後，將分測驗精簡為十二個，可測量九種性向，即GATB B-1002版本，一直沿用至今。

行政院勞工委員會職業訓練局為了配合我國職業訓練與就業服務等人力資源的有效規劃與運用業務之推動，自1982年7月起編製年度預算委託中華民國測驗學會依據GATB B-1002版本，加以修訂編製「通用性向測驗」（General Aptitude Test Battery, GATB），1985年修訂小組發展複本，可供專業人員針對高中與高職學生及社會青年，在進行職業選擇之就業諮詢（商）與輔導時運用，更可提供各企業機構甄選員工，及職業訓練中心甄選受訓學員時使用。

我國當前使用之「通用性向測驗」主要內涵結構共有十二個分測

驗，依其使用工具分類，包括八種紙筆測驗與四種操作測驗，藉以測出受試者之九種性向，包括推理與判斷能力（一般學習能力，G）、語文能力（V）、數目能力（N）、空間關係能力（S）、圖形知覺能力（P）、文書知覺能力（Q）、動作協調能力（K）、手指靈巧能力（F）、手部靈巧能力（M）等。

(七)工作氣質測驗（個人工作態度問卷）

從就業輔導與職業諮詢的觀點而言，興趣、性向及氣質性格各有不同的功能與作用。興趣所涉及的是個人對何種工作較有興趣或動機，性向所涉及的是個人做何種工作較有能力，氣質所涉及的則是對何種工作及工作環境較易適應。因此，就業輔導不僅需要興趣與性向測驗，並且也需要氣質測驗，於是在已有興趣測驗（職業興趣量表）及性向測驗（通用性向測驗）可資採用外，為使我國就業輔導與職業諮商工作日趨完善，故參酌美國就業服務局（U. S. Employment Service）（U. S. Department of Labor, 1979）所發展之工作氣質（work temperament）的概念架構，編製正式之工作氣質測驗，以便在從事就業輔導與職業諮商工作時，能使性向、興趣及氣質測驗三位一體，合而發揮最大輔導與諮商功效。

有關本測驗概念架構的建立，係行政院勞工委員會職業訓練局委託中華民國測驗學會，依據美國就業服務局根據工作分析與氣質分析的結果，所擬定之十一種擔任各類職業或工作所需要的主要氣質，建立工作氣質測驗的一套主要架構，並考慮本國文化因素的影響，另在十一種氣質外多加兩項，合為十三種工作氣質，簡略說明十三種工作氣質特質如**表4-3**。

根據受測者在本測驗測得的各工作氣質的原始分數，比對適當常模，即可得受測者在各工作氣質的百分位與T分數結果。據此，可找出分數最高的一項或數項氣質（較高氣質），以及最低的一項或數項氣質（較低氣質），根據較高與較低氣質，或比較受測者之較高氣質與各職種

表4-3 十三種工作氣質特質

氣質類別	特質	典型職業或工作
1.督導性強	善於做規劃工作，能監督部屬執行工作，並會分派與約制部屬的活動	工廠領班、護士長、小學校長、電視製作人
2.影響力大	具備良好說服技巧，能夠改變別人的判斷、想法及態度	傳教士、推銷員、諮商員
3.單調忍受性高	能執行重複性或例行性工作，而不覺得單調或厭煩	警衛、電話接線生、複印員、包裝工
4.變化性大	能同時執行各種性質不同的工作職務，而不覺得力不從心	警察、總經理、部門經理
5.堅忍性高	在危險或惡劣的環境下，能夠有效的執行工作	消防人員、礦工、建築工
6.精確性高	做事力求精確，不會發生錯誤，能夠接受精確的標準，否則會造成重大的災害	鐵路號誌工、模具製造工、會計員、土木測量員
7.親和性大	善於與人相處，能與人打成一片，以建立良好的人際關係	旅館接待員、公共關係員、售貨員、導遊、人事管理員
8.表達力強	善於表達個人的感受與想法，並以創意的眼光加以展現	作家、演員、廣告文案員、卡通畫家、作曲家、攝影家
9.決斷力強	能依據個人的主觀感受與事物的客觀資料，進行工作評核或下決定	外科醫師、總編輯、推事
10.遵從性高	能夠依照既定的工作指示，忠實地執行工作	檔案管理員、剪裁工、調劑藥師、機械繪圖員、翻譯人員
11.獨處性高	能與別人分開，自己單獨工作，而不感到難受	貨車駕駛員、實驗室工作者、塔台管制員、燈塔管理員、森林防火員
12.上下關係好	能守本份，不冒犯上司，並能順從上司，考慮上司的感受，與上司維持良好關係	軍人、公務員
13.世故性高	謹守人與人之間的傳統關係，注重和諧，不得罪人	傳統性公務員

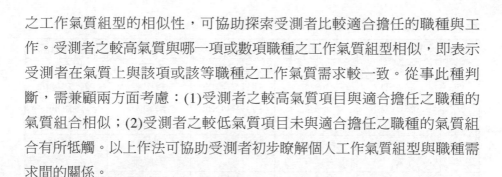
之工作氣質組型的相似性，可協助探索受測者比較適合擔任的職種與工作。受測者之較高氣質與哪一項或數項職種之工作氣質組型相似，即表示受測者在氣質上與該項或該等職種之工作氣質需求較一致。從事此種判斷，需兼顧兩方面考慮：(1)受測者之較高氣質項目與適合擔任之職種的氣質組合相似；(2)受測者之較低氣質項目未與適合擔任之職種的氣質組合有所牴觸。以上作法可協助受測者初步瞭解個人工作氣質組型與職種需求間的關係。

(八)類型學取向理論

何倫（John Holland）所研發，主要內涵為：

1. 是生涯選擇之人格在工作世界中的表達或延伸，並對特定職業典型的認同。
2. 是典型的個人導向為職業選擇的關鍵。
3. 理論中心是個人選擇生涯以滿足已發展的個人典型導向的偏好。
4. 發展六種典型個人風格和六種相適配的工作環境：(1)實際型（R）；(2)研究型（I）；(3)藝術型（A）；(4)社會型（S）；(5)企業型（E）；(6)傳統型（C）。而此六個何倫碼（Holland code）之間的一致性（並存的程度高）與分化性（並存的程度低）情形為：高度並存的有RI、RC、IR、IA、AI、AS、SA、SE、ES、EC、CE；中度並存的有RA、RE、IS、IC、AR、AE、SI、SC、EA、ER、CS、CI；低度並存的有RS、IE、AC、SR、EI、CA。

因此，人們會藉由工作的選擇來表達自己，包括自己的興趣和價值觀，藉由自我測量自己的能力和興趣，作為個人性格的一種評估。所以六個類型的發展，將個人和工作領域的交互影響繼續做一番分析。而職業興趣類型的主要特徵如**表4-4**。

表4-4　何倫之職業興趣類型的主要特徵

類型	職業類型	人格傾向	對人態度	工作類型	認知風格
工	實際型	約束的	迴避的	工程師	實在的
理	研究型	內斂的	理性謹慎的	科學家	理性科學的
文	藝術型	不安定	自我中心的	藝術家 音樂家	創意的 思想活躍
人	社會型	溫暖助人	支持依靠	教師 治療師	歸納推理的
商	企業型	進取的	控制	經理主管	邏輯的
事	傳統型	約束的	退隱迴避的	秘書 會計師	嚴格的

　　總之，藉由前述測驗結果，可作為就業諮詢與職涯規劃之參考依據：

1. 作為職業輔導的參考：可作為學生就業輔導或一般社會大眾擇業的參考。

2. 作為人員甄選及安置的指標：可利用本測驗達到「人盡其性、人適其職」的目標。

3. 作為工作分析之用：組織的人事部門在進行工作分析時，可採取心理要件分析的方式，利用本測驗建立各種工作的氣質常模，以供人員甄選、訓練及考核的參考。

4. 作為制定前程輔導的依據：本測驗可在建立全國性或特殊性常模的基礎下，作為個人前程輔導的依據。

第三節　就業諮詢與職業心理測驗實務案例分析

　　人生如夢，在人生旅程中，如何去尋找自己的目的地？又如何去為自己定位呢？俗語說「天生我才，必有用焉」；又說「天雨不潤無根之

草」，在這個充滿希望與失望的多元化社會裡，要如何反敗為勝，扮演好屬於自己的角色，使自己的人生能夠活得有意義、有目標呢？這是一門大學問，亦是一個重大考驗，更是一個值得身為萬物之靈的人類——我們，去深加思索的重要課題，及透過精密設計的一大規劃工程。本文係筆者藉由成長歷程之內省與回溯，探討各個階段的成長過程中，所出現的問題、危機與解決之道，及借助於該中心所提供之測驗量表資訊，包括「基氏人格測驗量表」（探討分析其人格特質）、「大學科系興趣量表——社會組」（探討分析其適合就讀的大學科系）、「工作價值觀量表」（瞭解自己在選擇工作時，所秉持之價值觀）、「職業探索量表——教育與職業計畫指南」（找出自己所喜歡從事的工作）、「我喜歡做的事——職業興趣量表」等五種測驗量表，瞭解自己的優點與缺點及特長，為自己「回顧過去，檢討現在，策勵展望未來」，做好「生涯規劃」，使能不斷學習成長，創造出一片屬於自己的亮麗天空。而此亦經由筆者畢業後在勞動部勞動力發展署服務，進一步研究參考該署研發之職業心理測驗，與先前所做之測驗相互驗證結果，深感有其一定之信效度，而樂於為文分享及分析探究。

一、研究架構

本文之研究架構，係以「基氏人格測驗量表」、「大學科系興趣量表」、「工作價值觀量表」、「職業探索量表——教育與職業計畫指南」、「我喜歡做的事——職業興趣量表」等五種測驗量表所欲測量個案之「人格特質」、「大學科系興趣」、「工作價值觀」、「自我職業興趣探索」等四種變項為自變項（自變數，independent variables），而以「職業類別」與「職業生涯規劃」兩變項為依變項（因變數，dependent variables），詳如圖4-1生涯規劃研究架構圖。經由上述五種測驗量表測驗後，予以計分與解釋（explain）、分析（analysis）、診斷

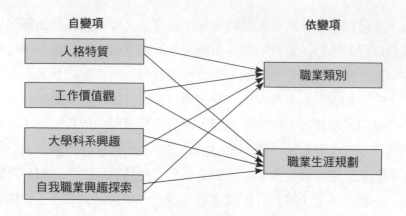

圖4-1　職業生涯規劃研究架構圖

（diagnosis），以提供個案最適當最良好的建議，進而使其未來的職業生涯能做一良好的終身職業生涯規劃，促使其能夠選擇自己所喜歡的工作，喜歡自己所選的工作，貢獻一己之心力於社會國家及人類。亦即達到孫中山先生所言之「人盡其才、地盡其利、物盡其用、貨暢其流」之理想境域。

二、研究方法

本研究之方法係採下述方式進行之。

(一)文獻研究法

赴中央圖書館及國內各有關機構取得相關研究文獻及資料。

(二)個別測驗法

本研究以「基氏人格測驗量表」、「大學科系興趣量表」、「工作價值觀量表」、「職業探索量表」、「我喜歡做的事——職業興趣量表」等五種測驗量表，採個別測驗法進行施測。

(三)內省及回顧法

由個案觀察自己的現在及過去的經驗，然後陳述出來，以瞭解其思想、感想、慾望及態度等主觀現象，並配合量表測驗結果作為解釋分析、診斷及建議之參據。

(四)訪問法

經由訪問祖母、父母及兄姊、鄰里長輩等，得知自己幼年時期之一些狀況，以作為回顧過去之資料參考。

(五)個案研究法

係以個案成長歷程之內外在情況，藉由回顧與各種心理測驗施測結果，進行其整個職業生涯規劃各階段之進展討論與分析，以作為下一個階段目標規劃之參考依據，及其間之因果關係詳細描述的一種質化研究。

三、成長歷程理論與資料檢視驗證分析

綜括個案係一位虔誠素食行修者。少年時期由於家計維艱，勤苦勵學，退伍後雖有入大學進修機會，但亦因經濟問題而受阻，最後進入「政大行專」就讀，並自訂目標，半工半讀。期間經歷結婚、生育子女、大姊死亡、夜大進修、高普特考及格，及計畫研究所入學考試，與將所學貢獻社會學校之教師生涯規劃等喜怒哀樂、酸甜苦辣之情境，可說是閱歷豐富之成長史。可以艾力克遜（Erickson）之心理社會性發展的「人生八大週期理論」、馬斯洛之人類基本「需求層次理論」、佛洛依德的「人生五階段」，及社會學家湯瑪斯（W. I. Thomas）之「四個人類的基本願望」、寇斯（S. C. Kohs, 1966: 49-50）之「人類基本需求」等理論，進行驗證分析。

　　依艾氏的人生八大週期，認為每一個階段都有其一定的任務必須完成，當一個人面臨這一個任務時會產生衝突，而引起兩種不同的結果。如果衝突順利解決，積極的成分就建立在人格裡，繼續向前發展。如果衝突存在或沒有順利的解決，自我就會受到損害，因而消極的成分容納在自我裡，而自我在個人發展的各個階段都面臨著嚴重的問題，並且在生命的每一個階段，由於身心和環境組合的差異，也就使認同有所不同。個案自幼及長（青年時期）均在南台灣的鄉居生活中度過，由於家中務農的簡樸困頓及篤信佛道的鄉居生活歷練，促使個案人格朝著自治、信賴、自主、樂觀進取、勤勉工作的性向發展。其間歷經許多獎勵與肯定，使個案更「自我肯定」。

　　後進入公家機構擔任基層工作及自費進修，過著半工半讀的刻苦自勵生涯，尋求「自我實現」與「自我超越」，並獲得多項獎學金，1989年同時考上高普考社會行政類科及經濟部乙等特考勞工管理科等榮譽。此一時期實應了心理學家馬斯洛之人類基本「需求層次理論」中第七個層次「自我實現」，及近代學者所附加之第八個層次「自我超越」（突破）；社會學家湯瑪斯之四個人類的基本願望「求新經驗的願望」、「求安全的願望」、「求受讚賞的願望」、「求反應的願望」；社會學者寇斯（1966：49-50）之「人類基本需求」中之「個人身分」、「自我表達」、「社會接觸」、「受教育」、「信仰」、「抉擇的角色」、「處事公平」、「生理的安好」、「經濟安全」、「社會認可」、「心理健康」等特質。

四、測驗結果分析

　　本研究係以個案之測驗結果加以比較，作為解釋、分析、診斷之依據，進而參考個案所自述之自我成長歷程與期許，以作為對個案「職業生涯規劃」建議之重要參據。個案經由上述五項測驗量表測驗結果之計分與

側面圖表得知結果，分述如下。

(一)基氏人格測驗量表測驗結果討論與分析

個案之人格特質如下：(1)抑鬱性小；(2)情感變易小；(3)無自卑感；(4)無神經質；(5)滿客觀的；(6)社會適應調適良好；(7)不具攻擊性；(8)活動外向型的；(9)具領導能力；(10)社會的外向；(11)思考內向（反省）的；(12)稍微憂慮型；(13)誠實的。依本測量指導手冊分析得知，個案係屬「C」型（偏左型）——指有七個以上在偏左位置之答案，而個案有九個在偏左位置上，故得以診斷個案係一位情緒安定、社會適應良好、不活動、內向的「鎮靜型」之人格。

(二)大學科系興趣量表測驗結果討論與分析

1. 教育系最高分96分；其次為教心系95分；再其次為社會系與公行系94分；而與個案測驗前所表示最喜歡科系為社工系、法律系、教育系等三科系之間，是相吻合現象。而個案最喜歡的科系法律系列居第五。
2. 綜觀此測量，對個案來說應具有下列數項功能：
   (1)更確定個案興趣科系，並能對所唸社工系專業知識與技能，做進一步的能力加強，以為未來計畫作深入探討與心理準備。
   (2)驗證本測驗量表之高效度與高信度。
   (3)使個案更清楚自己的潛能，而得以適性發揮所學及所長，達到「適才通所」之目標與效率。

因此，個案所修習的社工系與其性向、興趣可說是相當適合的，可進一步做職業自我探索測驗，以做好良善之「生涯規劃」。

(三)工作價值觀量表測驗結果討論與分析

個案之工作價值觀如下，工作係為：(1)利他主義者；(2)美的追尋者；(3)尋求創意的；(4)激發智性的；(5)獨立性作業；(6)獲中等精神與物質滿足之成就感；(7)聲望的追求；(8)具管理企劃的權力；(9)中等經濟報酬；(10)生活安定保障；(11)工作環境適當；(12)與上司中等程度關係；(13)與同事關係尚佳；(14)富變異性，嘗試不同內容工作；(15)中等程度的選擇自己生活實現理想。

依本測驗量表指導手冊分析得知，個案之工作價值觀與現所就讀之社會工作系之工作價值觀大致相同，其中除「成就感」及「與同事的關係」等兩項得分稍低外，餘均佳，應可做此方面職業之生涯規劃與發展。

(四)職業探索量表測驗結果討論與分析

經由個案測量結果得知，最高分三者為C（50）、A、S（47）。因此，其職業類別，可由C、A、S組合來探討，分別是CSA、ACS、ASC、SCA、SAC等五個主要職業類別，分別敘述如下：

1.CSA：代表文獻檔案管理等業別。

2.ACS：代表公關等多種職業類別。

3.ASC：代表幼保、幼教等多種職業類別。

4.SCA：代表兵役行政、法律行政等相關職業。

5.SAC：代表社工、法律事務（服務）、律師、書記官、特教等相關職業。

而個案在「職業憧憬」乙欄中所填註其想要從事的職業，是教師、公務員、司法人員（或律師）、社會服務人員、影劇藝術等五種職業。因此，由個案所填註之「職業憧憬」與測驗結果相對照比較，可看出個案所

興趣的職業，大都是屬於藝術性與社會性等兩大類相關性之職業。再回顧個案所做的「大學科系興趣量表」測驗結果之分析為法律系、教育系、教心系、社會系、中文系等。將此兩種測驗結果，加以比較對照分析結合，個案所興趣與適合的職業，應該是社會服務、法律服務、幼教、公關及一些創造性的靜態管理職業。

誠如此份測驗之前言所說的，這本小冊子可以用來協助受測者找出其以後喜歡從事之工作。個案經由此份測驗與「大學科系興趣量表」之比較分析後，對自己所選擇插班考入社工系就讀，與從事公務員生涯，更具信心與喜悅。總之，由個案的四個測驗結果比較分析，可確信此四種測驗量表之高信度與高效度之極致發揮。

(五)我喜歡做的事——職業興趣量表測驗結果討論與分析

1. 個案測驗結果顯示：科學、社會福利、領導等三方面職業興趣均反應喜歡數為十四個。而藝術方面職業興趣反應喜歡數為十三個。
2. 個案在百分等級方面有「藝術」（PR為80～98）、「科學」（PR為87～98）、「領導」（PR為87～98）等三項興趣，在100人中約高過98；而「社會福利」（PR為84～95）乙項興趣在100人中約高過95人以上。
3. 個案在T分數方面：
   (1)藝術方面興趣分數參照男性標準分數常模，轉換成T分數為61～69，表示其比常模樣本的平均數高過1.1～1.9個標準單位。
   (2)科學興趣T分數為65～70，表示其比常模樣本的平均數高過了1.5～2.0個標準單位。
   (3)社會福利興趣T分數為63～67，表示其比常模樣本的平均數高過1.3～1.7個標準單位。
   (4)領導興趣T分數為65～69，表示其比常模樣本的平均數高過1.5～1.9個標準單位。

由此測量結果發現個案所修習的社工系與其興趣是適合的，且現在其高考社會行政及格與工作（社會行政──社工與藝術、科學、領導之結合）狀況是很適當的抉擇，及良好之「生涯規劃」。

五、結論

生涯規劃就是為自我的生活方式、時間與精力的運用，做一有方向性的計畫。其具有主體性、方向性、實踐性等三種特性。而為自己擬定行動計畫，有三項基本步驟需要完成：

1.對自己做分析、對社會現實做考察、對環境資源做掌握。
2.澄清自己想要的、階段性的發展「方向」。
3.設定與實行行動計畫。如此建立終身學習的職業生涯，以充實自我、成長自我，才不致為社會所淘汰。

所以，生涯輔導的實施，除有正確觀念，健全組織與合格專業人員的配合外，尚須各種有效的工具與方法，始能克盡其功。因此，生涯輔導工作的重點應置於個人一生的發展上，從整體的觀點，協助當事人建立正確的人生觀與職業觀，以自我引導的方式，進行適切的評量，澄清抉擇與計畫，認清自己的興趣與能力及專長，立定前瞻性目標，進而開發無限可能的未來，此亦是學校輔導中心與就業服務機構功能的最高度發揮。

總之，個案經由自我成長歷程之回顧與省思後，借助於五種測量工具，檢討現在，策勵未來，因而達成高普考及乙等特考及格之目標，與更高一層次學歷之獲得，及工作目標之長程規劃。誠如俗云：「一分耕耘，一分收穫」。又如胡適先生所說的「要怎麼收穫，先那麼栽」，天下沒有白吃的午餐，要成功就必須有目標、有信心、有恆心的努力，經由個案的剖析與陳述，正足以說明有效的運用職業心理測驗工具，協助個人做好「職業生涯規劃」之重要性，更是在這個充滿希望與失望的多元化社會裡，要如何反敗為勝之重要關鍵。

問題與討論

一、請簡述何謂就業諮詢？教育、個案工作、個案輔導、個案諮詢、個案諮商、個案心理治療等專業的異同為何？如果有非典就業型態工作者或參與學潮失業畢業生尋求你就業諮詢協助，請以專業知能為基礎，討論您會採取哪一個就業諮詢基礎理論進行諮詢過程（模式）與採取何種技術工具？您覺得您的特質與角色功能如何？為什麼？

二、請以數學幾何概念思考，從專業知技層面簡述教育、輔導、諮詢、諮商、心理治療等之異同？

三、請任舉您熟悉或喜歡的就業諮詢採借（外借或借用）基礎理論？為什麼？

四、請任舉就業諮詢的一般模式（流程或過程）？及一種運用的技術（巧）名稱。

五、請任舉就業諮詢專業人員的角色及應有特質與態度有哪些？

六、就業諮詢的環境布置中專業人員與求職者成幾度面對面而坐？及請任舉基本工具？

七、請任舉您熟悉或喜歡的職業心理測驗名稱，為什麼？

延伸閱讀討論議題

何倫碼的計算方式及測驗後的案例解釋分析等議題。

Chapter

5

就業準備、就業態度
及就業安置

第一節　就業準備

　　就業的意義與功能在前已述及，具有：(1)經濟性；(2)政治性；(3)社會性；(4)文化性；(5)心理性；(6)生理性；(7)教育性；(8)家庭性等八項意義與功能。而就業目標的特質則具有經濟性、社會性、個人人生、企業雇主生產力與政府功能效益等五種目標。因此，個人在進入職場之前，便須先對當前之就業市場概況進行深入瞭解，以利於自己做選擇與做好生涯規劃，其中尤以對當前各行職業消長的情形、就業結構及其未來的趨勢的瞭解，以及如何選擇等議題為最重要，如此方能做好就業前應有的準備，得以從容愉快的適性就業。

一、國內各行職業結構消長情形（民國98～102年年平均）

　　依據行政院主計總處（2014）近五年（民國98～102年）來「臺灣地區人力資源調查」統計顯示，臺灣地區的就業者結構比較，農林漁牧業（以下簡稱農業）生產人員之人數比率從民國98年平均5.28%降至民國102年平均之4.96%，減少了0.32%，顯示農業從業人員人數比率已多數逐年下降中；工業從業人員人數比率從民國98年平均35.85%升至民國102年平均之36.16%，增加了0.31%，顯示工業從業人員人數比率已逐年漸增加中；服務業從業人員人數比率從民國98年平均58.87%升至民國102年平均之58.89%，增加了0.02%，由此顯示服務業從業人員人數比率亦逐年漸增加中，詳見表5-1。

　　另近五年（民國98～102年）來「主要職業」變化狀況為，「專業人員」、「事務支援人員」、「服務及銷售工作人員」、「技藝有關工作人員、機械設備操作及組裝人員、基層技術工及勞力工」等四類從業人員人數比率亦逐年漸增加中，而「民意代表、主管及經理人員」、「技術員及

表5-1　近五年來臺灣地區就業者按行業別調查結構比表

年度／行業比率	農林漁牧業（％）	工業（％）	服務業（％）
98	5.28	35.85	58.87
99	5.24	35.92	58.84
100	5.06	36.34	58.60
101	5.01	36.23	58.75
102	4.96	36.16	58.89

助理專業人員」、「農、林、漁、牧業生產人員」等三類從業人員人數比率卻逐年下降中，詳如**表5-2**。

(一)行業結構現況與趨勢方面

1.依據行政院主計總處的調查報告顯示，近五年來國內失業概況與趨勢（年平均）似有漸降趨勢，分別為：民國98年失業人數639千人，失業率5.85%；民國99年失業人數577千人，失業率5.21%；民國100年491千人，失業率4.39%；民國101年失業人數481千人，失業率4.24%；民國102年失業人數478千人，失業率4.18%，詳如**表5-3**。

表5-2　近五年來臺灣地區就職業層面觀察產業趨勢情形表

年度／職業層面（千人）	98	99	100	101	102
民意代表、主管及經理人員	444	443	435	422	404
專業人員	1,100	1,116	1,195	1,244	1,286
技術員及助理專業人員	1,977	1,995	1,957	1,950	1,962
事務支援人員	1,088	1,153	1,188	1,222	1,232
服務及銷售工作人員	2,014	2,069	2,086	2,119	2,156
農、林、漁、牧業生產人員	506	512	496	495	492
技藝有關工作人員、機械設備操作及組裝人員、基層技術工及勞力工	3,149	3,204	3,352	3,408	3,435

表5-3　近五年多來國內失業概況與趨勢表

年度	失業人數（千人）	失業率（％）
98	639	5.85
99	577	5.21
100	491	4.39
101	481	4.24
102	478	4.18

2.臺灣地區之工業經濟政策（36.16%），已面臨轉型與整併之趨勢，而服務業（58.89%）為吸納了工業與農業所釋放出來之失業者，對臺灣地區就業市場就業機會之創造與就業推介工作之強化，有著功不可沒之功能與事實。

3.近五年來臺灣地區就業者按行業別調查結果顯示：(1)以服務業最多居首位；(2)以工業居次位；(3)以農林漁牧業居末位，詳如**表5-1**。

(二)近五年來就職業層面觀察產業趨勢情形

近五年來就職業層面觀察產業趨勢情形，詳如**表5-3**。

二、勞動與就業趨勢分析

勞動與就業趨勢分析，詳如**表5-4**、**表5-5**。

(一)從性別屬性觀察勞動與就業趨勢

近五年來男性勞動力參與率為66%左右，較女性49%左右為高。

(二)從年齡屬性觀察勞動與就業趨勢

按年齡屬性觀察，15～24歲年齡者勞動力參與率約29%；25～44歲年齡者勞動力參與率約86%；45～64歲年齡者勞動力參與率約61%。

表5-4　依性別及年齡屬性觀察勞動與就業趨勢表

屬性	勞參率
性別（近五年平均率%）	
男性	66
女性	49
年齡（近五年平均率%）	
15～24歲	29
25～44歲	86
45～64歲	61

表5-5　依教育程度屬性觀察勞動與就業趨勢表

屬性	就業人數年平均（千人）	失業人數／率年平均（千人／%）
國中及以下程度者	4,000～5,000	81～148／4～5
高中（職）程度者	3,000	157～235／4～6
大專及以上程度者	2,000	240～255／4～5

(三)從教育程度屬性觀察勞動與就業趨勢

1.各類教育程度就業人數年平均，大專及以上程度者約四百萬至五百萬人，與高中（職）程度者約三百多萬人，約增加一百萬至二百萬人；而與國中及以下程度者約二百多萬人，約增加二百萬至三百萬人。

2.各類教育程度失業人數（率）年平均，國中及以下程度者與高中（職）程度者分別約為81千人～148千人（約4～5%左右）與157千人～235千人（約4～6%左右）；大專及以上程度者則為240千人～255千人（約4～5%以上左右），居近年來各類教育程度失業者之冠。

所以，在此日新月異的高科技發展時代，顯然理工科系學生之出路仍非常的寬廣，而其中又以服務業人才需求最多，更有助於服務業之資訊

化建立。而接受教育與訓練是初次任職者所必要的，且每個人需要不斷地學習，方得以在事業上力求上進，即未來的從業人員需具備較廣泛的知識及群集技術基礎，並強調團隊工作精神，始能應付未來迅速變遷的社會需求。

服務業是臺灣未來就業的主流，成長最好的是工商服務業，包括法律、會計、顧問服務、資訊服務、廣告、設計、租賃業等行業，平均每年都有成長。排名第二的是社會服務業，包括環保、汙染防治、醫療保健、理容美髮、社會工作與諮商輔導等其他個人服務業。至於金融服務業在2003～2004年有增員之需求，自此後因金融業洗牌完成，新增工作變容易，僅能維持既有的規模發展。而以各級政府公務員為主的公共行政業，則在政府精簡人事與退休制度改革的前提下的搶進退休潮，未來幾年都是值得觀察的行業。

這些現象與公立就業服務機構近年來居前排名之空缺職類，包括財務及工商服務助理專業人員、機械操作工、組裝工、小販及服務工、金屬及機具處理及製造有關工作者、物理／工程學科助理專業人員、辦公室事務員、個人服務工作人員、保安服務工作人員、模特兒、售貨員及展售說明人員等職缺相對照顯示，及與據行政院經建會的推估，有不謀而合之處，顯示學校在增減科系所與對學生職業輔導，及政府機關在人才培訓與就業諮詢（商）時，不得不與未來就業市場所需人才相結合，以使學生得以充實所學而且學以致用，減少學用落差現象，以達到人力資源培育與運用之最高理想目標。

三、瞭解國內就業結構及未來的趨勢

俗話說：「男怕選錯行，女怕嫁錯郎」，由此可見慎選職業的重要性。因此，在此變化多端的資訊社會中，要如何才能避免選錯行入錯門之憾呢？需有賴於多元且新速實簡的就業服務資訊，及企業倫理規範與和

諧勞資關係的建立，才能在就業前對就業市場現況及未來趨勢做充分的瞭解，及做好應有的準備，方能夠立足於充滿競爭與快速變遷的各行各業之現代化資訊社會。

(一)在行業結構資訊方面

一般將行業結構分為第一級產業「農業」、第二級產業「工業」及第三級產業「服務業」三類，其中農與工業部門之從業人口已逐年下降，尤以農業為最，而服務部門之從業人口卻有逐年增加之趨勢。這三大類行業的主要內涵及分類如下：

1.農業：包括農、林、漁、牧、狩獵業。
2.工業：包括礦業及土石採取業、製造業、水電燃氣業及營造業等。
3.服務業：包括批發零售及餐飲業、運輸倉儲及通信業、金融保險及不動產，工商服務業、社會服務及個人服務業、公共行政業等。

(二)職業結構資訊方面

依「中華民國職業分類典」所載，職業是指個人所擔任之工作或職務，它必須具備三個條件，即須有報酬、有繼續性及未危害善良風俗者等。而一般又採以廣義定義，將職業分為十大類（有時會將第十類現役軍人刪除，而成為九大類；另行政院主計總處公務統計表則分成前述**表5-2**的七類），如下分述：

1.第一大類為民意代表、行政主管、企業主管及經理人員。
2.第二大類為專業人員，係指技術層次及專業程度報酬高之學者或專業。
3.第三大類為技術員及助理專業人員，主要包括各類技術及公民營機關（事業單位）之監督人員。
4.第四大類為事務工作人員。

5.第五大類為服務工作人員及售貨員。

6.第六大類為農林漁牧工作人員。

7.第七大類為技術工及有關工作人員。

8.第八大類為機械設備操作工及組裝工。

9.第九大類為非技術工及體力工。

10.第○大類為現役軍人。

(三)就業者從業身分之變動資訊方面

一般分為「雇主」、「自營作業者」、「受僱者」及「無酬家屬工作者」等四類。由相關資料觀之,受僱者的比例愈來愈高,雇主亦有小幅增加;自營作業者和無酬家屬工作者的比例也因現代生產作業規格及技術工程改變而有些微的下降。而為大家所關切的亦應是「受僱者」,這一類的情況一般可由「公務人員」及「民營人員」兩大類進行瞭解說明。

1.就公務人員而言,一般分為「行政機關人員」、「公營事業機構人員」及「學校教育人員」等三類。

(1)行政機關人員可分為中央政府及地方政府機關兩種公務人員。大部分人員均須通過公務人員高普考及特考方能任職,一般國中畢業以上者即可擇業參加應考。

(2)公營事業機構人員,包括交通事業、國營生產事業、省市營事業機構及金融保險事業機構。大部分人員亦須和前述行政機關人員一樣通過考試後方能任職。

(3)學校教育人員,由教育部等行政體系機關負責審議任用資格規定,符合任用資格者,即可透過甄試及修習教育學分合格,而通過任用者,即可從事教學工作。而大專校院教師則依據法規與學經歷進用學術或技術職之助教、講師、助理教授、副教授、教授等。

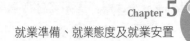

2.就民營機構或學術團體而言，則有上述三大類行業從業人員之工作
　職類。

　　瞭解上述各項國內就業市場現況及趨勢，個體即可從中再進一步
蒐集所想要從事的工作所屬之行職業所需具備之資格條件，或其特殊規
定，如此一來相信必能較易做好生涯規劃，並獲得適合自己，一展長才的
工作機會。

(四)透過電腦與網路的傳播

　　提供民眾有關食、衣、住、行、育、樂及生活等各方面之及時與正
確資訊，以因應現代化社會所可能帶來的危機。

(五)各行業事業單位人員薪資與生產力概況

　　依據行政院主計總處（2014）調查結果，以2014年3月底薪資與生產
力統計結果為例，工業及服務業受僱員工人數為七百二十一萬六千人，較
上月增加一萬四千人或0.19%，較上（2013）年同月亦增加十二萬五千人
或1.76%；1～3月平均為七百二十萬九千人，較上年同期增加十一萬九千
人或1.68%。3月平均工時為179.3小時，因上月初適逢春節假期，致較上
月增加30.3小時；惟呈年減0.1小時；1～3月工時平均為166.8小時，較上
年同期增加0.2小時。3月經常性薪資為37,950元，較上月增加1.11%，亦
呈年增1.39%；3月薪資平均為42,710元，較上月增加2.30%，亦呈年增
3.18%；1～3月經常性薪資平均為37,808元，較上年同期增加1.31%；同
期薪資平均為57,582元，亦呈年增5.54%。而初任人員會依據公司人事規
定，包括學經歷等資格條件敘薪。

四、個人在資訊化社會就業前應有的準備及因應對策

個人在資訊化社會變遷中，應透過電腦與網路的傳播，廣泛蒐集相關資訊，創造自我健康與安全的生活，並且應做好個人的生涯規劃，以使自己除了能夠適性就業發揮所長外，更能夠在家庭、社會中營造和樂氣氛與良好的人際關係。

找工作通常要經過幾個步驟的發展過程，一般稱之為「擇業行為發展模式」。個體可藉由此一模式認識自我之特質，透過自我探索的歷程，可以使個體更清楚自己的優缺點，如何善用優點，改進缺點，以立於不敗之地，該是兵家所言之「知己知彼，百戰百勝」，以作為擇業行動依據，才不會因為「入錯行」，而要重新面臨求職之循環歷程。因此，個體應先檢視「確定自己的能力和專長」、「瞭解自己的興趣、性向和人格潛能」及「分析自己的體能狀況」等三件事。透過科學化、標準化的測驗或量表，以協助釐清自我。例如：(1)有關「自我能力和專長」可透過一般的成就測驗進行施測和諮商；(2)「瞭解自我興趣」則可透過「職業興趣量表」及「學科興趣量表」測得；(3)「瞭解自我人格與性向及潛能」則可透過「基氏人格測驗」或「賴氏人格測驗」，及一般智力測驗和工作價值觀等量表測得。

而上述各種測驗量表可洽詢學校輔導室、公立就業服務機構或專業團體，依實際需要進行施測和諮商。個人體能則可藉由經常的運動健身，以維持充沛的體力，迎接工作的挑戰。所以，由此可知就業前的準備應包括：(1)認識自我特質；(2)尋求適己工作機會；(3)設定需要動機的滿足比例；(4)辨認；(5)評估；(6)行為選擇；(7)執行；(8)目標達成等八個步驟。

五、建立正確良性的職業觀念

(一)在職業認知方面

1.認識對國家的責任：應懷抱貢獻社會，報效國家的理念，不應為了私利而毀損國家聲譽，必須體認對國家應盡的責任，以發揮一個國民應有的愛國情操。

2.建立企業倫理的道德觀念：包括對內及對外兩種倫理道德觀念。第一，對內企業倫理道德觀，即建立企業和勞工之間的倫理關係。第二，對外企業倫理道德觀，係指對外營運行為的規範。如能具備上述觀點，則必能造成「勞資關係雙贏」之局面。

3.獻身科技發展，以迎接產業（企業）走向自由化、國際化、資訊化及現代化之發展目標，接受世界經濟的挑戰，適應世界經濟的變化。

4.建立職業平等觀念，以體認「勞動神聖」及「行行出狀元，條條大路通羅馬」之真義，並且應懷抱「有為者亦若是」之胸襟和抱負，共同為國家的經濟建設發展而努力。且應找免費服務的公立就服機構或酌收費用的政府立案私立就服機構登記求職，但勿被扣押身分證，並須提防騙財、騙色之色情行業，要謹記「天下沒有不勞而獲的工作」。

(二)在人際關係方面

1.建立良好的人際關係，以利工作的推展。因此，必須以尊重和接納人我之間的個別差異性，及體諒和同理心的誠信待人及互助合作的態度，共創美好的未來。

2.培養敬業樂群的精神，不要好高騖遠、好逸惡勞或眼高手低，要腳踏實地的做，以充實自我工作專業知能，獲取雇主與同事的信任，

必能成就一番大事業。

3.尊敬上司與資深同事，並積極主動勇於請益，建立良好的人際關係。

(三)在工作規範方面

1.遵守時間準時上下班：不遲到早退或無故請假曠職，發揮良好服務精神。

2.遵守公司對職務上之規定：保守公司秘密、愛惜公物、誠信敬業樂群。

3.養成負責盡職、全神貫注於工作良好習慣，並樂於助人，建立和諧同事情誼。

4.整潔的儀容及澈底的清潔工作場所，對工作品質及安全具有實質的保障，可達到「零災害」目標。

(四)在工作態度與發展方面

1.釐定職業生涯目標計畫，積極樂觀進取，力爭上游，有效利用時間，在進步中求創新與研究發展。

2.要有耐心與恆心的從基層做起，切勿好高騖遠，在工作中學習專長，精益求精，必能提升自我地位與效能。

3.隨時不忘進修充實自己工作的專業知能，以備事業發展所需。

4.如果在不幸工作中失敗也不要氣餒，應分析失敗的遠因與近因，奮發圖強，相信會有再次成功的一天。

六、獲得工作之途徑與方法

依據行政院主計總處每年之「臺灣地區勞動力調查」資料顯示，一般人獲得工作機會之管道不外乎：(1)親友師長介紹；(2)自家經營；(3)刊

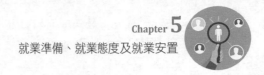

登廣告；(4)政府考試分發；(5)職位調動；(6)公立就服機構求職；(7)毛遂自薦；(8)學校輔導室；(9)工會介紹；(10)私立就服機構求職；(11)網路人力銀行等十多種管道。其中尤以「親友師長介紹」居第一位，其次為「刊登廣告」、「網路人力銀行」，再其次為「學校輔導室」。

七、如何撰寫求職資料

(一)一般履歷表撰寫注意事項與原則

1. 詳實的填寫姓名、性別、年齡、籍貫、血型、身高、體重、婚姻狀況、健康狀況、兵役（男性）狀況、通訊地址、電話及緊急聯絡人電話等資料。

2. 填寫您最想應徵的部門及工作職稱與工作地點，以及您所知該公司之性質或主要內容。

3. 客觀合理的寫出希望薪資待遇，如果您不是很清楚該公司的人事制度，及自認為是該行業之頂尖拔萃者，建議您可試著寫「依公司人事制度標準敘薪」。

4. 填寫學經歷時，應由時間近者往遠者依序列出，並從最高學歷開始依序填寫，註明學校名稱、科系、學習年限，及列出曾受過之專業訓練或特長等資料，愈詳細愈好，不過切忌誇大事實，以免誤導主事者。

5. 寫出所具備的各種語言能力，包括國際化語言如英、日、德語，及本土方言如台語或客語或原住民母語等。

6. 平實的寫出「家庭狀況」，包括父母、夫妻、兄弟姊妹與子女即可。

7. 詳實的寫出曾參加過與所應徵工作相關的「社團活動」狀況，如工讀經驗、社團經歷等，以凸顯個人的一些特質，如志趣、合群性、

領導能力、成熟度及價值觀等，以作為企業的參考指標。

8. 注意字跡要工整，下筆前要先有腹案打好草稿，不要太潦草隨便，避免塗改，且不要使用影印本，以免給人粗心或程度不佳的負面印象，最好能夠以電腦打印，會增加錄取機率。

9. 儘量不要重複使用第一人稱「我」，除非是要特別加強語調時方使用，而且要避免使用冷僻艱澀的字句，把握重點，言之有物，讓人易於閱讀即可。

10. 如果寫的是英文或其他外文履歷時，應特別注意文法及拼字的正確性，如果可以的話，寫好後再請外國朋友幫忙指正，可使達到盡善盡美地步。

11. 履歷表紙張的尺度大小與質料的選用，要以令人感覺到舒服愉快為原則，儘量避免有香味與奇形怪狀，或色彩鮮豔的紙張，以免造成反效果，而徒勞無功。

12. 履歷表上的照片占有舉足輕重的地位，所以要貼上較正式的近期照片為佳，且能使人看起來有精神飽滿、容光煥發的感覺，儘量避免使用沙龍照片或生活起居照片，使人產生不莊重的感覺，而留下不良的印象。

13. 為了能把握時效與良機，可以事先準備幾張適當的履歷自傳，將共同項目事先寫好，專供各類情況使用，如果發現有好的工作機會，則馬上付諸行動寄出，可達到爭取時效之目標。

14. 所有文件應依照順序疊好，用迴紋針固定好，甚至可以另一張紙依序寫出文件名稱，以使拆閱者留下仔細和完美印象。

15. 有些公司會要求應徵者要附上中英文自傳、畢業證書、成績單，及相關訓練結訓證書、考試及格證書或作品，都要一一編號依序疊好附上，並用迴紋針予以固定好，以免遺失或在緊要關頭時散落滿地，而錯失良機。甚至您也可以使用一般活頁式的文件夾，依序排列附上，更可避免前述情形發生。

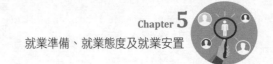

16.在寄出的應徵信封上註明「履歷表」或「應徵信函」，可以提醒對方這是急件，且會留下做事細心的良好印象。另外寄出的履歷表與自傳最好影印存底，且註明是寄到哪家公司應徵何種工作的，以備如獲得面試機會時，可先行瞭解並做好事前的準備工作。

(二)自傳撰寫注意事項與原則

自傳的撰寫內容亦以個人特質、家世背景、求學過程、工作經驗、志向、應徵動機為主，敘述時應簡潔有力、段落分明，多用積極性口吻，儘量減少使用具有負面性的悲哀詞句文字。因此，撰寫得宜的話，可以和履歷表發揮相輔相成的功效，以使您在角逐工作機會時具有凌厲的攻勢效果。一般撰寫注意事項與原則如下：

1.字數要恰到好處，一般以六百字到八百字較適宜。
2.字體要端正大方，使用有格線的稿紙，並注意文句要通暢，標點符號要清楚正確。
3.撰寫體例不拘，可以散文或白話文的方式表達，但儘量避免以文言文撰寫，且不要對人、事或物做太多批評或主觀判斷。
4.可用時間先後來劃分事情的重要性，時間較近的事情，要多下工夫以引人入勝，愈久遠的事情，則輕描淡寫即可。
5.自傳結構大致可分為三部分，第一部分是家庭背景和成長經歷；第二部分是本身性向、興趣、專長和學經歷；第三部分是對所要應徵之工作公司的欽慕，和所要應徵工作內容的瞭解，及自我適任理由之陳述，並表明期望能有機會成為該公司的一份子，為公司效勞。
6.如果您有許多專長和輝煌歷史，也可以具體明確的展現陳述，並附上成績證明或作品、獎狀。
7.可對自己的人生觀及理想目標切合實際的闡述，更可舉出自己比較

欣賞的具知名度且大家有共識的名人或書籍，以使對方產生信賴及良好印象。

8.內容切忌八股且平淡無奇，要切合主題，言之有物，以激起對方的興趣，如此便可掌握了成功的契機。

八、如何強化自我面談技巧

(一)面談前應做的準備

1.建立正確的心態和觀念，即應抱持「只要有面談就是機會」、「未錄取並不代表自己很差勁」的心態，及「學習與練習面談技巧」。

2.得體的服裝儀容修飾，最好能事先打聽清楚該公司是否有標準色或服飾與禁忌。

3.蒐集該公司的資訊，及預擬問題與回答的內容和方式。

(二)面談時應有的應對技巧

1.與主試者見面時的用詞和態度要大方，且要在對方坐下後才坐下，千萬不要比對方先坐下，而回答問題時要溫文有禮，不要邊回答邊摸頭或看錶。

2.多說「請」、「對不起」、「謝謝」等禮貌用語。

3.要有時間觀念，提前出門可準時到達或提前十分鐘到達，使對方感覺您的積極投入精神。

4.對主試者的問題要肯定正確且從容不迫的回答，對於不清楚的事，儘量運用問題或就自己工作經驗回答，以使主試者覺得您對工作有高度意願與經驗，並樂於學習與配合，及接受挑戰的勇氣。

5.面談時要認真的聆聽對方說話，並且將眼光注視對方，也可以不時低頭記錄重點，可以點頭表示聽清楚對方的話，如果不懂時，要有禮貌的詢問對方，不可假裝懂了。

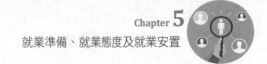
(三)面談結束後的追蹤技巧

1. 如果覺得很好，立即買張小卡片，寫上對公司的感想與感謝，限時寄達，將能發揮極大的助力。
2. 面試一週後，可主動去電重申自己對該職務的期望，以瞭解目前甄選的進度，及增加主辦者親近感。
3. 得悉未被錄取時，不要自怨自艾，應鼓起勇氣，打電話給主試者請教未被錄取的原因，及未來改進的目標，如此積極的面對失敗，往往也會帶來反敗為勝的契機。

 ## 第二節 就（職）業態度

一、職業態度之相關理論與研究

本書除以一般討論就（職）業態度時常提及之舒伯（Super）在其「職業發展型態研究」中所提出的三個重要理念——職業自我觀念、職業價值、職業選擇的態度外，再加上筆者先前之相關研究所進行因素分析後之統計結果增加的另一因素，命名為「積極創造性」等四個變項，作為測度的指標，來探討生涯發展過程中，在當事人實際進入就業市場工作前，對自己的職業生活所表現的認知、情感與行為反應，及對職業所抱持的觀念與作法之實際情形，進而透過實地調查之自我表達性需求，對其未來職業生涯之職業世界所需要瞭解與接受輔導，及職業訓練的職類，來和專家學者之規範性與比較性需求，進行相互間之比較，以瞭解兩者之間是否有認知上之差異。

(一)職業自我觀念意義

◆ 自我觀念

自我觀念是有組織、有動力的結構；是個人世界的核心，由個人早期逐漸習得的對人對己的觀念與態度；也是個人對自己及有關的社會環境之知覺（郭為藩、李安，1983；張慶凱，1984）。陳麗娟（1982）認為自我觀念是個人對自身及對自己與外在環境間關係的看法，為個人人格結構的核心，具有自我維護、肯定及自我實現之功能。彭駕騂（1983）亦認為自我觀念決定了個人如何學習成長。而江南發（1982）在〈青少年自我統整與形式運思能力關係之研究〉發現，男性自我統整能力遠較女性為佳，且犯罪少年統整混淆的程度比一般少年為高。

◆ 職業自我觀念

侯月瑞（1986）歸納「職業自我概念」的界定，為個人在生計發展歷程中所覺知到與職業有關之自我屬性之綜合體。而舒伯等（Super et al., 1963）認為自我屬性即是個體對自己與工作有關的興趣、能力、價值、人格特質等特質之看法，此種特質的清晰和統整謂之職業自我觀念之具體化。故，內部屬性具備清晰度及明確性，則其將自我觀念轉換成職業自我觀念時就愈清楚與愈具體。而由於每個人自我觀念不相同，其轉變方式也不同，因此，職業選擇就因人而異。

巴納德、丁斯里茲（Barrett & Tinsley, 1977a, 1977b）將清晰（clarity）、明確（certainty）及結構性（structure）三者合併為「具體化」（crystallization）的測量概念，來評量個人的職業自我觀念，即以「職業自我觀念的具體化程度」來表示個人可以明確的表達其本身與職業有關的自我屬性集合體的程度。

雷蒙（Remer, 1984）針對七十四位大學生接受以生活為中心的生計發展課程的理解性諮商模式之處遇，結果發現參與者對其職業自我觀念的形成較具體化且明確性，而且變得較理性，對其主要生涯選擇較確定。而

泰勒（Taylor, 1985）對大學生從學校轉換進入工作世界過程中的困難程度進行預測，結果顯示個體職業自我觀念愈具體，則其愈能明確的表達其所欲從事的工作屬性，並且能做好日後的生涯規劃。侯月瑞（1987）針對四百三十一名高中職學生進行「生計發展課程對高中職學生生計成熟與職業自我概念之輔導效果研究」，結果發現生計發展課程對促進高中職學生之生計探索行為及其職業自我觀念有顯著的效果。由上述研究可知，生涯發展的輔導有助於其日後職業自我觀念的形成及職業選擇的適當性。

綜合上面各項敘述可知，職業自我觀念是經由自我觀念逐漸轉變而來的一個連續變動歷程。而在這其間所形成的重要結構，是自我人格結構與認知能力，和計畫行動能力的培訓，透過此一過程，方能夠強化個體的職業自我觀念，走向正確與清晰的境地。

(二)職業價值觀

價值觀是個人或團體透過事物的認知經驗，產生獨特的情感偏好，於意識或潛意識系統作用下，影響行為目標與手段選擇的一組意念。亦即是人類對事物的知、情、意，及影響行為選擇一套穩定而持久的價值體系（江順裕，1985）。而工作價值（work values）的概念，乃職業發展理論大師舒伯繼其「職業自我觀念」之後，提出的一個重要名詞。目的在於藉個人生活過程中系列判斷的結果，確立其具有動力意義的態度或觀念，以促進個人選擇職業的能力，並提供青少年成長發展的方向（袁志晃，1983）。因此舒伯在1970年所設計編製的「工作價值觀量表」，主要目的是在測定個人在職業選擇時的喜好傾向，以協助其瞭解自身之職業成熟程度。

該量表共有十五個代表不同工作價值觀的分量表，包括：利他主義（altruism）、美的追求（esthetics）、創意的尋求（creativity）、智性的激發（intellectual stimulation）、管理性（management）、成就感（achievement）、聲望（prestige）、獨立性（independence）、經濟報酬

（economic returns）、安全感（security）、工作環境（surroundings）、與上司的關係（supervisory relations）、與同事的關係（associates）、變異性（variety）、生活方式的選擇（way of life）。透過此量表測試結果可表示個人各個職業發展階段的向度（陳英豪等，1989）。米勒（Miller）於1974年將前六項歸類為內隱的工作價值（intrinsic work values），後九項歸類為外顯的工作價值（extrinsic work values）等兩類。由此可顯示一般人在工作中或擇業時，常有側重外在獲益的成分或內在實質的成長之兩種向度的內涵。

張慶凱（1984）指出，在現實社會中最為多數人所接受的職業價值觀有九個：(1)希望工作的觀念，以保身心健康；(2)希望有成就而力爭上游的觀念；(3)希求滿意和快活的觀念；(4)希冀安全的觀念；(5)喜新厭舊的觀念；(6)喜歡快速的觀念；(7)希求獨立自主的觀念；(8)注意資格與身分的觀念；(9)重視勞資關係的觀念。而此九項職業價值觀是職業輔導上相當重要的基礎。因此，沈健華（1992）指出，在這物慾橫流的社會中，員工若沒有正確的價值觀及人生觀，很容易受到社會風氣、同儕團體的影響或誘惑，而產生非社會或反社會行為，不僅造成個人身心傷害，也直接影響企業生產力。

根據專家學者的研究指出（周珪棟，1991；陳憲生，1980；楊朝祥，1991），目前企業員工的工作價值觀，大致可歸納為六種：(1)理想工作環境；(2)合理的待遇及良好的福利措施；(3)人性管理及適當尊重與關懷；(4)工作時間的縮短及彈性化；(5)增加教育訓練的機會；(6)個人適應困擾的申訴及勞資爭議的協助。余志綏（1985）亦指出青年應有的職業價值觀是：(1)認識對國家的責任；(2)建立企業倫理的道德觀；(3)獻身科技發展的抱負；(4)建立職業平等觀念；(5)建立良好人際關係；(6)充實新知技能。

所以，上述的各類工作價值觀，並非是一成不變的，往往會隨著時空背景的物換星移而有增減，亦即其需要隨著時代變遷與個體成長的多

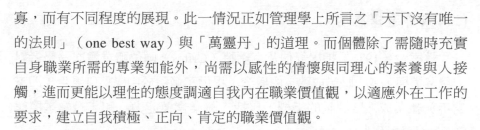

寡，而有不同程度的展現。此一情況正如管理學上所言之「天下沒有唯一的法則」（one best way）與「萬靈丹」的道理。而個體除了需隨時充實自身職業所需的專業知能外，尚需以感性的情懷與同理心的素養與人接觸，進而更能以理性的態度調適自我內在職業價值觀，以適應外在工作的要求，建立自我積極、正向、肯定的職業價值觀。

二十一世紀的工作世界，將在工作價值所界定的基礎上不斷地改變。工作者的期望將逐漸集中在較高層次的內在工作價值觀上。因此，必須建立終身教育及接受訓練的觀念，以做一個有建設性的社會一份子（吳天元，1988）。

而在組織中，一般員工大約可被歸納為六個不同價值體系之類型：(1)尋求安全感高者；(2)自我中心的利己主義者；(3)聽命行事（yes. Man）型者，即唯令是從型者（較喜歡規格化的書面指示及固定的做事模式）；(4)長袖善舞者（唯物主義者）；(5)以社會關係為導向者（喜歡人性化無衝突性的工作群體）；(6)存在主義者，即追求工作滿足感者（施貞仰譯，1992）。總之，新人類的工作價值觀即是生命的尊嚴和工作的倫理（陳怡安，1990）。

總之，在職業發展過程中，依據金滋伯格（Ginzberg, 1951）研究結果得知，青年在15、16歲時，主要是以「價值」作為職業選擇的考慮因素。但是舒伯與歐伯斯翠（Super & Overstreet, 1960）、堅特雷斯（Getzels, 1985）、史布瑞特霍爾（Sprinthall, 1966）、劉德生（1988）等研究卻發現工作價值與學校年級或成就地位無顯著相關。而舒伯（1957）研究結果亦指出，15～17歲青少年在作職業選擇時，強調「價值」影響力重於興趣。

綜合上述，由於研究對象與方法及工作價值界定的不同而產生不同的結果，基本而言，職業價值是個人價值觀念中的一部分，是指個體對職業的看法與認識，其可能因受許多因素的影響而造成價值取向的差異。

(三)職業選擇態度

林幸台（1976）指出舒伯及克瑞特（Crites）兩位職業發展論學者對「職業選擇」或「職業成熟」的概念，提供了適用於中學階段學生（即青少年）職業成熟度評量的指標，包括「職業選擇能力」和「職業選擇態度」兩大方向。

◆職業選擇能力與態度

林幸台（1976、1987）、林淑玟（1989）、徐麗敏（1991）、袁志晃（1982）、陳麗娟（1981、1982）及劉德生（1988）認為舒伯綜合金滋伯格的發展觀點與布勒（Buehler）生活階段的分類及哈伯斯特（Havighurst）的發展任務概念，發展六個衡量個人生涯成熟的指標（向度），以解釋青少年的生涯成熟度，亦即個人完成階段發展任務的成熟程度。

1. 職業選擇的取向（orientation to vocational choice）：亦即關心職業問題，並運用各種資源解決問題的能力。

2. 資料與計畫能力（information and planning）：亦即能夠針對有關的職業蒐集資料與計畫的能力。

3. 職業選擇的一致性（consistency of vocational choice）：亦即對發展歷程前後所選擇的職業，其範圍、層次與體系的穩定性與一致性。

4. 人格特質具體化（crystallization of traits）：亦即對職業有關的特質如性向、興趣、獨立性等成熟具體化的程度。

5. 職業選擇的睿智（wisdom of vocational choice）：亦即職業的選擇與其能力、活動、興趣、社經背景吻合的程度。

6. 職業的獨立性（vocational independent）：亦即指對工作經驗的獨立性，即工作能允許一個人按著自己的方式或想法去進行。

　　而卡萊特斯（Crites）進一步增修訂舒伯的「職業發展模式」，發展成為「職業發展成熟因素結構階層式體系」，涵蓋了職業選擇的一致性、明智性、能力、態度等四個層面。其發表的「職業成熟量表」（Career Maturity Inventory, CMI）實際上包括了能力與態度兩個分量表。在能力方面量表側重「認知」（cognitive）或自我功能，共分為目標選擇（goal selection）、自我認識（self-appraisal）、計畫（planning）、職業資訊（occupational information）、問題解決（problem solving）五個次量表；而在態度方面則包含「意動傾向」（disposition），共分涉入選擇的程度、對工作的看法、獨立抉擇程度、喜好的因素、對整個選擇歷程的觀點看法等五個次量表（Fouad, 1988；林幸台，1976、1987；陳麗娟，1982）。而其職業階層模式則包括三層，最上層是職業成熟程度，中層包括評量個體成熟向度的一致性，明智性、能力與態度，最下層為各種特殊因素，以此一職業階層模式為標準，來衡量個體的職業成熟程度之實際情況，以作為輔導個體職業生涯發展之參考。

◆職業選擇與職業成熟關聯性的實證研究

　　薩密卡斯（Savickas, 1990）認為職業成熟是顯示個人真實職業選擇的準備度，可藉由職業成熟態度量表來瞭解個案之生涯發展狀況。Damin與Hodinko（1987）使用該量表進行研究發現，父母的教育程度與學生的生涯態度有顯著的相關，亦即父母教育程度愈高者，則愈有促使子女做職業選擇的傾向，並提早進入工作市場。因此，從發展的觀點而言，職業成熟是一個連續性過程，是個人透過對自己的清晰瞭解及對職業的期望、抱負與價值判斷，而將自我具體表現於職業選擇與決定中。

　　職業選擇的成熟水準，也因個人的社經背景及生活經驗之不同，而有差異。門卡黑得和寇沛（Burkhead & Cope, 1984）在比較生理障礙與身體健全的大學生職業成熟相關變項探討中發現，障礙生比一般生更能表現職業成熟，而且女性比男性的職業成熟發展較好。薩密卡斯（1984）指出

職業發展理論，認為智力和獲得與應用其他相關領域行為有直接關係，因此，在職業態度與能力的發展過程中，必須考慮最低限度的智力。

有關發展不利青少年的職業成熟態度方面，經韓得列（Handley, 1975）；帕爾摩和路特滋（Palmo & Lutz, 1983）、韋得門（Whitman, 1972）等之實證研究結果顯示：

1.職業成熟與智力間有強烈的相關存在。
2.男女性在職業成熟態度量表並未達顯著差異，但年級則達0.05顯著水準。
3.隨著年齡增加，女性平均數高於男性，但二者間交互作用未達顯著水準。
4.心智能力是預測職業態度唯一的顯著性變項。
5.參與學校生計輔導計畫方案者，較能表達正向態度與有效率的進行互動，並且對自己的生涯選擇過程中有更多的投入與自主性的職業決定。

而國內一些研究結果顯示，男性偏於機械操作、實驗研究之職業選擇，女性則偏向音樂、美術活動、社會與教育工作（吳聰賢，1983）。林邦傑（1990）針對大專在學青年工作價值觀與工作環境需求之調查研究結果顯示，大專在學青年的就業態度較具彈性，大部分學生認為學用稍微配合即願去工作。劉焜輝（1985）研究亦指出國中畢業已就業者對職業選擇，仍停留在不斷摸索、試探的階段。因此，蘇靜芬（1986）研究指出，國中畢業後的就業生在畢業時，決定就業的主要理由為對升學沒興趣。此與黃炳煌（1984）研究國中未升學畢業生去向之調查研究相同。另外，多數已就業國中畢業生在選擇職業時所考慮的條件以「能有更多學習訓練機會」為首，而在擇業過程中受到父母與師長生計輔導諮商影響最大。財團法人中華商情研究基金會（1985）之研究結果亦指出：(1)應屆畢業生畢業後馬上就業原因，以「想先吸收社會經驗」者居多，占

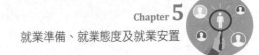
60.11%；(2)希望將來從事的工作與所學相關者占77.07%；(3)影響擇業或
升學最深者為自己，占63.69%；而父母居次，占22.22%；兄姐第三，占
5%；同學第四，占3.23%；師長與其他居第五，各占2.92%。

(四)積極創造性

所謂「積極創造性」係指個體在工作崗位上，表現出積極主動進取
的態度，與創新開發業務的能力，亦即是智慧、能力與行動力的結合，展
現出個體積極自主、日新又新能接受挑戰的特性（鄭李足，1980）。而
熊鈍生等（1979）認為積極（positive）是行事勇往直前，力圖進取，意
味為陽為正為肯定，消極係對立。創造力（originality）是指個人特出新
意，造作一事一物之力量。劉振強等（1985）亦認為積極與消極相對，指
勇往直前，力圖進取或向上發展，力爭上游。乃就事情的肯定性、能動性
而言。創造係指發明或創作過去所沒有的事物。

舒伯（1970）所設計編製之「工作價值觀量表」中，共有十五個代
表不同工作價值觀的分量表，其中包括了創意的尋求、智性的激發、獨立
性、變異性等分量表，很清楚的說明了積極創造性之特質與功能。而張
慶凱（1984）亦指出，希求獨立自主的觀念是職業輔導上相當重要的基
礎。另，舒伯綜合金滋伯格的發展觀點與布勒生活階段的分類及哈伯斯特
的發展任務概念，發展六個衡量個人生涯成熟的指標（向度），以解釋
青少年的生涯成熟度（即個人完成該階段發展任務的程度）（林幸台，
1976，1987；林淑玟，1989；徐麗敏，1991；袁志晃，1982；陳麗娟，
1981，1982；劉德生，1988）中，亦強調計畫能力與獨立性。

而卡萊斯特的「職業成熟量表」中亦強調計畫、獨立抉擇與問題解
決之認知或自我功能等要項。而李華璋（1990）在「大學生工作價值觀之
評量研究」中，發現成長、自主、適配性、新奇變異、表現創新等分量表
占相當重要之等級。

經由上述的理論與實證調查結果得知，不論是一般人或行為偏差之

犯罪少年，在職業態度與行動上均具有積極創造性之特質，只要給予適當的輔導與激勵，相信必能使其建立正確的職業態度。

二、影響就（職）業態度因素之相關論證

職業態度包括個體的職業自我觀念、職業價值、職業選擇態度及積極創造性等四個向度，其影響因素及相關論證逐一探討如下。

(一)性別

性別因素常是專家學者們在探討人類所抱持的態度或行為時重要變項之一。據阿契貝（Achebe, 1982）的研究結果，男生似乎在工作知識與職業態度上比女生成熟。普特南與韓森（Putnam & Hansen, 1972）也以十一年級的241名學生為研究對象發現，女性的職業成熟度較男性為高，亦即其對教育職業計畫與作決定的歷程介入較多。丹尼爾斯和史帝瓦得（Daniels & Stewart, 1972）研究結果指出，性別、年齡與自我概念、職業適應、親子關係等變項間有顯著相關。袁志晃（1982）研究學生工作價值取向，發現因性別的不同而有差異存在。帕斯特－卡門（Post-Kammer, 1987），也針對九至十一年級男女學生進行內外在工作價值與職業成熟間的相關研究，結果顯示性別差異更顯著於年級間之差異。而林淑玟（1989）以肢障者之自我觀念系統與生涯成熟間關聯進行研究，結果顯示性別並無顯著差異。

而鍾儀倩（1990）針對「影響大專院校畢業生的行職業選擇因素與工作滿足之研究」結果顯示，性別與行職業選擇有顯著關係，男性較多選擇製造業與專技人員，而女性較多選擇服務業與監督佐理人員（楊國樞等，1989）。另外在性別方面的研究結果顯示，兩性工作價值觀有交互作用的差異存在。泰得勒（Tittle, 1981）對600名高中生進行生涯發展研究結果顯示：(1)女性嚮往工作帶給個人聲望；而男性注重領導權所帶

來的威望外，也關心自己能否從事與興趣相符合的工作；(2)女性生涯選擇傾向於受傳統期望和過去經驗限制；而男性則較不會顧慮到與婚姻或父母地位等有關的成人角色價值。史莫爾（Small, 1980）研究結果顯示，兩性間存在著心理需求與工作價值的要求、期望之差異。哈潤特和歐西（Harrington & O'shea, 1983）對12,575位七至十三年級學生研究結果顯示，男女比較職業發展顯著性關鍵期是七至九年級間，而且女性隨著年齡增加，愈喜歡社會一個人型態工作環境；男性則呈現較一致的進步，也累積更實際性的價值與興趣。袁志晃（1982，1983）以中部國中及男性少年犯為對象之研究結果顯示，工作價值取向與性別、年級、學業成就、地區間具顯著差異，但與家庭社經地位間關係則未達顯著水準。李庚霈（1993，1997）以犯罪有案返校繼續就學的「朝陽專案」之217名國中生，及於機構化處遇犯罪少年為對象，進行「就業態度相關因素」研究結果顯示，不同性別的學生在就業態度各變項上，除積極創造性外，餘均達顯著水準；而在多元逐步迴歸的預測統計分析方面，則以性別之預測力最大，在「職業自我」、「職業價值觀」、「職業選擇」及「就業態度總分」等四個變項中，均具有預測力。

(二)年級

經由阿契貝（1982）的研究發現，學生的職業成熟隨年齡增長而有漸增的趨勢模式。何倫（Holland & Holland, 1977）研究亦指出，發展階段與年級的不同，職業態度成熟程度亦有顯著差異。奈爾和赫爾（Niles & Herr, 1989）調查研究指出，學生的職業態度隨著年級增加，愈能預測其生涯的成熟與確定性，及對職業目標的滿意程度。陳麗娟（1982）亦於研究中指出，國中高中各年級學生在職業成熟發展上有顯著的差異。林淑玟（1989）針對障礙者研究結果顯示，不同年齡其自我觀念系統與生涯成熟有顯著差異。劉德生（1988）以國中高中生為對象研究結果指出，國一學生有服務之職業價值觀，而國二則開始有職業價值轉移的現象，開始重

視自己能力等其他職業價值的方向。

　　李庚霈（1993、1997）以犯罪有案返校繼續就學的「朝陽專案」之217名國中生為對象，進行「就業態度相關因素」研究結果顯示，不同年級的學生在就業態度各變項上，均未達顯著水準；而在多元逐步迴歸的預測統計分析方面，亦均未具有預測力。由此可知，年級的差異對個體的自我觀念、職業價值、職業選擇與積極創造性等職業態度上的表現便有所不同。

(三)智力

　　舒伯與歐伯斯翠（Super & Overstreet, 1960）及卡萊特斯（Crites, 1969）之研究亦證實智力與職業成熟有著密切的關係，亦即智力愈高者，其生計發展的狀況也愈佳。另一方面薩密卡斯（Savickas, 1984）認為職業態度與能力的發展過程中，最低限度的智力必須被考慮，因智力與獲得並應用其他相關領域的行為有直接關係。卡沛斯與貝克（Kapes & Baker, 1983）研究指出智力、社經地位、學校課程與職業成熟量表（CMI）相關存在。帕爾摩與路特滋（Palmo & Lutz, 1983）研究指出，青少年職業成熟與智力有強烈的相關性。巴得修與伯瑞特（Batshow & Perret, 1981）則指出，大部分兒童都有正常的智力，不一定會遭遇學業困難的問題（引自林寶貴譯，1989）。林清江（1980）認為智力障礙對升學或就業選擇有影響。

　　李庚霈（1993）以犯罪有案返校繼續就學的「朝陽專案」之217名國中生為對象，進行「就業態度相關因素」研究結果顯示，不同智力程度的學生在就業態度各變項上，均未達顯著水準；而在多元逐步迴歸的預測統計分析方面，亦均未具有預測力。由上可知，不同智力程度的差異對個體的職業自我觀念、職業價值、職業選擇與積極創造性等職業態度上的表現便有所不同。

(四)早年生活經驗

　　早年生活經驗係指個體在童年時期所經驗的生活與工作（遊戲）經驗。牟費（Murphy, 1974）主張心理能量通渠觀（canalization of physical energy）說明個體的每一種需求都會尋求一種特別的方式而得到滿足，由此得以推演出兒童期的經驗和職業選擇有關之假設。另外馬斯洛（Maslow, 1954）的需求層次理論亦強調需求的滿足程度在各個發展階段占有重要地位。羅依（Roe, A., 1957）研究指出，兒童時期的需求滿足程度，是決定個人成長之後職業選擇的關鍵（引自金樹人，1990）。而諮商輔導人員與家庭社會工作人員在處理個案的問題時，亦常常會與案主（client）共同討論其童年時的發展與家庭關係及社會適應之真實情況，以先理清問題癥結始末後，再進行現實生活所面臨問題的解決之道（吳就君，1985、1987、1989）。

　　而呂麗絲（1992）亦表示，從小開始接受各種大大小小不同的工作，有些是有代價的，有些是看不到代價的，但是常常在另一段日子後出現一些代價。這些工作都是在學校和家庭中別人要求的，或是自己要求做的。從工作中找到工作目標，並常看到自己完成工作的輕鬆愉快的臉孔。因此，意識到「工作要求」的重要，並以擁有工作為榮。從工作中認識自己，瞭解生活，創造個人的風格，可見「工作教育」的重要性。工作教育在職訓教育之前，教育下一代學習對「工作抱熱誠」，喜愛工作、享受工作，培養「工作組織力」，訓練「工作適應力」，激發「工作思考力」，養成「工作持續力」，進而創造工作環境。由此可見，童年經驗對個體一生成長與發展的重大影響。所以，早年生活經驗是否對行為異常國中生的就業態度有所影響，值得進一步探討研究。

　　李庚霈（1993、1997）以犯罪有案返校繼續就學的「朝陽專案」之217名國中生及於機構化處遇犯罪少年為對象，進行「就業態度相關因素」研究結果顯示，不同早年生活經驗的學生在就業態度各變項上，均

未達顯著水準；而在多元逐步迴歸的預測統計分析方面，亦均未具有預測力。由上可知，不同的早年生活經驗對個體的職業自我觀念、職業價值、職業選擇與積極創造性等職業態度上的表現便有所不同。

(五)成就動機

所謂成就動機（achievement motivation），係指個人努力追求進步或成功，以期達成所渴望目標的內在動力，與成就需求是相同的。馬斯洛（Maslow, 1954）的需求層次理論將需求分為兩大類，七個層次：一為匱乏需求，包括生理、安全、愛與隸屬、尊重等基本需求；一為成長需求，包括知、美、自我實現等存在需求。而成就動機即是屬成長需求，是生命與工作的原動力，促使個體朝既定目標前進與努力（張春興，1986）。而楊國樞等（1989）針對1,218名國中生進行「未升學未就業青少年學習適應與職業成熟之系統研究」中，亦將「積極投入」變項列為「職業成熟態度量表」之分量尺度，且能有效的預測「母親管教態度」及「升學意願」二變項。

李庚霈（1993、1997）以犯罪有案返校繼續就學的「朝陽專案」之217名國中生及於機構化處遇犯罪少年為對象，進行「就業態度相關因素」研究結果顯示，不同成就動機的學生在就業態度各變項上，均未達顯著水準；而在多元逐步迴歸的預測統計分析方面，對「職業價值觀念」變項具有預測力，多元相關係數為0.31，達到0.001的顯著水準，可預測的變異量為13%；而對「就業態度總分」變項具有預測力，多元相關係數為0.03，達到0.001的顯著水準，可預測的變異量為4%。由上可知，不同的成就動機對個體的職業自我觀念、職業價值、職業選擇與積極創造性等職業態度上的表現便有所不同。

(六)父母教育態度

專家學者均強調家庭是個體社會化過程中最重要的基本團體，亦是

選擇職業時重要之「參考團體」。而父母更是決定個人職業抱負高低之重
要人物。因此，父母對子女的教育方式、期望及態度，是影響子女職業發
展的重要因素（徐麗敏，1991）。蕭（Shaw）研究指出，父母的教育期
望可有效的預測子女的職業成熟（引自蘇萍，1984），針對259位十年級
學生的職業熱誠、職業期望及職業成熟進行研究發現，父母對所有全體學
生之影響力均具有重要的預測力。陳麗娟（1983b）以大學生為樣本的研
究中發現，父母的教育態度與親子關係能有效預測其職業成熟。而林淑玟
（1989）的研究也發現，父母親的教育期望與肢障者的自我觀念和職業成
熟有顯著相關。

　　另楊國樞等專家學者（1978）針對國內1,218名國中生進行「未升學
未就業青少年學習適應與職業成熟之系統研究」中發現，職業成熟態度量
表之分量尺度之「積極投入」變項，能有效的預測「母親管教態度」與
「升學意願」二變項，而其解釋變異量僅約5%。另外父母的管教態度對
子女的學校適應影響相當顯著。而鍾儀倩（1990）研究結果亦顯示家庭因
素與行職業選擇均達顯著水準。

　　李庚霈（1993）以犯罪有案返校繼續就學的「朝陽專案」之217名國
中生為對象，進行「就業態度相關因素」研究結果顯示，父母教育態度
與學生的就業態度各變項間，除「職業選擇」變項外，其餘均呈顯著水
準；而在多元逐步迴歸的預測統計分析方面，對「積極創性」變項具有
預測力，多元相關係數為0.03，達到0.01的顯著水準，可預測的變異量為
3%。綜合上述可知，父母的教育態度與方式，對子女職業發展造成某種
程度的影響。

(七)家庭社經地位

　　家庭社經地位中，父母教育程度和職業類別最常被研究者用來作為
個體職業態度與生涯發展的變項。舒伯等人（1960）在「職業發展模式研
究」中發現，家長的職業水準與個人的職業成熟呈正相關。迪拉德與波瑞

姆（Dillard & Perrin, 1980）研究亦指出，青少年的職業期望因家庭社會經濟地位的提升而增加。奈韋爾與舒伯（Nevill & Super, 1988）以372位大學生為對象，探討職業成熟、工作的瞭解、性別、年級及社經地位間關係結果指出，工作的瞭解與職業成熟中態度及認知因素有關，而性別及社經地位與職業成熟間並無關聯。林淑玫（1989）針對肢障者之研究亦指出，家庭社經地位及年齡可預測其生涯發展態度。而鍾儀倩（1990）研究亦發現，父親的職業與子女行職業選擇間關係均達顯著水準。

而國內學者袁志晃（1982）針對男性少年犯之工作價值觀分析研究結果指出，男性少年犯之工作價值觀並不因家庭社經背景而有所不同，其間差異也不大，此與林義男（1980）之研究結果相同。而黃炳煌（1984）針對1,427名國中未升學畢業生去向調查結果顯示，社經背景高或低的學生，其學業成績好的都會升學；反之，則大部分都會就業。李庚霈（1993、1997）以犯罪有案返校繼續就學的「朝陽專案」之217名國中生及於機構化處遇犯罪少年為對象，進行「就業態度相關因素」研究結果顯示，不同家庭社經地位學生的就業態度各變項間，均未達顯著水準。

(八)大眾傳播媒體

傳播或譯作溝通（communication），係透過途徑交換意見的意思（exchanging meaning），亦即人們可以獲得傳播，乃是利用種種方法、各種途徑，以傳達人與人間的思想、觀念、意見，以造成共同瞭解的活動（白秀雄，1983）。

羅超華（1990）認為大眾傳播（mass communication）是指傳播組織將符碼、意理、觀念、態度等音訊大量地傳遞到廣大的、複雜的、非特定的社會大眾的過程。它可以是單線道的，也可以是雙線道的，由於不易獲得回饋，故常藉調查蒐集資料，以為推測。而其媒介體（media）有報紙、雜誌、書籍、電影、廣播、電視、電傳視訊等，可迅速傳播消息，溝通意見。故David M. Rubin、David B. Sachsman、Peter M. Sandman等認為

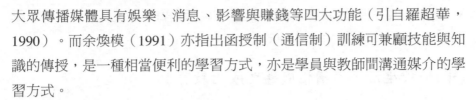
大眾傳播媒體具有娛樂、消息、影響與賺錢等四大功能（引自羅超華，1990）。而余煥模（1991）亦指出函授制（通信制）訓練可兼顧技能與知識的傳授，是一種相當便利的學習方式，亦是學員與教師間溝通媒介的學習方式。

　　李庚霈（1993、1997）以犯罪有案返校繼續就學的「朝陽專案」之217名國中生為對象，進行「就業態度相關因素」研究結果顯示，大眾傳播媒體與學生的就業態度各變項間，除「職業價值」、「積極創造性」外，其餘均呈顯著相關；而在多元逐步迴歸的預測統計分析方面，可有效預測「職業選擇態度」變項，多元相關係數為0.05，達到0.01的顯著水準，可預測的變異量為2%。

(九)鄰居及親友就業情形

　　鄰里是指一個小的社區，其特點為區域的面積有限，而人與人的關係有較高度的聯繫，成了面對面互相親密的組織。社區內居民均是鄰里的一份子，彼此有相互作用隸屬感，發展一致的興趣，彼此互助合作（張鏡予，1990）。而美國紐約市的鄰里青年團為貧困青年提供工作經驗，給予就業與賺錢機會，以刺激貧困青年向上追求教育及技術訓練的機會，即以就業機會代替救濟，協助解決社區貧困青年的問題（李宗派，1990）。可見與鄰居接觸互動，對彼此均具有相互作用之影響力。親友係指個體本身家庭之旁系血親或直系血親、姻親關係與工作關係，而有來往之親戚朋友之謂。個體是否會因其所接觸的親友之就業態度積極與否，正確與否，而在其職業態度的表現上有所影響。

　　李庚霈（1993、1997）以犯罪有案返校繼續就學的「朝陽專案」之217名國中生及於機構化處遇犯罪少年為對象，進行「就業態度相關因素」研究結果顯示，鄰居及親友就業情形與學生的就業態度各變項間，均無顯著相關；而在多元逐步迴歸的預測統計分析方面，可有效預測「就業態度總分」變項，多元相關係數為0.02，達到0.001的顯著水準，可預測的

144

變異量為1%。但是由於Beta數為負值，表示其對鄰居及親友就業情形認同程度愈低，其整體的就業態度就愈積極、愈正向。

(十)學校生活（機構化處遇之感化教育）

國內學者陳榮華（1989）認為，職業教育思潮的演進，已使整個教育系統產生極大轉變，因而促使學校提供各種服務，如心理輔導、職業輔導等，以協助學生發展最大潛能，而於畢業後順利就業。劉德生（1988）探討中學生職業成熟態度之研究發現，在學校生活與社經背景方面，皆是高分組顯著高於中低分組。而Au與Chung（1988）使用Harren之「生涯決定過程模式」評定職業認同、生涯的成熟、學校生活的適應、決策的型態在生涯決定過程中的影響，結果發現學校生活的適應是最直接的影響因素，其次為職業認同。個體在學校生活中，接觸最久與最多的對象是師長與同儕，二者不論在言語、行為、態度等方面的表達或做人處世、待人接物的方法與原則，均毫無保留的傳達給個體。個體在接收上述訊息後會做何反應，實值得吾人探究測度是照單全收、如法泡製，或透過思考與判斷後作理性抉擇。

李庚霈（1993、1997）以犯罪有案返校繼續就學的「朝陽專案」之217名國中生及於機構化處遇犯罪少年為對象，進行「就業態度相關因素」研究結果顯示，師生互動變項與就業態度各變項間，除「職業選擇態度」、「積極創造性」外，其餘均呈顯著相關；而教學環境與學生的就業態度各變項間，除「職業選擇態度」外，其餘均呈顯著相關；在多元逐步迴歸的預測統計分析方面，師生互動變項可有效預測「職業自我觀念」變項，多元相關係數為0.28，達到0.001的顯著水準，可預測的變異量為8%；而教學環境變項可有效預測「職業價值觀念」與「積極創造性」等兩變項，多元相關係數分別為0.05與0.07，均達到0.001的顯著水準，可預測的變異量為3%與7%。綜合上述，可知學校生活對學生的影響有其重要性。

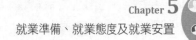

經由上述眾多國內外文獻之研究顯示可歸納出，影響個人職業態度的因素包括個人、家庭、社會環境及學校生活（機構化處遇之感化教育）等因素。而其實際的影響程度如何，則可透過相關研究設計之實地調查結果予以驗證與說明。

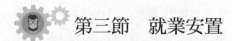

第三節　就業安置

一、就業安置的定義

就業安置乃是就業服務中最主要的措施，使求職者所具備的資格條件與求才雇主所需要的用人條件相吻合的組合工作，其主要功能係從任用私人情況轉變為公開的介紹，使所有的求才雇主都儘可能的延攬到最優秀的工作人員，而所有的求職者都儘可能的得到最好的職缺工作。

二、就業安置的方式

(一)非正式管道

即指過去傳統的農業社會或手工藝時代，一般雇主在甄選員工時，大都經由親友介紹或者員工推薦，或對外徵求直接面談等方式進用員工。

(二)正式管道

即指現在面臨工商業現代化社會，一般企業雇主大量需才孔急之下，在甄選員工時，除了經由上述親友介紹、員工推薦，或登報藉由大眾傳播媒體對外徵求直接面談等方式進用員工外，為了能夠及時獲得足

夠的適當人力，政府所設立的公立就業服務機構便扮演著「現代化的正式管道」之服務角色與功能：(1)求職者需採取親自登記（團體或個別）方式求職；(2)求才雇主則可採取通信登記、電話登記、代理登記與親自登記等方式；(3)現在則在雇主與求職者同意下，將渠等資料送上網際網路，透過網際網路運用，達到線上即時媒合與各地區就業資訊交流之職業交換功能，以及跨區就業媒合之目標，亦即以最少人力與時間的投入（input）獲得最大就業服務效益之產出（output）。詳如**表**5-6三合一就業服務流程說明表。而自民國102年正式修正為「一案到底」之個案管理就業服務模式，分為接待服務區、求職服務區、求才服務區、就業資訊（自助服務）區、諮詢（商）服務區等五區，亦即個案管理員為求職求才者之終身職涯發展與人才推介媒合之服務者暨夥伴關係。

三、就業安置實施的原則及要領

1.發展與運用最精確的就業服務會談技術，以確定求職者之職業知能，協助其獲得適性之職業；並依求才雇主所需員工之資格條件，協助其甄選適合的員工，以達到適才適所之適性就業目標。

2.公立就業服務機構應培訓所屬就業服務工作人員有關就業市場相關資訊與諮詢（商）之專業知能，以建立就業服務專業制度。

3.與轄區內之各行各業企業主及人事主管保持密切聯繫，及建立良好工作關係，以促使其多加利用公立就業服務機構，協助其甄選。

4.利用人力清結或交換的科學方法，協助勞力過剩地區的求職者，進入勞力不足地區工作，以促使人力有效運用，達到調節供需平衡目標。

5.推介求職者至需才雇主公司應徵時，應事先做好聯繫工作，以協助其獲得適當人才及適性之就業目標。

6.推介第一個求職者至需才雇主公司應徵時，如果雇主尚未決定僱用

表5-6　公立就業服務機構辦理三合一（一案到底）就業服務各功能區流程

服務區	服務項目	工作要領
接待台（服務區）	主動瞭解民眾需求並引導至各服務區	中心工作人員帶領志工採定點及走動式服務，瞭解民眾需求，引導至就業資訊區、綜合服務區或雇主服務區。
就業資訊（自助服務）區	一、就業及職訓資訊的查詢	‧對於求職者、請領失業給付者及欲查詢就業資訊者，由專人提供協助。 ‧對於可自行尋職者由專人協助使用資訊系統，查詢並列印就業機會後自行尋職。 ‧對於欲查詢就業資訊者（就業市場趨勢、職業生涯資訊），由專人協助使用資訊系統。
	二、填寫求職登記表	對於無法自行尋職者由專人協助填寫求職登記表，並引導抽取號碼牌後至綜合服務台辦理求職登記。
	三、填寫失業給付申請表	對於請領失業給付者協助填寫求職登記表及失業給付書表，並引導抽取號碼牌後至綜合服務台申請失業給付。
	四、設置服務作業流程圖	設置明確醒目的服務作業流程圖與資訊工具使用步驟（如印表機、傳真機使用方式及網路求職資訊系統登記使用規定）。
	五、提供宣導品	提供職業訓練資訊、就業服務業務宣導品（如就業促進津貼、技能檢定簡章等）相關就業資訊、報刊與雜誌，以利求職者索取並查詢相關就業資訊。
	六、自行尋職	提供求職所需機具設備（如傳真機、印表機、投幣式影印機或投幣式電話）。
雇主（求才）服務區	一、求才登記	協助雇主辦理求才登記（含申請外勞國內人才招募）及資料建檔。
	二、建立求才資料庫	開拓就業機會（廠商聯繫、辦理現場徵才活動、推動永續就業工程等）並建立求才資料庫且定期清結。
	三、僱用獎助津貼	受理僱用獎助津貼申請。
	四、外勞相關業務	核發求才證明書及辦理外勞轉換新雇主作業。

（續）表5-6　公立就業服務機構辦理三合一（一案到底）就業服務各功能
　　　　　區流程

服務區	服務項目	工作要領
綜合（求職）服務區	一、求職登記表建檔	求職登記表建檔。
	二、簡易諮詢分類服務	對求職者及請領失業給付者實施簡易諮詢及分類服務： ・對於具有就業能力者予以推介就業。 ・對於易陷入長期失業者轉介個案管理員，提供就業諮詢。 ・對於符合申請失業給付資格者，受理其申請。
	三、推介就業	提供就業機會推介就業，並協助申請相關就業津貼。
	四、失業給付書表審核及建檔	失業給付書表審核及建檔。
諮詢（商）服務區	一、個案管理	視需要開案晤談並擬定處遇計畫。
	二、就業促進研習活動	對於尋職技巧不足者，轉介參加就業促進研習活動。
	三、職訓諮詢	對於就業技能不足者，轉介接受職訓諮詢。
	四、深度就業諮詢	對於就業適應困難者，轉介接受深度就業諮商協助。
	五、轉介社會福利機構	對於勞政體系無法提供服務者，轉介社會福利機構。

備註：（　　）內文字係自民國102年正式修正為「一案到底」之個案管理就業服務
　　　模式之服務區名稱。

時，要推介第二位求職者前往應徵前，應事先做好聯繫工作，瞭解
第一位求職者是否已前往應徵，並徵詢雇主是否需要推介第二位求
職者前往應徵。

四、求職登記應注意事項

1.以親自登記為原則。

2.登記有效期間為登記月起二個月為原則。

3.未達法定最低工作年齡不得受理。

4.不得侵害求職者選擇職業的自由。

5.求職者自行就業或取消求職，應提示其隨時通知就服機構。

6.適時說明當前就業市場實況，以免求職者因過高志願條件，未能獲得工作機會。

7.適時說明當前就業市場實況，以免轉業者因轉業理由不充分，導致不良後果。

8.適時說明當前就業市場實況，指導其改就其他工作，以免求職者因不瞭解所希望職業機會很難，未能獲得工作機會。

9.求職登記卡應保密不得公開。

10.違反法令或公序良俗之求職申請，不予受理。

11.國外求職申請者，應依有關法令辦理。

12.編號採用出生日編列，而職業分類則須編至細分類。

五、求才登記應注意事項

1.以親自、通信與電話等方式登記為原則。

2.登記有效期間為登記月起二個月為原則。

3.未達法定最低工作年齡之求才不得受理。

4.不得侵害求才者選擇所需要類型員工的自由。

5.求才者自行甄才或取消求才，應提示其隨時通知就服機構。

6.適時說明當前就業市場實況，以免求才者因過高條件與過低待遇，未能獲得所需人才之推介。

7.適時說明當前就業市場實況，以免求才者因不當求才方式，導致不
良後果。

8.適時說明當前就業市場實況，指導其適當甄才，以免求才者因不瞭
解所希望獲得人才不易，未能獲得所需人才。

9.求才登記卡應保密不得公開。

10.違反法令或公序良俗之求才申請，不予受理。

11.國外求才申請者，應依有關法令辦理。

12.編號採用中華民國職業分類點編列，而職業分類則須編至細分
類。

問題與討論

一、請任舉就業準備中的良性工作態度或職業觀念、獲得工作的途
徑、撰寫履歷表及自傳應注意原則，及如何自我強化面談技
巧？

二、請任舉就業態度要項。

三、請各任舉就業安置原則或要領、方式、求職與求才應注意事
項。

延伸閱讀討論議題

一、「三合一」就業服務模式與「一案到底」就業服務模式的異同
及關係，進而討論未來發展思維。

二、就業媒合的會談（或面試）方式優缺點與特色，及企業用人重
視的條件與面談「常問」和「必問」題目等相關議題。

Chapter

6

職業分析及就業市場資訊建立

第一節　職業分析與職業分類概況

一、職業分析

(一)職業分析意義

　　職業分析（occupational analysis）是一種蒐集及分析職業資料的手段，透過對一個職業所涵蓋的職務或工作內容所做的分析，以正確完整地蒐集及分析職業資料，並以簡明、扼要方式加以表達，以供就業服務、職業輔導、人事管理和職業訓練等的參考。職業分析主要採用文件分析、晤談、觀察、討論等方法，經由選定擬分析職業、擬訂機構調查計畫，進行機構調查、擬訂職業分析計畫、進行職業分析及評定、整理所得資料等程序，以蒐集工作執行概況、從業人員條件及待遇、升遷等方面的資料，供使用者參考。為利職業分析的進行，行政院勞工委員會職業訓練局於1988年修訂編印完成《職業分析手冊》（*User's Guide For Occupational Analysis*）。該手冊除對職業分析的意義、內容、用途、流程、方法有所說明外，並附有完整的職業分析表格，使用者可參照其填寫方法，據以實地進行分析。同時，為使職業分析能切合企業界的使用，本手冊並對企業界如何使用職業分析以編製工作說明書的方法，特別加以說明，於1992年2月再版使用中（行政院勞委會職訓局，1992）。

　　簡言之，職業分析是一種蒐集及分析職業資料的手段，是以職業為對象，由分析者對構成該一職業之要素加以觀察，以瞭解該項職業之內榮譽性質，並加以適切的記錄、描述與製成職業資料的過程。質言之，即是對該項職業所包含的全部工作（task），亦即主要職責、從業者所需之經驗、知識、技術、能力及其他職業有所區別之因素，透過詢問、觀察，加以分析及記述。

(二)職業分析手冊內涵

　　《職業分析手冊》的編訂，旨在方便指導職業分析的進行，其內容包括職業分析的內容、用途、流程、方法及表格等，並對進行職業分析的各個程序，予以詳細實例說明。本手冊係由行政院勞委會職訓局於1986年譯自美國勞工部編印之《職業分析手冊》，並據以辦理研習，且由各公立就業服務機構進行職業分析工作；嗣為使企業機構亦能運用職業分析資料，進而支持配合政府辦理的職業分析工作，經於1988年修訂《職業分析手冊》，增列〈工作說明書〉一章，運用職業分析所得資料，編製工作說明書，以作為企業內部人員甄選與配置、職業評鑑與建立薪資制度、員工績效考核、職業訓練、企業合理化營運，以及促進工作安全、防止災害等方面的參考資料（行政院勞工委員會職業訓練局，1992）。

(三)職業分析之對象

　　職業分析之對象為「職業」，「職業」一詞係由英文job翻譯而來，含有工作、職業及工作崗位等種種意義。此處所稱之「職業」乃是一種重新給予定義，並且有其特定意義之用語，其與個人為生活而繼續從事之經濟活動上的職業，或者是工廠或事業單位場所所稱之職種名稱並不完全相同。顧名思義，「職業分析」即是對一個職業所涵蓋的職務或工作所做的分析，這種分析之主要目的是要獲得與職業有關之資料。由於各種不同領域常需要不同的職業資料以作為擬定計畫、進行工作或實施考核的參考。因此，對職業所做的分析，會隨著不同的目的而有不同的重點。但是就一般而言，職業分析乃是一種蒐集及分析職業資料的手段。它不僅需要正確而完整的蒐集及分析職業資料，還要以簡明扼要的方式，將職業資料有系統的表達出來。

　　因此，一個職業往往包含著若干的任務，而一個任務之中又往往含有若干工作單元，分述如下：

1.職業：係指一個人在某一機構的特定職位上，所擔任的所有職務或工作，而這些工作可能包含幾個不同的任務。

2.任務：係指職業中的一組工作單元或活動，它們具有共同的目標，而且在工作方法上、運用材料上、生產貨品上或提供服務上，都有極密切的關係。

3.工作單元：係指構成職務的基本單元，而在每一個單元裡，還包含一個個不同的「動作」。

4.機構：係指一個人就業後的工作場所。

5.職業資料：係指含有職位、工作或職業及工作者特質之各種資料，這些內容通常包含工作的職責、新進人員的條件、工作環境、薪資待遇、升遷展望、工作機會及其他參考資料。

(四)職業分析之內容

職業分析之內容係根據所蒐集的資料而加以安排，主要是包括職業內容、從業人員條件及職業相關資料等三種。

◆職業內容

係指從業人員執行工作時「所負的責任」、「所運用的方法和技能」、「所需要的機具設備」、「所投入的原料」，及「所產出的貨品或所提供的服務、所處的環境狀況」等五種。

◆從業人員條件

係指從業人員執行工作時所必須具備的最低學歷、工作經驗、所需要的執照或證書、所必須接受的訓練及時間、所具備的個人特質，例如興趣、性向及職業性格、所必須具備的體能等六種。

◆職業相關資料

係指從業人員執行工作的薪資待遇、升遷或轉換工作途徑與其他職業關係等。

(五)職業分析之方法及流程

◆職業分析之方法

1.自然觀察法：即分析者就分析的對象職業之職位（該職業之人），在正常狀態下之作業狀況，加以觀察分析，並將其結果做客觀而公平合理的評價，且以別人容易懂的文字記述下來的一種科學記述方法。

2.類推法：即觀察某一職業內涵後，加以類推判斷從事該職業所需之責任、知識、技能及精神動力。

3.訪問法：透過觀察、類推後，如有不清楚的地方，則再佐以訪問法予以確認及補足。

4.文件分析法：即依據現有的書面資料進行分析後，所獲得的職業資料。

5.小組討論法：由分析人員組成分析小組，並透過專家學者之指導，以使對資料做明確的評定。

6.資料處理法：即依據規定方式，將現有的資料進行編號、歸檔及建立目錄，以便於查閱資料。

◆職業分析之流程

1.選定擬分析之職業方面。

2.擬定機構調查計畫方面。

3.進行機構調查方面。

4.擬定職業分析計畫方面。

5.進行職業分析方面。

6.評定分析所得資料方面。

7.在整理職業資料方面。

(六)職業分析之運用（用途）

1.職業或輔導及諮詢方面。

2.職業介紹方面。

3.人員甄選及錄用配置方面。

4.職業評鑑及建立薪資方面。

5.從業人員勤務評定及績效考核方面。

6.職業教育及訓練方面。

7.企業合理化營運方面。

8.促進安全及防止災害方面。

9.特殊勞動者方面。

10.處理勞資關係方面。

11.制定性向測驗及技能檢定或測驗方面。

12.其他相關事項方面。

二、職業分類

(一)職業的意義與內涵

工作除了能增加個人經濟收入以豐裕物質外，尚能滿足個體工作成就感之心理需求，印證了俗云「男怕選錯行，女怕嫁錯郎」之意涵。因此，個人如果能找到適性職業而就業，必能愉快的發揮所長，貢獻國家社會。則達到《禮運・大同篇》所揭櫫的目標——「男有分，女有歸」。如果「入錯行」的話，則必須再度找尋工作。而如何能適性就業，端賴做好就業準備工作。依據《中華民國職業分類典》規定，所謂「職業」是指個人所擔任的工作或職務；但至少必須具備三個條件：

1.須有報酬：係指因工作而獲得現金或實物之報酬。

2.有繼續性：係指非機會性；但從事季節性或週期性之工作亦認為有

繼續性。

3.為善良風俗所認可者：如從事之工作雖可獲得報酬，但不為善良風俗所認可者，則不認定其為職業。職業與行業是不同的，行業係指經濟活動部門之種類，因此，每一行業因分工關係，常需不同職業之工作者，所以，同一職業之工作者，常分布於不同之行業。

職業與工作間之不同，乃是工作可分為報酬與不報酬工作，有報酬的工作且工作時間在一般規定三分之一以上者就可認定為職業；而無工作報酬者則不認定其為職業。但如以依靠財產生活者，則亦不認定其有職業。所以，「職業」是指個人在某一機構的特定職位上，所擔任的工作或職務，這些工作可能包含幾個不同的任務。

(二)職業目標的特質

一個人如果能夠瞭解職業目標的主要特質，便能適性的就業，因此，一般認為職業目標的主要特質有下述五項：

1.就建立「經濟性目標」特質而言：可誘導人力參與建設，達到「質」、「量」並重目標，進而改進人力資本，紓解失業壓力。
2.就建立「社會性目標」特質而言：可積極協助民眾獲致理想職業，而脫離貧困，並降低社會成本。
3.就「個人人生目標」特質而言：可協助個人增加所得，減少失業，以減少個人對家庭與社會的依賴，進而增進個人身心健康，提高個人滿足感，改善家庭精神與物質生活。
4.就「企業雇主生產力目標」特質而言：可協助解決技術人力瓶頸，滿足人力供需調節機制之功能，進而提高企業整體生產力。
5.就「政府功能效益目標」特質而言：可平衡所得分配，增加國民總生產，減少失業現象，增加稅收，穩定物價，以減少反社會行為發生與社會救助之支出，進而調節軍事人力，促進社會安全與政治穩定。

(三)職業的功能

在人生旅程中,求學學習只是一種手段,最重要的最終目的還是要就業,以展現所學,發揮一己潛能的最大生產力。所以,職業具有以下八種意義與功能。

1. 經濟性:使人力充分運用就業,促進經濟發展與繁榮。
2. 政治性:促使政治穩定,更加民主自由平等。
3. 社會性:生活安定,經濟基礎穩固,減少社會事件問題的發生。
4. 文化性:透過就業者在職場的交流互動,不僅能促進文化融合,亦可展現屬於不同族群的特色,甚或以族群文化為創業之基石。
5. 心理性:透過職務接觸互動可增進彼此瞭解,及相互支持,進而提升精神層次之成就感需求的滿足。
6. 生理性:透過工作薪酬所得,除了可以滿足個體的身體營養與外在裝扮所需外,尚能由於勞動而促進身體之健康。
7. 教育性:俗云「活到老,學到老」,透過努力的工作,不僅可使個體體驗所學是否足以在工作場所運用自如外,尚能經由工作增進專業知識的日新月異,而知隨時進修充實,以免被淘汰,進而建立「終身學習」的生涯規劃。
8. 家庭性:透過薪資報酬的獲得,可使個體擔負起養家活口,及子女教育與家人各項消費所需之費用,創造和樂溫馨的健康家庭。

(四)職業的分類原則

依據《中華民國職業分類典》分類原則,是按個人所從事的有酬工作,將其性質相近或相似者分別歸類,並做有系統之排列。一般是按下列四個條件,選擇其適用者作為分類之準則:

1. 在職務上所負之責任。

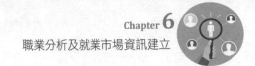
2.專業知識、技術及資歷。

3.生產之物品或提供勞務之種類。

4.工作環境、工作程序或使用之原料。

另外，一般對較難認定的職業之判定原則為，凡從事兩個以上工作者，以從事時間較長之工作判定為其職業，或以收入較多或技術性較高者，判定為其職業。

(五)職業的架構

《中華民國職業分類典》之結構分為四種類別，包括大類、中類、小類及細類等。尤重依據「技術層次」及「技術專業層次」之考量，其次再依據生產之物品、提供勞務之種類、工作中所使用之工具、設備或原料等將職業加以歸類。在大類架構分類之基本概念有兩種：

1.工作：係指所從事的工作或職務，職業是由一些相似程序較高之工作或職務所組成。

2.技術：係指所從事的工作或職務之能力，可由兩方面觀之：

  (1)第一為技術層次方面：可由工作或職務之複雜面及範圍分析。

  (2)第二為技術專業程度方面：可由工作所需之知識類別，或所使用之工具、機器、原料與提供勞務之種類等區分。

(六)工作、行業與職業的關係

工作可分為有報酬之經濟活動與無報酬之非經濟活動兩種。行業係指經濟活動部門之種類，包括生產各種有形物品，及提供各種服務之經濟活動在內，例如農業、工業與服務業。因此，每一行業因分工關係，常需不同職業之工作者；所以，同一職業之工作者，常分布於不同之行業。例如農業、工業與服務業中都有專門技術人員、行政主管人員、監督及佐理人員、買賣工作人員等。所以工作、行業與職業的關係是密切的。

(七)職業分類典意義

《職業分類典》（*Dictionary of Occupational Titles*）旨在對經濟活動中各種職業做有系統的分類與界定，以作為辦理職業輔導、職業訓練、技能檢定、就業服務與人力統計的基本參考工具；同時，亦可提供企業界作為建立合理人事服務制度的藍本。《職業分類典》的分類結構有多種方式；但為便於國際比較，大多參採國際勞工局印行的《國際標準職業分類》（*International Standard Classification of Occupations*, ISCO）的方式。是項國際標準職業分類，於1958年首次印行，1968年第一次修訂，將職業分9大類、83中類、284小類及1,504細類，均分別編號，並以職業定義說明各職業的工作內容。為擴大職業範圍，便於國際比較，國際勞工局於1987年第十四次國際勞工統計研討會決議修改ISCO，進而公布第六次修訂版；1988年進行修改ISCO；1990年公布ISCO-8。

我國有系統的職業分類，亦係參考《國際標準職業分類》的架構；最早的職業分類為臺灣省政府社會處於1962年編纂出版的《臺灣省職業分類典》；其後內政部於1978年重行編修完成《中華民國職業分類典》，復經勞動部於1990年加以修訂印行，分職業為2大類、85中類、326小類及2,445細類。新公布的《國際標準職業分類》在分類結構、分類編碼及分類內容上均有較大之變動及修正，該部亦配合修訂於1994年、1995年、2000年分別修訂印行，目前計分職業為10大類（**表6-1**）、36中類、117小類、399細類及2,638小目（勞動部，2000）。其內容特色為：將職業訓練、技能檢定、技能競賽名稱與職業分類典職業名稱統合，亦即將現有職業訓練、技能檢定、技能競賽相關職業名稱做一比較研究，並對應《中華民國職業分類典》之職業名稱，將相關職業不同之名稱，召集專家學者做一統整，配合本次職業分類典之編修，提出具體可行之名稱建議，近年來更因應就業市場職業名稱彈性多元化，多次編修對照的通俗職業名稱，以符合時代脈動與需求。

表6-1　中華民國職業標準分類

大類名稱	職業名稱
第一大類	民意代表、行政主管、企業主管及經理人員（民意代表、主管及經理人員）
第二大類	專業人員
第三大類	技術員及助理專業人員
第四大類	事務工作人員（事務支援人員）
第五大類	服務工作人員及售貨員（服務及銷售工作人員）
第六大類	農、林、漁、牧工作人員（農、林、漁、牧業生產人員）
第七大類	技術工及有關工作人員（技藝有關工作人員）
第八大類	機械設備操作工及組裝工（機械設備操作及組裝人員）
第九大類	非技術工及體力工（基層技術工及勞力工）
第〇大類	現役軍人（軍人）

備註：表內名稱是依據勞動部勞動力發展署所編印之《中華民國就業分類典》之
　　　職業名稱；另（　　）內之職業名稱，係指行政院主計總處99年5月第6次修
　　　訂之職業標準分類名稱。

三、科技發展與職業變遷

(一)科技發展

　　現代化社會與傳統社會之間的生活方式與工作方式最大的不同，乃是因為現代化社會經由技術的累積研究發展，創造了科技化的社會，促使各項工作的作業流程與方式，產生了重大的改變。因而促使現代社會成為一個科技及管理科學的時代，由於科學的突飛猛進，多數的已開發國家無不致力於各類技術職業教育內容之研究與改進，以掌握成功優勢的市場先機。我國工業結構已由勞力密集，逐漸轉為技術密集與資本密集。負責培植技術人力的技職教育，如何配合工業升級之需求，以培植適質、適量、適時、適地的技術人力，實為當務之急。毫無疑問的，技職教育非但是國家經濟成長的動因，也是國家建設的主力，對我國未來工業升級，將扮演著更重要的角色。

縱觀世界各國經濟發展的條件與原因，主要是依靠著三種資源，包括天然資源、資本資源和人力資源。臺灣過去在數十多年來技職教育所培植出來的技術人才，對我國經濟建設與發展，實有不可抹滅之貢獻。因而創造出過去幾千年來，前所未有的輝煌經濟發展與社會繁榮的成就，獲得全世界普遍的尊重與讚譽。

隨著經濟成長及電子技術的進步，現代的管理哲學與電子計算機的運用已經密不可分，電腦與資訊工業的發展異常迅速，資訊處理的領域日益廣大，科技愈是進步，技術愈趨精良，各種形態的組織為求發揮其高度運作的功能，對資料的流通日漸倚重，在訊息交流方面的需求如日換星移，似乎是永無止境。相對的，由於科技的進步，也深深的影響了各種職業的內容與工作方式，現代的工作職類幾乎與科技產物產生了密不可分的關係，對職業的內涵與從事的資格條件也產生了前所未有的變化，亦即幾乎每一位現代工作者均需具備最基本的電腦操作常識與能力，方能在工作職場中做好份內的各項事情，而不會有職業適應不良之危機。

(二)資訊化社會職業變遷過程中應有的因應對策

俗話說「男怕選錯行，女怕嫁錯郎」，由此可見慎選職業的重要性。因此，在此一變化多端的資訊社會中，要如何才能避免選錯行入錯門之憾呢？需有賴於政府提供多元且新速實簡的就業服務資訊，及企業倫理規範與和諧勞資關係的建立，以協助民眾在就業前對就業市場現況及未來趨勢做充分的瞭解，及做好應有的準備，方能夠立足於充滿競爭與快速變遷的各行各業之現代化資訊社會。

◆政府在資訊化社會應有的因應對策

政府在資訊化社會變遷中，除了應透過電腦與網路的傳播，達到上述各項功能外，在協助民眾生涯規劃方面，更應提供國內就業市場結構及未來趨勢的分析，以協助國人做好適性就業之準備。

◆企業在資訊化社會應有的因應對策

公民營企業單位在資訊化社會變遷中，除了應透過電腦與網路的傳播，廣泛蒐集相關資訊，研發與創新產品，達到上述各項功能外，更應協助員工做好生涯規劃，提供各種在職進修管道，以使員工適性就業，及創造企業本身之競爭優勢契機。

1. 採取彈性上班與工時制度，進而為因應資訊化社會需求，採取在家工作與工時累計制度，使員工工作形式更多元化。
2. 在人性管理與專業證照之趨勢下，應做好內部人事與行政管理之周延規劃，方不致於產生措手不及與人才流動率高之現象。
3. 針對企業內員工做好在職進修與即將退休員工之生涯規劃，以培養員工和企業與時俱進之競爭力。
4. 針對企業產品製程完成標準化、流暢化、合理化及均衡化等目標，並取得ISO認證，以提升企業優良形象及產品國際化之品牌水準，方能躋身於國際市場，立於不敗之地。
5. 積極推動企業內與企業間之反盜用與反仿冒之守法運動，以有效保護智慧與創造財產權及專利權。

◆個人在資訊化社會應有的因應對策

個人在資訊化社會變遷中，應透過電腦與網路的傳播，廣泛蒐集相關資訊，創造自我健康與安全的生活，並且應做好個人的生涯規劃，做好就業前應有的準備，以使自己除了能夠適性就業發揮所長外，更能夠在家庭、社會中營造和樂氣氛與良好的人際關係。

第二節　人力規劃與運用

一、人力資源發展與人力發展關係

　　人力資源的基本意義，是指一國國民的「智識、技藝與性向」的綜合。而發展的意義，是指「成長加上演變」。因此，人力資源發展是培植一社會中所有人民的知識、技巧、工作能力，和發掘天賦才能的過程，並使社會、文化與經濟各方面有質與量的改變（彭台臨，1989）。因此，人力資源發展具有經濟、社會與政治的目的：

　　1.經濟：提高人力素質，發展生產能力，以增加國民生產力，提高國
　　　　民所得。
　　2.社會：採取各種措施，以產生有利於經濟和社會進步的社會結構，
　　　　價值體系和工作動機。
　　3.政治：在發展機會均等的社會中，個人能力得以充分發展，發揮生
　　　　產力以提高國民所得，政治得以安定，並使政策形成理性化，以滿
　　　　足人民的需求。

　　陳金泉（1986）亦認為人力資源首重培育工作，人力培育工作主要由各級學校承擔大部分責任，家庭與社會亦分擔部分責任；而人力培育工作的目標乃在使人力資源能充分的為國家社會所用。故欲期待每一人力資源均能發揮其力量，必須予以妥善的規劃、分配與運用，方能達成預期目標。英國人力運用工作，係由就業部督導人力運用委員會結合教育暨科學部、各地方主管機關及各有關部會，在政府人力政策指導下推動各項措施，包括：就業服務、職業訓練、職業生涯教育與輔導、人力運用組織的調整與強化等有關措施，使人力資源能做最有效的運用。一個企業能否發展成長，不是決定於技術層面的創新領先，或是資金財務的充裕健全，最

重要的還是人的問題。所以，無論是軍隊或企業，在競爭過程中，人是影響結果最主要的資源。武器補給或技術資金等，只是受人所支配執行的次要資源。人力資源的發展，有助於其他資源發揮最大的功效，引導組織追求卓越的成就與成長，而個人也從中獲得最大的滿足與尊敬。因此，如何培育人才、訓練人力、應用人力，應是人力資源發展的最重要課題（石滋宜，1988）。洪榮昭（1988）亦認為，人力資源發展的最主要的工作是人力培訓，亦即個人能力的提升來促進公司生產力，因而人力發展漸為企業重視。而瓊斯博士（Rose, 1981）認為人力資源發展（Human Resource Development, HRD）組織的功能，主要包括五種活動：(1)訓練；(2)組織發展；(3)人—系統計畫；(4)教育；(5)系統改變。

所以，「人力資源發展」（HRD）這個名詞自1970年代開始被廣泛使用以來，比較重視個人的發展，是從個人內在配合組織外在的發展，期能達到「人適其所，盡其才；物暢其流，盡其用」的人力資源發展要義。此正與國父孫中山先生於光緒20年〈上李鴻章書〉所主張的「人盡其才、地盡其利、物盡其用、貨暢其流」的理想相吻合（荊知仁，1992）。因此，人力資源與人力發展關係呈現相互為用的密切關係。

二、人力資源發展與人力規劃運用關係

人力資源發展既是增進全民知識、技術和能力的過程，也就可說是國家現代化的重要指標。而其發展的方法很多，最重要的有三種，包括：(1)正式的教育系統；(2)良好醫藥與保健及國民營養改善；(3)就業服務。Harbison與Myers（1964）就研究人力資源發展與經濟發展的觀點，發展出兩種基本類型的人力資源發展綜合指標：(1)測量一國人力資本總量指標；(2)測量此一總量之淨增加，或在一段特定期間內人力資本形成的速率。而在一般的理想上，最為有用的人力資源發展指標有兩種：(1)教育程度；(2)在人口或勞動力中，從事高尚職業的人數。

人力規劃運用係針對未來，為能付諸行動以解決人力問題，發展中肯且可接受方案的動態過程。而其主要目的是在於有效培育與運用人力資源，以達成國家或公司發展目標的一種規劃。簡言之，是在於提高人力資源效率，用同樣的投入因素可產生較先前為多的產出。所以，透過系統分析的過程，來檢查與比較各種達成目標的對策，亦即經由人力運用規劃單位與勞動階層的參與，並評估環境因素及本身人力擬訂出可行的方案，做最佳的選擇，然後據以發展執行計畫或專案，再施以管制考核，以確定計畫的執行可達成目標。所以，人力資源發展與人力規劃運用關係恰似形成互為表裡、一體兩面的密切關係。

三、人力資源發展策略

人力資源發展策略的選擇，應以系統分析方式，審視事理、財務、時效等限制來設立目標，並以績效、成本效益時效與政策等標準選出策略。因此，在做人力資源發展策略選擇時，必須注意四項原則：

1.某一團體或國家的成功策略，並不能完全適用於其他團體或國家。
2.不同的人力資源發展階段，應該要有不同的政策與之配合。
3.人力規劃是針對經濟、社會、文化與政治安定的發展，而社會、文化與政治安定難以用量化表示，所以應該謹慎運用「量」的觀念，以使其規劃富彈性，且符合能夠適應外在環境與內在需求的改變。
4.注重個人「自由選擇」的機會，以提高人員素質，增加生產，滿足人民的需求，終而達到政治安定與社會安和樂利的境界。

所以，不同的人力資源發展的國家與階段，其發展的基本因素，在於教育、訓練與人力的運用。其中人力的運用係指經教育與訓練體系，供應適質適量的人力。亦即國民充分就業，除了表示一個社會有足夠的工作機會可供國民選擇外，更顯示各項經濟資源已達到有效的分配與利用。而

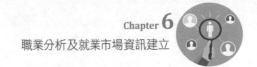
在就業市場運作過程中，就業服務除了能為勞動供需雙方做最適當的媒介，減少摩擦性失業外，更可促進各地區勞力調配，所以就業服務工作亦為達成人力資源發展目標的主要策略之一。其主要功能在蒐集與散布就業市場消息，使求職者有更多的選擇機會，使雇主選擇最適當的人選，節省求職者與求才者的時間與物力，並減少摩擦性失業及促進勞動力流動。因此，就業服務工作如能與職業訓練推動，及失業保險的辦理相互配合，則將可建立就業安全體系。

經由上述資料可知，人力資源發展是培植一個社會中所有人民的知識、技巧、工作能力和天賦才能的過程，並使社會、文化與經濟有質與量的改變，因此，人力政策規劃應配合政治、社會與經濟目標。而其基本因素在於教育，以提高人口素質，促使經濟發展、社會進步、政治安定。而為求人力有效運用，必須以系統分析進行人力規劃，及尊重個人「自由選擇」的權利與機會，以研訂人力資源發展策略，達到人力資源有效的運用（彭台臨，1989）。

第三節　就業市場資訊概念與分析

一、就業市場資訊定義

就業市場，一般常與勞動市場（labor market）相提並論，事實上，兩者涵義完全相同，只因「勞動」（labor）一詞在英文的意義，容易與「體力勞動者」（laborer）相混淆，故很多人就改稱其為「就業市場」。但就業市場觀念，在作理論分析時仍須應用勞動市場的字義來解釋。所謂「就業市場資訊」，係指就業市場動態及影響因素、勞動力特質和人力供需媒合過程紀錄等各種資訊而言。這類資料的蒐集，有助應用者判斷整體就業市場實際運作狀況，或消除因缺乏就業機會與勞動供給資訊，所造成

的摩擦性人力供需不平衡現象。因此，就業市場資訊的內容，應依需要資訊的對象不同而作不同的選擇。

對求職人而言，最關心就業機會、工作條件及事業發展等資訊；對求才者而言，最想瞭解當地就業市場的工資率、各職類人力的供應是否充裕，以及各企業或各行業間對勞力的競爭情況等資訊；對就業有關的行政主管與規劃人員而言，最想知道人力供需或其盈缺、失調原因的分析等資訊。針對各界不同的需要，以及各地區不同的特性，就業市場資訊的彙編，即應以滿足求職人、雇主或其他應用者的需要為導向。綜合言之，一般就業市場資訊應包括：人口結構資料、全國經濟變動情勢、地區性工商活動報導、教育統計資料、人力資源資料、職業訓練消息、求職求才消息、勞動條件資料、職業指導資料報導、技能檢定消息、新職類特徵報導、有關法令增修訂報導等資訊（曾碧淵，1998）。

二、就業市場資訊區域及種類

(一)就業市場區域

就業市場區域（area of employment market）的劃分，常因劃分依據的標準不同而不同。劃分區域所依據的標準，有的從地理因素上考量，有的從行政因素上考量，或者從經濟、社會、政治等因素上考量。就人力資源發展的觀點，可接受的定義，應是勞動者在不改變住所的情況下可改變工作的區域。上述看似簡單的區域定義，在規模上是可以改變的，其範圍可從住處的鄰近區域到全臺灣地區，甚至全世界。此外，就業市場區域的劃分，亦常隨勞動者具備的專業技能水準而定。對於具有專門技術的就業市場，其就業區域可大到全國；但對普通勞工或基層文書佐理人員，其就業市場將侷限在他們易於轉換工作的小區域內而已。至於對雇主而言，只要在工廠附近已無法找到定量的適當人力，就會逐漸將其就業市場區域擴大，甚至可擴及到全國各地或海外的地步。綜上分析，所謂就業市場區

域，係指一個有經濟活動或勞力需求集中的中心地區，以及勞動者可在不遷移住所而能轉換工作的周遭範圍而言（曾碧淵，1998）。

(二)就業市場資訊的種類

臺灣地區公立就業服務機構辦理就業市場資訊的蒐集、分析與發布工作，最早係於1968年1月由臺灣省政府在臺灣省高雄區就業輔導中心試辦就業市場實驗報告。此項實驗報告當時由前國際經濟合作發展委員會人力發展小組贊助，聘請國際勞工局人力專家史壯（Nils Strom）指導，由於效果良好，臺灣省政府遂決定推廣實施。惟開辦之初，因屬草創階段，制度尚未建立，有關報告編印方式經常更動求善。其間，以1977年7月實施的「民國67年度臺灣省各區國民就業輔導中心辦理就業市場資訊蒐集分析與發布方案」的改進最具意義，該方案將就業市場報告區分為快報、月報與特報三種，且規定各區中心每週至少發布一次快報，每月發布月報一次，每年發布特報兩次。及至職業訓練局成立，在各界要求統一作業程序下，於1994年完成《就業市場資訊作業基準手冊》（*Handbook for Employment Market Information*）一種。本手冊的編製，目的在奠立地區性就業市場資訊的發布制度，擴大報導範圍和內容，加強分析與發布工作，使能反映出短期就業市場的變動趨勢，及加速求職求才雙方的媒合，藉以加強就業市場運作機能，減少勞動者的失業，及充分利用就業機會。本手冊內容，除了陳述就業市場訊息的意義、特質、參閱對象、功能與內容，以及列舉資訊的數量分析方法之外，並明確列示三種就業市場報告的內容及格式範例，以作為業務人員作業的參據（曾碧淵，1998）。因此，目前之就業市場資訊種類有下述幾種：

◆ 《就業市場月報》（*Monthly Report of Employment Market*, R.O.C.）

係由公立就業服務機構定期編印的一種就業市場報告。其發布目的，在以詳實及深入的分析方式，對業務區就業市場變動狀況予以分析報

導，並提供雇主求才、求職者謀職，及有關單位作為人力規劃、職業訓練、就業服務、投資設廠的參考。月報的發布，以一個月為一期，全年共發布十二期，每月14日前對外發布上月份月報。月報的發布內容，不侷限於固定形式，完全視應用者的需要及地區特性自行決定編寫，但一般格式應涵蓋：文字分析，如一般情勢分析、勞動力、就業及失業變動分析、求職求才綜合分析、薪資、工時及求才空缺職類分析、職業訓練概況、就業諮詢及職業輔導概況等；統計附圖，如求職求才及安置就業人數變動、求職者未能安置就業原因、求才機會未能補實原因等；統計附表，如求職求才及安置就業概況、求職求才及安置就業按教育程度、年齡、職業分，就業後隨訪結果、求才空缺職類概況、已補實主要求才機會的薪資條件等。為充實月報內容，本報告亦常插編、轉載有關就業服務論著、工商活動消息、職業輔導資料、藝文、法令服務等資訊。

◆ 《就業市場快報》（*Quick Report of Employment Market*, R.O.C.）

　　係由公立就業服務機構編輯的一種就業市場報告。其發布目的，在適時蒐集就業有關消息，並以最迅捷的方式，利用海報形式、求才卡或報紙，提供下列各項訊息：

1. 事求人消息，如工作機會職稱、需要人數、求才有效期限、工作地點、僱用條件、待遇、工作性質等。
2. 人求事消息，如求職人具備條件、希望從事工作、希望工作地點、希望待遇等。
3. 代招代考消息。
4. 職業訓練消息。
5. 技能檢定消息。
6. 技能競賽消息。
7. 其他需快速發布的消息。

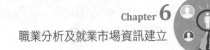
　　這類報導的發布對象，包括傳播媒體、機關學校、公益團體、村里辦公室、廠商及其他公共場所，使需要此類資訊者能即時獲得，以爭取時效。為達目的，這類報導的標題務求醒目，報告形式、內容及編排方式均應力求活潑生動，不必侷限定規，發布次數以每週不得少於一次為原則，張貼的位置、寄送對象的選擇及報導內容的時效，均須特別注意。

◆《就業市場季報》（*Quarterly Report of Employment Market*, R.O.C.）

　　係由行政院經建會人力規劃處編印，按季及年別出刊，內容分四大單元，第一單元為一般經濟狀況，就景氣動向、工業生產、對外貿易及物價來分析經濟情勢。第二單元為就業市場變動情勢，就勞動力、就業、失業、勞動力參與率等人力指標的變動情況進行分析報導，以瞭解就業市場狀況。第三單元為求職與求才綜合分析，就各公立就業服務機構的求職求才登記及安置就業統計資料，來分析勞力供需狀況。第四單元為受僱員工薪資、工時與進退變動分析，係就主計處發表的各業受僱員工調查結果，剖析各主要行業受僱員工薪資、生產、單位勞動成本、工作時數與進退的變動狀況。此季報均按期分送各學術機構及有關機關參考（謝志銘，1998）。

◆《就業市場特報》（*Special Report of Employment Market*）

　　係由公立就業服務機構編印的一種就業市場報告，其內容主要在報導就業市場專題性研究或探討突發性就業問題。由各公立就業服務機構針對就業情勢需要，選定主題（如某行業人力需求狀況），利用抽樣調查方式，蒐集業務區內與主題有關的資訊，再輔以可用的相關資料，作綜合性深入分析，並編印成報告發布之，供作有關機關辦理人力規劃、就業服務、職業訓練，或瞭解各行業勞力供需狀況的參考。特報的發布，以每年發布二期為原則。

　　特報研究主題的選定方式，在臺灣省，第一期主題由省政府勞工處統一規定，第二期主題則由編印單位視業務區的特性自行選定。臺北市及

高雄市則二期主題均由編印單位自行選定。特報資料的蒐集，係採通信或派員訪問調查方式為之，因此須先編造母體名冊，擬妥調查問卷，選定抽樣方法。特報的發布內容，依研究主題不同而有分別，但其格式應涵蓋一般概況及重要發現分析與統計附表。為充實特報內容，編印單位常增加有關教育統計、勞動條件、新職類特徵或地區報紙求才廣告統計等資料。

三、就業市場資訊相關專有名詞

(一)勞動力（labor force）

根據國際勞工組織（International Labor Organization）對勞動力所下的定義，通常以國民完成義務教育的年齡為最低年齡，在此年齡以上者稱為工作年齡人口。我國工作年齡人口是以15歲為準，將總人口分為未滿15歲人口和15歲以上人口。勞動力係指在資料標準週內，年滿15歲具有工作能力及工作意願，正在工作或正在找工作的人口，包括就業者及失業者。勞動力可分為具有現役軍人身分的武裝勞動力及不具軍人身分的民間勞動力。我國勞動力調查（現稱人力資源調查），係以統計民間勞動力為主。勞動力與人口學所稱的經濟活動人口為同義詞，而狹義的勞動力概指民間勞動力而言（王白鶴，1998）。

(二)勞動力參與率（labor force participation rate）

係指勞動力占15歲以上人口的比率。其計算公式為：勞動力／15歲以上人口×100，在我國臺灣地區是指狹義的勞動力參與率，即15歲以上，扣除監管人口及武裝勞動力的人口，勞動力參與率為測度經濟景氣的重要人力指標之一。就我國臺灣地區情勢而言，其顯著性尤勝於失業率，當經濟繁榮時，勞動力增加的速度會大於15歲以上人口增加的速度，此時勞動力參與率即呈上升；而當經濟停滯或衰退時，勞動力增加不

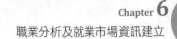
及工作年齡人口的增加，勞動力參與率即呈下降。為進一步瞭解人力資源的運用情形，尚可根據勞動力的各項表徵，計算各種不同特性的勞動力參與率，如年齡組別、性別、教育程度別等的參與率（王白鶴，1998）。

(三)勞動市場分析（labor market analysis）

係指針對勞動市場的各項人力重要指標，如勞動供給、勞動需求、工資、生產力等的變動進行探討分析，藉以瞭解勞動市場人力供需情形。通常勞動市場分析包括下列各項工作範圍（劉玉蘭，1998）：

1.工作年齡人口及勞動力的變動分析。
2.就業結構變動的分析。
3.失業情勢的分析。
4.工作時間變動的分析。
5.工資與生產力變動的分析。
6.受僱員工異動的分析。

(四)求才利用率（rate of effective job opening filled）

係指推介就業人數除以求才人數的比率。因受調查技術限制，整體就業市場的總推介就業人數和總求才人數推算不易，因此，一般係利用公立就業服務機構的業務統計，就其中的成功推介就業人數占求才登記人數的百分比，來計算求才利用率。基本上，求才利用率是反映就業市場中求才機會被利用的程度；求才利用率愈高表示求才機會被利用的程度愈高。當就業市場呈繁榮局面時，並不表示求才利用程度即會提高，有時反而會下降，此乃因就業機會雖大增，若推介就業人未相對增加，則求才利用率反而會下降。可見，求才利用率的高低並無法反映出就業市場的榮枯。若資料充分，亦可分別求算按性別、年齡、教育程度和職業等類別的求才利用率，而不同類別求才利用率的高低，恰反映該類別求才條件的優

劣。以職業別為例，凡勞動條件較優的職類，即較容易被遞補，其求才利用率即較高；反之，亦然。求才利用率亦可作為公立就業服務單位的效率指標之一（曾碧淵，1998）。

(五)求供倍數（ratio of openings to applicants）

係指求才人數除以求職人數的比值。因受調查技術限制，整體就業市場的總求才人數和總求職人數推算不易，因此，一般係利用公立就業服務機構業務統計的求才登記人數和求職登記人數來計算。求供倍數是反映就業市場榮枯的重要指標之一，依其計算過程來看，當求供倍數等於1，即表示當時就業市場的勞力供需處於平衡狀態，平均每一位求職人恰有一個工作機會供其運用；當求供倍數大於1，表示就業市場的勞力需求大於勞力供給，且比值愈大，就業市場的需求即愈超過供給，亦即就業市場對人力需求愈殷切，而勞力不足現象亦愈明顯；反之，當求供倍數小於1，不但表示勞力供給超過勞力需求，其比值愈小，就業市場勞力供給超過勞力需求愈多，就業市場對人力需求愈有限，勞力過剩現象亦趨明顯。基本上，求供倍數的大小和失業率的高低，呈反向關係，當求供倍數愈大，失業率即愈低；反之，求供倍數愈小，失業率愈高。因此，求供倍數和失業率均為反映總體經濟指標之一。如資料充分，可分別求算性別、年齡、教育程度和職業等不同類別的求供倍數，以瞭解各不同特徵的勞力供需狀況（曾碧淵，1998）。

(六)求職、求才有效人數（the register-effective No. of applicants & openings）

係指各就服機構當月新登記求職人數（求才人數）外，尚包括有效期限內已辦理登記而尚未介紹就業或尚未填補之求才空缺，其延至本月仍須予以保留。求職（求才）登記有效期限訂為二個月（含當月在內），其計算方式：一般職業介紹的求職、求才人數於本月新登記者，無論有無約

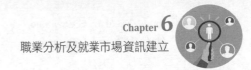

定均列入本月有效人數；一般職業介紹求職、求才人數於上月登記，其於有效期間（或約定期限）內尚未推介就業者均列入本月有效人數。亦即有效期間已推介就業、自行就業與不再求職，已介紹補實與自行招僱，及另有約定期限，期滿者均予減除，其餘方列為本月有效人數；代招代考的報名人數與求才人數於錄用月份列為新登記及有效求職、求才人數，未錄用或未補實者不得列為次月有效人數（周丁安、劉炯鈴，1998）。

(七)求職、求才新登記人數（the register-new No. of applicants & openings）

係指就業服務機構在當月內辦理求職、求才新登記的合計人數。代招代考係配合錄用月份，求職人數係按合格報名人數計算，求才人數則按委託錄用人數計算（周丁安、劉炯鈴，1998）。

(八)求才登記（job openings registering）

係指僱用勞工的雇主，向就服機構申請登記求才手續，填妥求才登記表而言。但其登記內容有違法令或善良風俗習慣者，得拒絕其求才。外商或國外華僑委託求才招募出國，應先經有關機關核准後始受理其登記。又求才雇主所填有關勞動者的工作內容、工時、工資或其他勞動條件不夠明確時，應以電話或派員聯繫補正。經受理的求才登記，依作業規定及程序予以處理。求才雇主申請求才登記，以親自或派熟悉用人事務的人員前來就業服務機構辦理為原則。但偏遠地區或由於其他原因，不克親自或派員前來登記者，得以通信或電話方式為之，並由工作人員代填求才登記表，並據以處理（黃育燦，1982）。

(九)受僱者（paid employees）

就業者的從業身分可依受僱者與否先分為受僱者與自僱者兩大類。受僱者係指就業者受僱於雇主，按時、按日、按週或按月領取薪金、工資

或其他實物報酬者而言。受僱者可分為受政府僱用及受私人僱用二類。受政府僱用者，係指受僱於本國各級政府機關、公立學校、公營事業、公立醫院等的就業者，包括由選舉產生的公職人員及現役軍人等而言。受私人僱用者，係指受僱於民間事業單位、民間團體、私立學校、私立醫院、外國機關團體或私人家庭等的就業者而言。在經濟發展過程中，受僱者在總就業中所占比例將不斷成長，而自僱者所占比例則逐漸式微（王白鶴，1998）。

(十)季節調整（seasonal adjustment）

依時間發生先後順序排列的一群性質相同的統計資料，稱之為時間數列（time series）。影響時間數列變動的成分，主要有四個：長期趨勢、季節變動、循環變動和不規則變動。其中季節變動為時間數列所有週期變動中最主要的一種，其變動幅度可由月資料或季資料求得，週期恰為一年。季節變動的發生原因有二：一為自然的原因，即來自四季氣候的變化或地理位置的不同；另一為社會的原因，即來自風俗習慣、制度和節慶的不同。因此凡受氣候及地理影響或風俗習慣之有時間性變動者，大都有或大或小的季節變動。在分析一個月或季的時間數列之前，須先辨別該現象有無季節變動，確定後才求其季節指數（seasonal index）。辨別的方法為圖解法，即將實際資料繪成時間數列曲線圖，如能看出每年某季或某月皆有上升或下降的情況，則可斷定有季節變動，接著即可依歷年各月或季資料求季節指數。求季節指數方法一般有二：移動平均比例法和月（季）別平均法。其中後者計算過程較簡單，惟前者結果卻較精確。有季節指數後，即可利用其對原時間數列實施季節調整，其主要作用在消除季節變動對時間數列的影響。例如，假設某一教育程度勞動力在某季的失業人數有25,000人，且若已知該季的季節指數為125，則該季節調整後（即25,000÷1.25＝20,000），得知在不受季節變動影響下，該教育程度勞動力在該季的失業人數應僅有二萬人（曾碧淵，1998）。

(十一)怯志人力（discouraged workers）

　　係指具有工作能力者由於缺乏自信心，認為在就業市場找工作不易而未進入就業市場覓職者。一般而言，在經濟景氣良好時，就業機會增加，會使求職者信心增加，因此怯志人力隨之減少。反之，就業機會減少時，怯志人力亦將隨之增加。此外，就業市場資訊的暢通，可有助於提升怯志人力的求職信心而投入就業市場，減少怯志人力的人數。各國通常以非勞動力中屬於「想工作而未找工作者」的人數代表怯志人力的統計數據（劉玉蘭，1998）。

(十二)非勞動力──勞動力以外人口（non-labor force-population outside labor force）

　　我國臺灣地區人力資源統計係針對滿15歲以上的民間人口（扣除軍人及被監管人口）進行調查，再根據調查標準週的主要活動，認定受查者為勞動力或非勞動力。凡非勞動力係包括兩部分：一部分為因衰老或身心有缺陷，而永遠失去工作能力者；另一部分為有工作能力，而無工作意願或暫時不能工作者，或因長期找不到工作失去信心而未繼續找工作者，包括在學或準備升學者，料理家務者或因其他原因而未找工作者。前者常因平均壽命延長而人數與日俱增；後者人數雖與人口的自然增加及國民接受教育的延長有關；但亦受就業市場情勢變動的影響。當就業市場對勞力需求殷切時，即會吸收一部分邊際人力參與就業行列，而減少非勞動力人數；反之，非勞動力則會增加（王白鶴，1998）。

(十三)求職推介就業率（rate of effective applicants placed）

　　係指推介就業人數除以求職人數的比率。因受調查技術限制，整體就業市場的總推介就業人數和總求職數推算不易，因此，一般係利用公立就業服務機構的業務統計，就其中的成功推介就業人數占求職登記人數

的百分比，來計算求職就業率。基本上，求職就業率是反映就業市場之求職人中被成功推介的比率，其高低與就業市場的榮枯並無絕對關係，反而與求職者具備的條件優劣有關，當求職者條件愈佳，被成功推介就業的機會即愈高，但就業服務機構是否盡力推介，亦會影響求職就業率的高低，因此，推介就業率亦可作為公立就業服務單位的效率指標之一。若資料充分，亦可分別求算按性別、年齡、教育程度和職業等類別的求職就業率，而不同類別推介就業率的高低，除了受該類別求才機會多寡的影響，亦與該類別求職人素質好壞有密切關係（曾碧淵，1998）。

 ## 第四節　就業市場資訊網站之實施分析

一、建立就業市場資訊網站的意義

面對網際網路應用日漸普及的世界潮流，臺灣亦迎接網路化社會，以奠定知識發展基礎。目前正積極透過Web Service建構知識運籌平臺，建構網際網路就業服務資訊系統，積極強化全球資訊網際網路就業資訊系統，整合國內求職求才系統及個案管理系統資料交換平臺，提供民眾便利網路查詢就業機會、回復系統、職業訓練及勞工保險等即時資訊，並開放網路線上登錄、媒合、發行電子報功能，增加民眾尋找工作之機會，以加速求才求職媒合，達成就業媒合資訊化。因此，就業服務電腦化作業（computerized operation for employment service）於焉而生。就業服務的主要目的，在為求職者找到適當的工作，為求才者找到適當的人才。近年來由於科技的發達、社會的變遷，工作分工愈加細密，職業的種類日益增多，工作世界因而亦日趨複雜；而個人的潛在能力、興趣偏好、職業適應能力與個人職業的選擇、適應有密切的關係，為使求職求才雙方媒合成功，須先使雙方皆能瞭解就業市場狀況，包括地區勞動供給與工資水準分

析，並須為雇主提供有關人事事務諮商服務、辦理員工甄選事宜，為求職者提供諮詢與生計發展輔導。

凡此種種，皆需要投入大量人力，及蒐集大量最新、精確且完整的資料，並將這些資料及工具作有效運用，然後將這些資料深入分析，供決策者研訂政策的參考。因此各工業先進國家皆先將求職求才資料輸入電腦，辦理職業媒合及交換，然後利用電腦提供職業資料，辦理職業輔導，實施測驗及閱卷，進行種種統計分析。目前臺灣地區大多數就業服務機構已設置電腦設備，辦理職業媒合及交換、職業心理測驗閱卷與統計分析工作。為適應未來業務發展需要，就業服務應朝各項作業電腦化目標邁進。

因此，就業服務電腦連線作業（network of the computerized operation in employment service）是現代化就業服務工作所必須具備的基本作業系統。所以，就業服務電腦連線作業主要功能，包括：

1.建立區域性或全國性就業資訊網，擴大人力供需媒合範圍，以提高就業機會利用率及推介就業率。

2.以電腦線上及批次媒合功能，縮短媒合時間。

3.加強人力清結功能，提高服務品質，以增進國民對公立就業服務機構的利用率。

4.避免求職、求才重複登記，使統計資料更能反應就業市場狀況。

5.以電腦從事就業服務統計，節省人力及時間。

6.促進區域人力交流，平衡其供需。

7.提供完整、迅速、正確的就業市場資訊，供作規劃職業訓練及雇主職位重組的參據。

為配合失業保險需要，加強推介失業給付申領者就業，日本於1960年代初期，成立就業市場資訊中心；美國也在1969年接受尼克森總統經濟及內政顧問（Economic and Domestic Counselor）Dr. Arthur Burns的建議，成立職業銀行（job bank）。在臺灣地區，臺灣省、高雄市、臺北市分別

於1982年、1983年及1988年，進行省、市各轄區內就業服務連線作業，行政院勞工委員會職業訓練局於1981年3月2日成立後，為協助省市政府推動就業服務電腦作業，並規劃全臺灣地區作業網路，於1984年3月成立「就業服務電腦作業評鑑小組」（後來改為「就業服務電腦作業指導小組」），對省、市政府各國民就業輔導機構現行作業進行訪問瞭解。

自此以後，省市就業服務電腦作業，由省市政府各自規劃推動。惟為奠定日後連線基礎，職業訓練局曾邀請青輔會及省市政府代表成立「就業服務電腦作業軟體系統統一規範研訂小組」，編製「就業服務電腦作業系統規範」，作為各相關單位設計運用系統及作業系統的依據。

行政院勞工委員會於1987年成立後，該會資訊中心積極規劃各區就業中心求才、求職資料交換事宜，於1993年以P-mail方式進行交換，為配合失業給付之實施，於1998年初改以E-mail方式交換，改進交換時效。近年來網際網路的盛行，亦促使就業服務工作必須朝向線上登錄與線上媒合之服務趨勢，因而於2002年積極進行委外研發事宜，並於同年6月3日正式將政府設立之就業服務e-job網站開站，開始整個全國性就業服務網際網路電腦化新紀元，及於2014年更名為臺灣就業通網站。

二、我國現行的就業服務網站概況

我國現行的就業服務網站除前述公設網站外，民營就業服務網站甚多，所提供的服務內涵亦因經營宗旨不同，而提供多元化不同層面的服務，較為耳熟能詳常使用者包括：

1.104人力網站，網址：www.104.com.tw。

2.1111人力銀行，網址：www.1111.com.tw。

3.聯合報系成立的就業服務網站，網址：www.udnjob.com.tw。

4.就業情報資訊股份有限公司成立的就業情報網站，網址：www.career.com.tw。

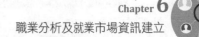

5.由中國時報系成立的中時人力萬象網站，網址：www.ctcareer.com.
　tw。

6.泛亞人力網站，網址：www.9999.com.tw。

7.518人力網站，網址：www.518.com.tw。

8.Yes123人力網站，網址：www.Yes123.com.tw。

9.其他人力網站。

　　前述各人力網站的共同特色即是聘用許多專業人力，以服務雇主收取費用之獵人頭營利事業公司，並藉由所爭取到的工作機會鍵入所屬之網站求才端，提供網路求職者線上查詢與線上登錄媒合服務，以及提供多樣化的就業相關資訊，例如求職魔法書或教戰手冊、網路命理與量身訂製之適合工作資訊、面試安全守則、職場關係、工作倫理、職訓與進修學習、區域行業薪資情形及相關HOT議題專區與Banner凸顯吸引網路族等相關資訊，供求職者參考做決定。另渠等亦可依據「就業服務法」第三十四條規定，申請成立私立就業服務機構，從事國內或國際性人力仲介業務，並得依據所提供之服務項目收費標準向求才雇主與求職者收取費用。

　　而相較於民營就業服務網站最大的不同點，乃是由政府所成立之就業服務網站，依「就業服務法」第十三條規定，所提供之求才與求職等就業服務工作，以免費為原則，及積極宣導「求職防騙」之徵才騙術手法案例，提供求職網路族當心注意，而且以資源共享為目標，期望能夠為求職民眾提供更多且廣的就業機會與就業服務相關訊息，以利民眾能獲得「新、速、實、簡」訊息之滿足，始能儘速找到工作，適性就業，求才雇主能夠迅速找到所需之人才，達到人力供需平衡之目標。目前除了中央政府積極推動虛擬線上就業媒合與各項專案政策措施訊息與線上學習（E-learning）等服務外，各地方政府亦積極推動本項工作，提供區域性之網際網路就業網站，促使我國就業服務工作邁向新紀元，例如臺北市政府

勞動局之OKWORK臺北人力銀行網站等。後來更結合資訊科技與客服功能成立就業服務科技客服中心，提供24小時全年無休網站及客服就業服務工作。

三、勞動部勞動力發展署委外經營維運之「就業服務網站」

(一)基本立場與原則

普遍性、公平性、公開性立場與原則。

1. 全球資訊網路技術快速進展，網路服務已蔚為風尚，成為重要的傳播媒體，為因應時代潮流，提升就業服務績效，以透過網際網路方式辦理民眾求職求才業務，實為大勢所趨、勢在必行。
2. 善用電腦網路資源，積極架構網際網路就業服務，共同解決失業問題，成為公部門必須積極努力方向。
3. 政府基於網路尋職服務使用之普遍性、公開性，提供國人免費、公平、公正之網路尋職服務，促使全國各公立就服中心開發之就業機會可以迅速被求職者尋獲，有效提供民眾瞭解各地就業市場概況與工作機會。

(二)市場區隔立場與原則

1. 世界各國政府皆有計畫辦理就業服務全國性資料庫，並連上網際網路供民眾使用（如美國之美國職業銀行），主要目的係鼓勵地方政府創新就業服務工作，提供全國勞工一個隨處可得的就業資訊服務。
2. 民間人力銀行電子商務的產品架構在企業端，對企業提供豐富完整人才招募之推廣業務，依其需求提供不同價格獵才計畫。因此，其主要收入來源為求才廠商或廣告費，而該會之「就業服務網站」業

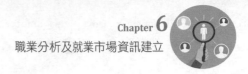
務則完全不同，係基於就業服務市場以服務為導向，對企業端或求職者皆提供平等之公平就業資源及資訊。

(三)合作、競爭之整合性就業服務網絡機制立場與原則

1.合作：由於民間人力資源網站已漸有成效，成為國人就業管道運用之一，該會爰研究與民間資源網站合作，搭配本局研發之就業服務資訊系統，以積極推動民間資源與針對各特定對象及有就業能力與意願，而就業市場尚未有適合就業機會，可資媒合之對象，進行就業媒合，如此相信對政府就業服務行政績效與國民就業管道，可有相輔相成、相得益彰成效。

2.競爭：結合民間資源設立就業服務據點，補助民間單位試辦「配合辦理求職求才登記及推介就業事項」、「就業資訊查詢」及「就業機會之開拓」等業務項目，提供全面性就業資訊服務場所，以提升公私部門就業服務之質與量績效。

(四)委外經營維運之「就業服務網站」特色

該會為提供求才雇主與求職民眾更多元、方便、新速實簡及安全之就業服務管道，特地規劃就現有之就業服務網站，進一步整合與更新原有之作業系統，邁向多元選擇的e-job新紀元，以達政府e化電子公務目標，其主要特色如下：

1.e-job就業服務網站是整合更新而非新設網站，不僅可使政府公務電子化、效率化，亦可整合更新現有資源網絡，使之更適合全民共享。

2.符合國際潮流趨勢，與世界各國設有政府網站國家同步為民服務，包括美、英、澳、韓國等世界各國，都將之視為重要政府業務。

3.經費遠低於一般高額費用說法，委外開發「網際網路就業服務資訊

系統」，乃根據政府採購法公開評選，由學者專家組成評選委員會，完成初、複評作業，決標總金額初期約五千萬多元，得標廠商須提供系統軟、硬體及三年免費保固服務，近年更結合科技客服功能提高經費與多元化服務。

4.提供民眾更方便的服務，更新將整合網路與櫃檯的就業服務作業，以配合就業保險法實施後，職業訓練、失業保險與就業諮詢之三合一服務，並且加裝轉介其他社會、心理與輔導機構等支持系統之功能，將就業保險法之功能與目標，結合實體的公立就業服務機構與虛擬的網際服務中心全方位展現服務，達到無遠弗屆之在地化與便利性及親近性，誠如俗云「秀才不出門，能知天下事」。

5.與民間網站合作提供多種選擇，進行合作互補相關事項。民間網站與政府網站各具特色，前者與中大型企業密切聯繫，後者對失業者與弱勢族群特殊關懷，如能分工合作，建立政府與民間之夥伴關係，資訊互享共用，必能提供民眾更多的選擇，這也正是該會整合更新就業務網站的目標。

因此，實現公部門與民間網路資訊互享共用之策略聯盟，使資源運用獲得加乘效果，共創國家社會利益，將是政府就業服務網站應努力的方向與目標。

問題與討論

一、請任舉職業分析的對象、內容、方法、流程、運用（用途）。

二、請各任舉公立與私立的提供就業市場資訊的網站名稱。

三、請任舉職業應具備的條件、職業分類原則、種類。

四、請任舉人力資源發展的目的。

五、請任舉就業市場資訊分析常用的統計專有名詞。

延伸閱讀討論議題

公私立人力銀行網站的特色、異同及優缺點與發展趨勢議題。

Chapter

7

外來勞工管理及就業安定基金

第一節　外來勞工管理政策

　　大體上，當前規範外來勞工就業的法令規定包括「就業服務法」暨其子法、「外國人停留居留及永久居留辦法」、「外國護照簽證條例」及「臺灣地區與大陸地區人民關係條例」等。而為達到外來勞工入出境與居停留管理一元化的目的，民國88年5月21日公布實施的「入出國及移民法」之重要性不容忽視。因此，針對「外國人停留居留及永久居留辦法」及「外國護照簽證條例」等法令規定係一重要依據，內政部入出國及移民署是掌理入出國管理及移民國籍行政事務的機構，其主要具體的任務與職掌如下述。

1.入出國管理政策、制度的釐定與執行。

2.移民政策、制度的釐定與執行。

3.國籍政策、制度的釐定與執行。

4.入出國證照查驗及許可。

5.停留、居留與定居事項管理。

6.違反入出國及移民法規的處理。

7.偽造、變造入出國證照的鑑識及偵查處理。

8.人民入出國境安全及移民資料的蒐集、事證調查。

9.入出國及移民事務的資訊規劃、管理。

10.促進與各國入出國管理及移民機關的合作聯繫。

11.入出國及移民法規的擬定、編纂、宣導。

12.和其他有關入出國管理及移民事務的規劃、執行。

　　總體而論，入出國暨移民署的設置，係將以往分別由警政署、僑務委員會和內政部戶政司所主管的入出國管理、證照查驗、外僑管理、移民及國籍行政等業務加以統籌，以達事權統一的目的（成之約，1998）。以下謹就相關議題進行說明。

一、外來勞工界定及相關事項

所謂外來勞工除依據「臺灣地區與大陸地區人民關係條例」規定來臺拘留工作之大陸人士外，其餘所謂外籍勞工（foreign workers）係指依據「就業服務法」第五章「外國人之聘僱與管理」規定，由雇主聘僱外國人在中華民國境內從事工作之十一類人員，包括：

1. 專門性或技術性之工作。
2. 華僑或外國人經政府核准投資或設立事業之主管。
3. 公立或經立案之私立大專以上校院或外國僑民學校之教師，及公私立高中以下或實驗高中等語言學校之教師。
4. 依補習教育法立案之短期補習班之專任外國語文教師。
5. 運動教練及運動員。
6. 宗教、藝術及演藝工作。
7. 商船等船員。
8. 海洋漁撈工作。
9. 家庭幫傭。
10. 為因應國家重要建設工程或經濟社會發展需要，經中央主管機關指定之工作。
11. 其他因工作性質特殊，國內缺乏該項人才，在業務上確有聘僱外國人從事工作之必要，經中央主管機關專案核定者等。

而其相對名詞即是非法外勞（illegal foreign workers），依據「就業服務法」規定：「外國人未經雇主申請許可，不得在中華民國境內工作」。但一般所指之非法外籍勞工大部分指非法打工、逾期居留及非法轉換雇主。非法外籍勞工的人數當中，又以來自菲、馬、印、泰四國從事家庭幫傭、重大工程及相關行業勞工人數最多。非法外籍勞工身分特殊，非法工作期間不能接受法令保護，勞動條件惡劣，時有不人道待遇發生，且

非法居留，其在臺動態不易掌握，可能為國內治安、經濟、衛生帶來某種程度的影響（陳信木，1998）。

因此，依據「就業服務法」針對非法雇主（illegal employers）之定義，雇主不得有下列行為：

1.聘僱或留用非經許可或許可失效之外國人。
2.以本人名義聘僱外國人為他人工作。
3.未經許可聘僱或留用他人所申請之外國人。
4.指派所聘僱之外國人從事申請許可以外之工作。

故非法雇主大部分指的是未依「就業服務法」規定而聘僱外國人從事工作之雇主。非法外勞之產生原因在於非法雇主加以僱用，故欲杜絕非法外籍勞工應先減少非法雇主。目前對非法雇主之罰則可以處以徒刑、拘役、科或併科罰金處罰。

二、主管機關及政策相關議題

(一)主要外籍勞工政策

依據現行「就業服務法」第一章「總則」第六條規定，外籍勞工業務主管機關（The Competent Authority Affairs on Foreign Worker）依本法所稱之「主管機關」，在中央為勞動部，在直轄市為直轄市政府，在縣（市）為縣（市）政府。因此，勞動部根據國內社經發展及就業市場情勢，而採取限業限量的開放引進外籍勞工。所謂限業限量（limited to specific industries and with a limited number）係指根據國內社經發展需要，而採取限業限量的開放引進外籍勞工，主要是協助業者在進行產業升級過程中，解決勞工不足的暫時性措施，而不是利用其來改變或降低國內勞動條件。因此，自民國78年10月正式開放以來，先後開放國家重大建設工程營建工、部分製造業、營造業工人、監護工、家庭幫傭，及漁船船員等工

作，可申請引進外籍勞工，詳情如下（林顯宗，1998）：

1.國家重大建設工程營建工：於民國78年9月開放十四項重要建設工程得標業者可提出申請，嗣後又於民國81年8月准許六年國建等政府重大公共工程得標業者，得比照上開規定提出申請。

2.部分製造業、營造業工人：民國80年9月鑑於紡織業、營造業、金屬基本工業、金屬製品製造業、機械設備製造修配業、電力及電子機械器具製造修配業等六行業，因人力嚴重缺乏，遂允許六行業中十五項辛勞艱苦工作，得申請引進外勞。

3.民國81年9月26日增加開放受理申請六十八種行業，引進三萬二千名外籍勞工。

4.民國82年1月12日起除前述六十八種行業外，增列船舶及其零件製造修配業、化學製品製造業、製傘業、食品加工業、化學材料製造業等五種行業，開放受理申請七十三種外籍勞工的引進。

5.民國82年5月增加開放受理申請陶瓷、石材、水泥、棉紗、染整及鋼鐵沖剪等六種行業外籍勞工的引進。

6.民國82年8月6日公告七十三種行業中有新設廠或擴充設備，其金額達新臺幣三千萬元以上之事業單位，得專案申請外籍勞工的引進。

7.民國83年8月受理嚴重缺工、工作較辛苦、骯髒、危險、國人就業意願較低，但對產業發展仍具重要性之行業；以及經濟部加工出口區、科學工業園區等特區內事業單位，得申請外籍勞工的聘僱。

8.民國82年1月1日公告凡重大投資金額達到新臺幣二億元以上，且為經濟部列管者，得專案申請外籍勞工的引進。

9.民國84年再次受理工作性質較辛苦、骯髒、危險，國人就業意願較低，且嚴重缺工之織布、毛衣編織、電鍍、塗料、模具、織襪、石材製品製造業等七行業，申請外籍勞工的聘僱。

10.監護工：於民國81年4月23日開放家庭聘僱外籍家庭監護工，嗣於

同年8月20日開放養護機構聘僱外籍監護工。

11. 家庭幫傭：於民國81年8月17日、民國82年1月、民國84年11月分別開放外籍家庭幫傭之引進。

12. 漁船船員：於民國81年8月20日開放漁船船主得聘僱外籍漁船船員。

(二)中央主管機關主要外籍勞工政策之考量

中央主管機關主要外籍勞工政策（foreign worker policy）的考量有四項，詳情如下（林顯宗，1998）：

1. 保護國人的就業權益：即外籍勞工的引進是補充性，而非替代性，且不得因此降低國內的勞動條件，以保障國內勞工的工作機會和權益。

2. 防範外籍勞工成為變相的移民：即在外籍勞工的引進和管理上，特別注意防患外籍勞工滯留不歸，成為變相的移民，且予以工作期間的限制。

3. 避免外籍勞工造成社會的問題：即在外籍勞工的引進和管理上，政府不僅要對引進的數量做合理的管制，在質的方面，也規定外籍勞工來臺工作，必須有其本國政府出具的「行為良好證明」，及我國所指定醫院之健康檢查合格證明。

4. 不得妨礙我國產業升級與經濟發展：即在外籍勞工的引進和管理上，採取選擇性開放，並規定引進外籍勞工的產業，仍須致力於完成產業自動化，使不致於阻礙或延緩我們的產業升級及健全的發展。

(三)中央主管機關為有效管理外勞事務，設置管理機制

中央主管機關為有效管理外勞事務，進而設置管理機制，包括：

◆**外籍勞工政策評估小組**（Foreign Worker Policy Evaluation Committee）

　　設置的目的係為評估各行職業的勞動供需狀況，以建立公信、公正合理的外籍勞工政策。進一步而論，外籍勞工政策評估小組具體的任務有以下六項：

　　1.對勞動市場供需狀況進行評估。

　　2.在外籍勞工引進後，就外籍勞工對國內社會、經濟、衛生及治安所造成的影響進行評估。

　　3.對外籍勞工引進的數額進行評估。

　　4.對各行業得聘僱外籍勞工的比例或數額進行評估。

　　5.對雇主申請聘僱外籍勞工的資格及條件進行審議。

　　6.研議其他有關外籍勞工政策的事項。

◆**外籍勞工動態通報網路管理系統**（Foreign Worker Status Management System）

　　完成與直轄市、縣市政府勞工主管機關間的電腦網路連線系統。

◆**外籍勞工業務協調會報**（Foreign Worker Affairs Coordination Meeting）

　　為有效落實外籍勞工引進之政策，加強對外籍勞工之輔導、管理，及對非法外籍勞工之取締等事項，設立「外籍勞工業務協調會報」，主要任務有五項：

　　1.關於外籍勞工引進政策之協調事項。

　　2.關於外籍勞工管理輔導之協調事項。

　　3.關於非法外籍勞工之取締協調事項。

　　4.關於外籍勞工仲介機構管理輔導之協調事項。

　　5.其他有關外籍勞工業務之協調事項。

◆外籍勞工諮詢服務中心（Foreign Worker Counseling and Service Center）

成立之目的主要是服務來臺工作之外籍勞工，提供外籍勞工相關的工作訊息，並提供外籍勞工在工作時諸如對勞動條件、法令等相關之諮詢服務。其服務項目如下：

1.生活資訊提供及宣導。
2.提供外籍勞工心理方面的諮商及幫助。
3.對外籍勞工提供法律及稅務方面的服務。
4.協助勞資爭議的處理（例如雇主惡意關廠時的協助）。
5.協助辦理自動離境手續。

(四)為有效進行外勞引進作業與管理事宜之相關作法與理念

總之，中央主管機關為有效進行外勞引進作業與管理事宜，而採取下列相關作法與理念：

◆勞動契約（僱傭契約）（Working Contract [Employment Contract]）

依「勞動基準法施行細則」規定，勞動契約事項應包含如下：

1.工作場所及應從事之工作等有關事項。
2.工作時間、休息、休假時間等有關事項。
3.工資之議定、調整計算及給付方式等有關事項。
4.有關勞動契約之訂定、終止及退休有關事項。
5.資遣費、退休金及其他津貼、獎金有關事項。
6.勞工應負擔之膳宿費、工作用具費有關事項。
7.安全衛生有關事項。
8.勞工教育、訓練有關事項。
9.福利有關事項。
10.災害補償及一般傷病補助有關事項。

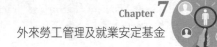

11.應遵守之紀律有關事項。

12.獎懲有關事項。

13.其他勞資權利義務有關事項。

◆遞補（不續約遞補）（replacement）

外籍勞工工作期滿不續約者，雇主可以就該不續約名額申請不續約遞補。

◆強制收容（compulsory custody）

根據「入出國及移民法」規定，外國人有下列情形之一者，政府主管機關得予以強制收容：

1.受驅逐出國處分尚未辦妥出國手續者。

2.非法入國或逾期停留、居留者。

3.因民事、刑事訴訟案件尚未終結，無力維持生活者。

4.受外國政府通緝者。

5.其他在事實上認有暫予保護之必要者。

◆驅逐出境（deportation）

根據「入出國及移民法」規定，外國人有下列情形之一者，將遭致強制驅逐出境的處分：

1.未經查驗入國者。

2.入國後，發現有禁止入國情形之一者。

3.未經許可臨時入國者；未遵守所限定之停留期間、地區或附加條件者；未隨同原搭乘之航空器、船舶或其他運輸工具出國者。

4.擅離過夜住宿之處所入國者。

5.從事與居留申請停留、居留目的不符之活動者。

6.違反限制住居所、活動或賦予應行遵守之事項者。

7.於停留或居留期限屆滿前，未申請停留、居留延期者。

8.經撤銷或註銷外僑居留證者。

9.經撤銷或註銷外僑永久居留證者。

◆ **變更雇主（公司）**（change of employer [Company]）

依「就業服務法」規定：「外國人受聘僱從事工作，在聘僱許可有效期間內，如需轉換雇主或工作，應事先由新雇主與原雇主共同申請許可。」

三、聘僱許可及管理相關法令

外國人之聘僱與管理（employment and management of foreign nationals）所稱之「外國人」係依狹義觀點定義，僅指依據「就業服務法」第五章「外國人之聘僱與管理」規定之工作者，亦即其聘僱許可及管理，係以勞動部發布施行之「外國人聘僱許可及管理辦法」之規定者。雇主欲聘僱外國人至中華民國境內從事工作時，須依「就業服務法」規定，以合理的勞動條件向各公立就業服務機構辦理求才登記及刊登廣告等國內招募工作，於一定期間內確實無法獲得所需之勞工，經原受理求才登記之公立就業服務機構開具求才證明後，即可就國內招募勞工不足部分向中央主管機關提出申請聘僱外國人。而中央主管機關對雇主所提出的申請如發現有違反規定或不實時，應不予許可。至於管理方面，中央主管機關對雇主所申請引進之外籍勞工，須依據「就業服務法」規定，與各相關機關聯繫，執行所職掌之事宜，包括：

1.與警政機關聯繫加強查緝非法外籍勞工。

2.與衛生機關協調聯繫嚴格執行外籍勞工入境之健康檢查相關工作。

3.中央主管機關對受聘僱之外籍勞工如發現有違反規定或不實時，應撤銷其工作許可證。

4.中央主管機關對受聘僱之外籍勞工如有必要繼續聘僱者，受理申請

展延其聘僱許可。

5.中央主管機關應通知聘僱外籍勞工之雇主依限繳納保證金及就業安定費事宜。

6.中央主管機關應就國內經濟發展及就業市場情勢，評估各種行職業之勞動供需狀況，規劃指定准予聘僱外籍勞工之工作類別、申請者之資格條件，並公告之。

四、其他相關規定事項

(一)工作許可證（work permit）

依據「就業服務法施行細則」規定，受聘僱之外國人應隨身攜帶聘僱許可文件以備檢查。一般來華工作之外國人，均由雇主向主管機關申請聘僱許可，在申請書中載有受僱人姓名等相關資料，受僱者並得據以申請居留簽證入境。但是外籍勞工之申請雖有差異，外籍勞工之入境工作程序為由雇主向勞委會申請後，獲發「聘僱許可函」，上載有受僱人資料，再由雇主透過管道引進，在外籍勞工入境十五天之內，應另再向勞委會職訓局申請「工作許可證」。但目前因外籍勞工作業人手不足，已暫停核發，暫改以「聘僱許可函」代替。

(二)外勞入境體檢（physical checkup of foreign workers upon arrival）

依據「外國人聘僱許可及管理辦法」規定，外國人入境前應提供之健康檢查證明及入境後之健康檢查項目共有九項：

1.X光肺部檢查。

2.HIV抗體檢查。

3.梅毒血清檢查。

4.B型肝炎表面抗原檢查。

5.瘧疾血片檢查。

6.腸內寄生蟲糞便檢查。

7.安非他命、嗎啡尿液檢查。

8.妊娠檢查。

9.其他經中央機關指定之檢查項目。

入境後七日內應安排至中央衛生主管機關指定之醫院接受健康檢查，並於十五日內，檢具下列文件報請雇主所聘之外國人之工作地點所在地的衛生機關核備：

1.中央主管機關核發之招募許可文件。

2.外國人名冊。

3.中央衛生主管機關指定醫院出具之健康檢查結果。

4.外國醫院出具之健康檢查合格證明。

5.核備後再檢具此核備函及其他相關文件，至中央主管機關申請聘僱許可，方算完成外籍勞工入境健康檢查程序。

(三)外籍勞工仲介公司業務代表證（certificate of the foreign worker intermediary company）

依據「就業服務法施行細則」規定，中央主管機關對仲介外國人至中華民國工作之就業服務機構，有許可及管理之權。故於民國84年發布「外勞仲介公司業務代表證實施要點」，目的在防杜非法仲介業者擾亂外籍勞工仲介市場，及建立合法仲介業者業務代表證辨識制度。

(四)外勞仲介費（agency fee of foreign workers）

係泛指仲介公司仲介外籍勞工所需費用，其收費標準依「私立就業服務機構證照費及各項收費標準」規定，為國內雇主仲介外國人，得向求職者或求才者收取之登記及介紹費。服務費用標準，可參考本章第三節

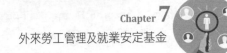
「私立就業服務機構管理」之二、「私立就業服務機構就業服務收費標準」內容。

(五)外籍勞工定期健康檢查（scheduled physical examination for foreign workers）

依據「外國人聘僱許可及管理辦法」規定：「外國人入境工作，期滿六個月之日前後一個月內，雇主應安排其至中央衛生主管機關指定之醫院接受健康檢查。」及雇主應自檢查醫院核發前項檢查結果之日起三日內，檢具下列文件報請雇主所聘僱外國人工作地點之當地衛生局（院）核備：

1.中央主管機關核發之外國人聘僱許可文件。
2.入境後健康檢查合格之同意核備函。
3.受檢外國人名冊。
4.健康檢查結果。

而健康檢查項目規定共有九項。

(六)外勞招募方式（foreign worker recruitment methods）

依據「外國人聘僱許可及管理辦法」規定，外籍勞工的招募方式依下列程序辦理：

1.雇主依就業服務法規定，先以合理勞動條件向所在地之公立就業服務機構辦理求才登記，並於國內報紙連續刊登求才廣告三天。
2.若依前項規定辦理仍無法獲得所需人才，雇主應依就業服務法規定聘僱外國人，應檢具申請書、公司執照、求才證明等相關文件向中央主管關辦理聘僱許可。
3.經核准後，繳交保證金，並由雇主自行招募或委由仲介公司引進。外籍勞工入境後十五天內繳交健康證明、外僑居留證及就業安定費

等，完成引進過程。

4.至於在招募方式方面，雇主可經由以下三種管道招募外籍勞工：

(1)自行招募：依直聘規定，逕洽各國駐華機構，依各國規定自行引進。

(2)委由中央主管關許可之國內人力仲介公司代為招募。

(3)委由中央主管關許可之外國人力仲介公司代為招募。

(七)外籍勞工核配比率（allocation rate for foreign workers）

依據「外國人聘僱許可及管理辦法」規定：「中央主管機關對各行職業進用外國人及雇主聘僱外國人之人數，得定其限額。」我國外籍勞工分配原則依「限量」、「限業」原則，由主管機關對需求之行業進行名額之分配，凡未獲核准之行業則不得申請。在限業原則下，從民國78年僅允許「十四項重要工程」業者專案引進，漸次開放六大行業、六十八行業、七十三行業等，在開放的過程當中，某些有總額限制者，由相關政府機關、工總、商總等單位與相關學者來決定各行業的配額。

(八)外籍勞工配額計點制（point system for the foreign worker quotas）

依據「外國人聘僱許可及管理辦法」規定：「中央主管機關對各行職業進用外國人及雇主聘僱外國人之人數，得定其限額。」勞動部為更公平的分配各行業之外籍勞工，使得表現優良的雇主能聘僱外勞，研擬「外籍勞工核配計點規定」，對外籍勞工的名額分配採計點制的方式進行。計點方式採用計點加分方式，以加計總分高者准許優先僱用，直至配額用盡為止。每項按雇主實施情形加計總分，同時僱用外籍勞工之比例亦不得超過所僱用本國勞工一定人數比例。

(九)申請外籍勞工之保證金（guarantee fund for the application for foreign workers）

依據「外國人聘僱許可及管理辦法」規定：「主管機關於核發招募許可文件前，應先依法規定通知申請人繳納保證金。」另依規定：保證金數額，以雇主聘僱外國人人數，按每人兩個月之基本工資計算之。至於其繳納方式，依規定則可以現金或金融機構開立之保證金存款保證書的方式來繳納。復依規定：「雇主已依規定繳納保證金者，由中央主管機關核發其招募許可文件。」在沒有違反規定（即扣除機票、等待遣返期間之費用……），退回方式依規定為：「雇主得檢具外國人之離境證明文件，向主管機關申請退還保證金或解除其保證銀行之保證責任。」

(十)合理外籍勞工總量調控指標（安全係數）（control index for the reasonable number of total foreign workers[safety coefficient]）

係指合理的外籍勞工引進數量及模式之建立。勞動部為有效檢討評估外籍勞工引進之政策，加強對外籍勞工之輔導、管理，及對非法外籍勞工之取締等事項，並保障國人之就業權益，特別於86年度委託馬凱等相關專家學者進行「合理外籍勞工人數推估模式之研究」，渠等基於邏輯推理和簡單易懂原則，提出三種推估模型，包括對數直線模型、自我相關暨移動平均模型（ARIMA），及自我相關向量模型（VAR）等。

該研究者根據相關文獻資料，對於推估模式探討，獲得一些初步的結論，並根據工資、產值等重要變數，舉出推求勞動供需，並進而估計外籍勞工需求量的方法。惟由於應用分析模型過於簡化，許多重要面向皆無法顯現出來，因此，需再納入四種因素於推估模式中，以利於合理的外籍勞工引進數量及模式之建立，包括：(1)合理設備的利用率；(2)投資意願的強弱；(3)外籍勞工薪資；(4)引進外籍勞工的社會成本等。

所以，又於87年度再度委託馬凱等相關專家學者依86年度之研究結

果，進行「事業單位引進外籍勞工之合理核配人數推估模式之研修」，初步結果顯示，依據畢氏曲線的臺灣路徑分析顯示，我國可忍受的合法外籍勞工引進數約為1.5%的勞動力或就業數；而若考量合法與非法外籍勞工，則臺灣可忍受的（合法暨非法）外籍勞工引進數約為3.0%的勞動力左右，亦即例如以我國勞動力人數為九百四十三萬六千人計算，則應為約二十八萬人左右。

(十一)有效引進期限（valid recruiting period）

依據「外國人聘僱許可及管理辦法」規定：「雇主申請招募外勞經許可者，應於許可通知所定之日起六個月內，自政府許可引進之國家，完成外國人之入境手續。逾期者，招募許可失其效力。但有特殊情形，經中央主管機關許可者，不在此限。」

(十二)展延許可（permit extension）

依據「就業服務法」規定，聘僱許可有效期限屆滿前，雇主如有繼續聘僱外國人之必要者，應檢具相關文件於規定期限內提出申請。

五、外來勞工管理政策暨相關事項

外來勞工管理政策及相關事項重要內容如下彙總：

(一)外籍勞工類別

近年來，為配合國內經濟發展及社會的實際需要，分別對重大公共工程、製造業重大投資案、監護工、家庭幫傭及外籍漁船船員等方面予以規劃引進外籍勞工：

◆重大公共工程建設

　　為因應國家重大建設計畫的實施，由政府單位發包興建暨經政府單位核准獎勵民間投資興建的重大工程得標者，得申請聘僱外籍營造工。同時並公告受理製造業重大投資業者，及公私立學校、社會福利機構及醫院興建工程得標業者，得申請聘僱外籍營造工〔民國90年5月10日公告自民國90年5月16日（含）以後，新得標之重大工程停止引進外勞〕。

◆製造業重大投資案

　　為吸引投資及增加就業機會，同意製造業重大投資案得申請聘僱外勞，並依據其所投資從事生產之項目別，由經濟部工業局認定區分為「非傳統產業」及「傳統產業」兩種，其中「非傳統產業」之投資總額應達新臺幣五億元以上，其中機器設備加上廠房之投資金額須達三億元以上者；「傳統產業」之投資總額應達新臺幣二億元以上，其中機器設備加上廠房之投資金額須達一億元以上者。

◆家庭幫傭

　　基於當前社會發展需要，家中有3歲以下三胞胎以上之多胞胎者及申請點數達十六點以上者，可專案受理申請外籍家庭幫傭；另為鼓勵外商來華投資，外商來華投資金額或公司上年度在華營業額達一定數額之外籍總經理或外籍主管級以上人員，或該等人員上年度在華繳納綜合所得稅之工作薪資達一定數額以上者，得專案申請外籍幫傭。

◆監護工

　　為配合目前國內監護人力供需失衡現象，家庭或社會福利暨精神病患收容養護機構為照顧植物人，重度身心障礙者或其他癱瘓者，得專案申請聘僱外籍監護工。

◆外籍船員

為顧及當前漁業發展之需要,開放以外國基地作業之遠洋漁船及近海漁船最低員額外之普通船員;得申請聘僱外籍船員,但外籍船員與本國籍船員人數合計不得超過漁業執照登載之標準船員人數。

(二)當前外籍勞工政策重點

1.基於國內經濟社會發展需求,對於國內所缺乏之勞工採取補充性、限業限量原則開放引進外勞。

2.落實經發會共識,外勞政策以促進本國勞工就業為目標,持續採行外勞緊縮措施。

3.推動外勞薪資合理化。

4.落實聘僱外勞前國內招募,規定聘僱外勞之雇主不得違反勞動相關法令。

5.維護外勞基本權益,落實外勞權益維護報告書相關措施。

6.配合「就業服務法」新修正案,研議訂定「雇主聘僱外國人許可及管理辦法」。

7.適時調整就業安定費,以符合勞動市場之需求。

8.推動降低外勞仲介費相關措施。

9.增加外勞來源。

10.外勞之聘僱與管理於「就業服務法」等規定:

　(1)為保障國民工作權,外勞未經雇主申請許可,不得在中華民國境內工作。

　(2)為避免妨礙國人之就業機會及勞動條件,雇主申請聘僱外籍勞工來華工作,應先以合理勞動條件在國內辦理招募,經招募無法滿足其需要時,始得就該不足人數提出申請。

　(3)雇主與外勞所簽訂之勞動契約依勞動基準法有關定期契約之規

定辦理。

(4)雇主聘僱外籍勞工,其聘僱許可期間最長為三年,雇主得申請展延,其在中華民國境內工作期間,累計不得超過十二年。

(5)外勞有下列情事之一者,經中央主管機關核准,得由其他雇主接續聘僱:

・雇主或被看護者死亡或移民者。

・船舶被扣押、沉沒或修繕而無法繼續作業者。

・雇主關廠、歇業或不依勞動契約給付工作報酬連續三個月以上者。

・其他不可歸責於受聘僱外國人之事由者。

(6)雇主聘僱外籍勞工應繳納就業安定費,以作為促進國民就業之用。

(7)雇主不得以本人名義聘僱外籍勞工為他人工作或指派所聘僱外籍勞工從事申請許可以外之工作行為。若有違反,雇主除受處罰及被廢止聘僱外籍勞工之許可外,經廢止聘僱許可之外籍勞工,應即令其出境,不得再於中華民國境內工作。

(8)外籍勞工於入國前、入國後三日內及每隔六個月須做健康檢查。

(9)雇主於外籍勞工連續曠職三日失去聯繫者或僱傭關係消滅者等情事時,雇主應於三日內以書面通知當地主管機關及警察機關,並副知勞動部。

(10)雇主所聘僱之外籍勞工,經警察機關依規定遣送出國者,其遣送所需之旅費及收容期間之必要費用,應由雇主負擔。

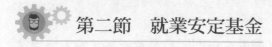

第二節　就業安定基金

一、就業安定基金緣起及來源

　　就業安定基金（employment stability fund）係指依據「就業服務法」第五章「外國人之聘僱與管理」第五十五條第一項規定，所設置之「就業安定基金」特種基金專戶，以收繳就業安定費，作為促進國民就業、提升勞工福祉及處理有關外國人聘僱管理事務之用。依據「就業安定基金收支保管及運用辦法」規定，基金主要來源有三：(1)有關之就業安定費收入；(2)本基金之孳息；(3)其他有關之收入。因此，所謂就業安定費（employment stability fee）係指依據「就業服務法」規定，雇主聘僱外國人從事第四十六條第一項規定之工作，應向中央主管機關設置之特種基金專戶繳納就業安定費，作為促進國民就業之用。所以，各類外勞每月收繳數額依中華民國103年7月15日勞動發管字第1031809466號核釋就業服務法第四十七條規定雇主在國內辦理招募本國人從事第四十六條第一項第八款至第十一款工作之合理勞動條件薪資基準如下，並自中華民國103年7月1日生效：

　　1.海洋漁撈工：新臺幣一萬九千二百七十三元。

　　2.海洋箱網養殖漁撈工：新臺幣三萬元整。

　　3.機構看護工：新臺幣二萬七千五百元。

　　4.家庭幫傭：新臺幣三萬元。

　　5.家庭看護工及外展看護工：新臺幣三萬元至三萬五千元。

　　6.外國籍雙語人員：新臺幣二萬五千元至三萬元。

　　7.廚師及其相關工作人員：廚師新臺幣二萬七千元；相關工作人員新臺幣二萬元。

二、就業安定基金用途

依據「就業安定基金收支保管及運用辦法」規定，基金之用途為：

1.實施職業訓練、就業資訊事項。

2.實施就業安定及就業促進事項。

3.辦理創業貸款事項。

4.辦理失業輔助及失業保險規劃事項。

5.辦理獎助雇主配合推動就業安定事項。

6.辦理提升勞工福祉事項。

7.辦理外國人聘僱管理事項。

8.辦理技能檢定與技能競賽及就業甄選事項。

9.補助直轄市及縣（市）政府辦理有關促進國民就業、職業訓練及外國人在中華民國境內工作管理事項。

10.勞工權益基金支出。

11.管理及總務支出。

12.其他有關支出（林顯宗、郭振昌、李庚霈，1997；就業安定基金收支保管及運用辦法，2014）。

三、基金之法定組織架構

1.依據「基金辦法」規定：本基金主管機關為勞動部。

2.依據「基金辦法」規定：本基金應設就業安定基金管理委員會，主任委員由勞動部長兼任之；其餘委由相關機關代表、勞工團體代表、雇主團體代表及專家學者聘兼之。

四、基金管理委員會之職掌

依據「基金辦法」規定,基金管理委員會之任務如下:

1.就業安定費數額之審議。

2.本基金收支、保管及運用之審議。

3.本基金年度預算、決算之審議。

4.本基金運用執行情形之考核。

5.其他有關事項。

 ## 第三節　私立就業服務機構管理

一、私立就業服務機構界定與性質

私立就業服務機構(private employment service institutions)又稱外國人力仲介機構(foreign human resource company),依「就業服務法」規定:「私立就業服務機構須經主管機關之許可及發許可證,方得設立;其許可及管理辦法,由中央主管機構定之。」復依規定,私立就業服務機構可分為兩種:

1.營利就業服務機構:依公司法所設立之公司或依商業登記法所設立之商業組織,從事就業服務業務者。

2.非營利就業服務機構:指依法設立之財團或公益社團從事就業服務者。

而私立就業服務之服務業務依「就業服務法」規定分為以下四種:

1.職業介紹或人才仲介業務。

2.接受委託招募員工。

3.協助國民釐定生涯發展計畫之就業諮詢或職業心理測驗。

4.其他經中央主管機關指定之就業服務事項。

另依據「私立就業服務機構許可及管理辦法」規定，外國人力仲介公司辦理仲介其本國人或其他國家人民至中華民國工作，或依規定仲介大陸地區人民至臺灣地區工作者，以公司組織為限，故外國人力仲介機構之屬性，除中央主管機關許可或設立者之外，均屬營利就業服務機構。另依「私立就業服務機構許可及管理辦法」規定，外國人力仲介公司辦理仲介其國人或其他國家人民至中華民國工作，或依規定仲介大陸地區人民至臺灣地區工作者，應向中央主管機關申請認可。但不得在中華民國國內從事就業服務，規定中央主管機構得限制外國人力仲介公司之國家或地區別、家數及業務類，並得會同有關機關組成評審小組評選之。

二、私立就業服務機構就業服務收費標準

「私立就業服務機構收費項目及金額標準」係由勞動部歷經多次修正，公告實施，其主要內涵如下（民國99年3月2日）：

1.私立就業服務機構從事國內人才媒合，得向求職人或雇主收取之費用標準：

 (1)求職人：

 ・登記費及介紹費，合計不得超過求職人第一個月薪資5%。

 ・就業諮詢費每小時不得超過新臺幣一千元。

 ・職業心理測驗費，每項測驗不得超過新臺幣七百元。

 (2)雇主：

 ・登記費及介紹費，招募之員工第一個月薪資在平均薪資之下者，合計每一員工不得超過其第一個月薪資。招募之員工第

　　　　　　一個月薪資逾平均薪資者，合計每一員工不得超過其第四個月薪資。

　　　　・服務費，每一員工每年不得超過新臺幣二千元。

2.前項規定之平均薪資，係指中央主管機關公告之行職業別薪資調查最新一期之工業及服務業人員每月平均薪資。

3.營利就業服務機構接受外國人委任辦理從事本法第四十六條第一項第八款至第十款規定工作之就業服務業務，得向外國人收取服務費。服務費之金額，第一年每月不得超過新臺幣一千八百元，第二年每月不得超過新臺幣一千七百元，第三年每月不得超過新臺幣一千五百元。但曾受聘僱工作二年以上，因聘僱關係終止或聘僱許可期間屆滿出國後再入國工作，並受聘僱於同一雇主之外國人，每月不得超過新臺幣一千五百元。另費用不得預先收取。

4.非營利就業服務機構接受委任辦理就業服務業務，得向雇主、本國求職人或外國人收取費用之項目，適用第三條至第六條規定，收費金額以第三條至第六條規定金額80%為上限。

5.其他相關註釋：

(1)「工資」之定義及範圍依勞動基準法之規定。

(2)「基本工資」之定義及金額依勞動基準法之規定。

(3)「介紹費」係涵蓋為促使求職人與雇主締結聘僱契約所需之介紹媒合、人才甄試、就業諮詢及職業心理測驗等服務費（不含各項行政規費）。

(4)「甄試費」係指接受僱主委託辦理集體甄試之費用。

三、私立就業服務機構違反就業服務法停業及廢止設立許可案件處理程序及裁量基準

本基準係中央主管機關於民國91年6月26日所訂定發布實施，主要內

容如下：

1. 為處理就業服務法（以下簡稱本法）第六十九條、第七十條第一項及第七十一條規定之私立就業服務機構停業、廢止設立許可及就業服務專業人員之廢止證書案件與行使裁量權，特訂定本處理程序及裁量基準。

2. 當地主管機關查獲私立就業服務機構、就業服務專業人員有本法第六十九條第一項第一款、第七十條第一項第一款及第七十一條規定情事者，除依本法有關規定處以罰鍰外，應檢附有關資料移送原許可主管機關。

3. 私立就業服務機構違反本法之規定，當地主管機關除依本法有關規定處以罰鍰外，如私立就業服務機構累計受罰鍰處分次數，已達本法第六十九條第二款規定「同一事由，受罰鍰處分三次，仍未改善」或同條第三款規定「一年內受罰鍰處分四次以上」者，應檢附有關資料移送原許可主管機關。

4. 原許可主管機關收到上述案件後，應依「行政程序法」規定之一般法律原則及參照附表一至附表三之裁量基準，裁量停業期限、廢止設立許可或廢止證書。並得視其違反本法案件之性質、情節輕重、違反義務之程度、所造成之損害、行為後之態度與違反次數等情況，於法定額度內裁量加重或減輕之。

5. 原許可主管機關依法處私立就業服務機構停業、廢止設立許可或處就業服務專業人員廢止證書時，應作成「行政程序法」規定之書面行政處分，送達受處分人，並副知中央主管機關及移送機關。

6. 本處理程序及裁量基準之相關書表，由各主管機關依相關法令或視實際需要訂定之。

問題與討論

一、請各任舉引進外來勞工管理政策的原則及就業安定基金運用項目。

二、請任舉私立就業服務機構的職責（掌）項目。

延伸閱讀討論議題

公私立就業服務機構的異同及關係為何議題。

Part

③

實務篇二：職業訓練篇

Chapter

8

主要國家之職業訓練政策及體制

第一節　德國職業訓練政策及體制

一、德國職業訓練相關法規簡介

(一)職業訓練法

於1969年公布實施，其主要內容為：

1.職業訓練種類分成養成、進修、轉業訓練等三種。
2.職業訓練委員會分為聯邦、邦、主管單位等三個層級。
3.設立職業訓練研究所。

(二)就業促進法

於1969年公布實施，計分九章二百五十一條，主要內容有八項，如下：

1.由一個行政機構統合處理職業介紹、訓練促進及失業保險。
2.工作機會之維護。
3.失業保險之給付。
4.就業能力薄弱者之特殊措施。
5.重視轉業訓練。
6.就業平等原則。
7.職業介紹以公營及免費為原則。
8.全國就業之統合。

(三)職業訓練促進法

於1981年公布實施，其主要內容為：

1.職訓要適應未來需求。

2.設聯邦職業訓練署,取代職訓研究所。

3.設職訓總委員會、邦委員會二個層級。

(四)長期失業者就業促進方案

於1981年公布實施,其主要內容為整合政府、公會、事業單位、職訓機構之資源,合力為長期失業者建構合適的轉業訓練等規定。

二、德國辦理職業訓練概況

德國職業訓練制度的形成,有其長遠之歷史背景,分別受到社會組織、學校教育與經濟發展等因素影響,逐漸產生了整體性與全國性的職業訓練制度。而該國推動辦理職業訓練的法令規章,明確記載於「聯邦法律公報」,分為基本法、法律與補充法規。由聯邦政府與各邦政府為主管機關,且各行業總會為督導機構,監督各執行機構(職訓機構)之養成、進修與轉業等訓練業務。另該國亦設立職訓委員會,提供施訓單位與受訓學徒必要之諮詢服務。德國之職訓特色為(陳育俊,1997):

1.法令規章明確詳細,且具體可行。

2.訓練組織體系健全且穩固,權責分明,相互協調配合。

3.訓練方式頗為彈性靈活,以養成訓練作為進修與轉業訓練之基礎,形成生涯訓練體系。

4.職訓領域廣大寬廣,涵蓋各種行業與職類,而且訓練內容完整充實,透過事業單位、學校與企業外聯合訓練中心之協調合作,提供訓練機會,以提高受訓者技能水準與應用能力。

5.職訓師資進用條件嚴格,能吸引優秀人才加入。

6.政府與企業均寬籌預算經費,以豐裕訓練所需經費,而且就業服務機構參與職訓工作層面廣泛且深入。

三、德國辦理職業訓練作法可供我國借鏡之處

1. 1990年10月統一後，提出「振興德東地區經濟計畫」，致力於縮短區域發展差距，儘速重整統合東西德制度與作法，以提振區域經濟發展。

2. 舉辦全國養成訓練崗位普查，提供職訓諮詢服務，及採取彈性訓練等作法，致力於養成訓練之供需平衡。

3. 全力擴增進修訓練體系，提升專業技能水準，實現終身學習理想。

4. 由於受到經濟、社會與教育發展影響，及為配合科技應用與生活品質提高之需求，特別重視「環境保護技術」工作，因而致力於推動環境保護技術訓練。

5. 傾全力辦理事業單位在職員工第二專長訓練，績效卓著，全國約有八成左右事業單位積極辦理。

6. 合力建構適合長期失業者、中高齡者與婦女等對象之轉業訓練模式。

7. 全力改善技能檢定作法，包括關鍵專長考試、統合能力考試、編序教學考試等三種，以建立全面性職業證照制度，確保從業人員之專業形象與良好聲譽。

8. 為因應國內外情勢變化與兼顧當前實際需要，全力進行研究發展計畫，以適時提供因應對策，符合現代化與國際化目標。

9. 盡力參與多項多邊、雙邊訓練的國際合作事務，以交流經驗與職業證照相互採認。

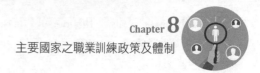

 ## 第二節　英國職業訓練政策及體制

一、英國職業訓練相關法規簡介

(一)就業與訓練法

於1948年公布，1973年修正，其主要內容為：

1.加強辦理就業服務與失業保險。

2.增加辦理成人職業訓練事項。

3.促使就業服務與職業訓練相輔相成。

因此，英國自1987年起將原有一千個就業服務站與一千個失業給付局合併為一千二百個就業服務中心，俾便於辦理就業服務與失業給付時能密切聯繫配合。

(二)就業法

於1980年公布，1988年修正，其主要內容為：

1.設置訓練委員會。

2.實施訓練代理人、經理人制度，負責訓練設計制度。

3.由勞資雙方參與辦理訓練工作。

4.成立人力服務委員會輔助企業辦理在職、新進特殊技術訓練。

(三)國民保險法

於1946年公布，其主要內容為：

1.保險給付為疾病與失業給付、老年退休年金、生育與寡婦津貼、孤兒照顧者津貼及喪葬津貼，並採均等給付方式。

2.保險費採均一費率，並成立社會保險基金。

二、英國辦理職業訓練概況

英國辦理職業訓練起源於中古世紀之工商行會學徒訓練制度，其後受到社會變遷與經濟轉型影響，蛻變為現代化之職業訓練制度，主要可劃分為三個階段：第一階段係自中古時期至1964年，不受政府法令約束，由各工商行業及企業自辦。第二階段係自1964～1983年，1964年頒行「工業訓練法」，建立全國性工業訓練體制，由勞工部督導各行業設立「工業訓練理事會」辦理訓練事宜，並得依法向企業徵收訓練捐。第三階段係自1983年至今，1983年宣布解散「工業訓練理事會」，將企業訓練工作轉由企業界自行規劃辦理，政府不再加以干預。其主要組織體系在中央為就業部之職業訓練署，地方為公立技能中心及民間訓練組織，採取公共就業訓練、企業訓練與學校職業課程訓練等訓練方式。英國之職訓特色為（陳育俊，1997）：

1.法令規章明確，且可適時檢討修正，以應時需。
2.訓練組織體系由上而下形成指揮監督關係，層級與權責分明，可順利運作執行。而職訓方案亦能與現實失業政策結合，以發揮救急功能。
3.訓練方式採建教合作之學徒制與進修訓練，與擴充教育密切結合。
4.職訓師資進用重視職前專業講習與在職專業講習，能造就適任之優秀職訓師。
5.政府、企業與職訓捐等預算經費寬裕，無須擔心經費不足之情事。

三、英國辦理職業訓練作法可供我國借鏡之處

1.訂定相關配套措施，全力執行歐盟的職業訓練政策，兼採治本與治

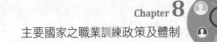

標雙管齊下方式，解決失業問題。

2.進行行政組織與訓練方式等方面之調整改革，以重新塑造國家整體的職業訓練架構。

3.為提升產業國家競爭力與國際水準，加強重要產業之職業訓練水準。

4.有效激勵特定對象之就業訓練，以培養其自立自強意識與獲勝取勝之意願，為自己負起責任。

 ## 第三節 美國職業訓練政策及體制

一、美國辦理職業訓練相關法令

1.1862年之莫里爾法案，又稱授田法案。

2.1917年之史密斯‧休斯法案。

3.1933年之華格納‧皮賽法案。

4.1935年之社會安全法案。

5.1937年之國家學徒法案。

6.1940年之國防職業教育法案。

7.1944年之退伍軍人權利法案。

8.1958年之國防教育法案及修正之勞動基準法與華斯‧海利法案。

9.1961年之地區重開發法案。

10.1962年之人力發展與訓練法案。

11.1963年之職業教育法案與青年就業法案。

12.1964年之經濟機會法案。

13.1966年之人力服務法案。

14.1968年之職業教育法修正案。

15. 1970年之緊急就業法案。

16. 1973年之綜合就業與訓練法案。

17. 1982年之工作訓練夥伴法案。

18. 1983年之技職教育法案。

19. 1984年之卡爾‧柏金斯職業教育法案。

20. 1988年之勞工調適及再訓練通報法案。

21. 1990年之卡爾‧柏金斯職業及應用科技法案。

22. 1991年之美國2000教育策略法案。

23. 1992年之AVA7號（美國職業教育協會）決議案。

24. 1994之邁向西元2000年目標：教育美國法案、從學校到工作機會法案、再就業法案。

二、美國勞工部與職業訓練直接相關組織機構

1. 就業及訓練署。

2. 就業標準署。

3. 就業安全及健康署。

4. 礦坑安全及健康署。

5. 撫恤及退休福利署。

6. 國際勞工事務局。

7. 婦女局。

8. 勞工統計局。

9. 退伍軍人就業及訓練署。

三、美國辦理職業訓練概況

美國辦理職業訓練與其國會制定之相關人力發展與訓練法案是息息

相關且同步發展的，其係勞工部職掌業務，與其直接有關的組織機構包括就業及訓練署、就業標準署、就業安全及健康署、礦坑安全及健康署、撫卹及退休福利署、國際勞工事務局、婦女局、勞工統計局、退伍軍人就業及訓練署等機構。美國之職訓特色為（林益昌，1997）：

1.法令規章完善明確，且每一法案均針對不同訓練對象與重點而設計。
2.訓練制度為就業安全體系之一環，與其他就業服務及失業保險二制度，發揮相輔相成功效。而職訓對象廣泛，且重視職訓之研究。
3.建立電腦化的全國勞動力交換網，及以職業教育為主，職業訓練為輔之勞動力培育體制，以培養適應改變的能力。
4.充分運用民間社會資源，以協助辦理職業訓練工作。
5.設立綜理式生涯中心，以達到方案整合之效，並建立一個學校到生涯發展的系統，以有效兼顧青少年之升學、就業、訓練與學習。

四、美國辦理職業訓練作法可供我國借鏡之處

1.重視員工的教育訓練。
2.改進及統整各種訓練計畫。
3.發展民間參與職業訓練的模式。
4.加重各級政府的職責，尤以地方政府之權責。
5.提升青少年入學率與重視應用教學，以強調工作技能之學習。
6.創造各類訓練體系合作的夥伴關係。
7.發展工商企業界承認全國性的技能標準。
8.兼顧個人發展與需求之職業訓練，以滿足生理至心理之自我實現各個不同層次之需求。
9.就業安全體系構成一體，建立勞動力培育體制，培養員工適應改變能力。

10.建立綜合式生涯發展中心，建立職業資訊網絡，及充分運用民間資源辦理職業訓練，以因應環境變動儘速調整組織結構。

第四節　日本職業訓練政策及體制

一、日本職業訓練相關法規簡介

(一)職業安定法

於1974年公布，至1986年已修正二十二次，其主要內容為：

1.自由選擇職業。
2.職業介紹均等。
3.協調學校辦理求職、求才登記。
4.辦理失業給付。
5.職業介紹與指導。

(二)職業能力開發促進法

於1985年公布實施，其主要內容為：

1.訂定職業訓練、技能檢定等綜合性計畫。
2.提升勞動生產力。
3.設立職業能力開發協會，推動職業訓練。

(三)僱用對策法

於1985年公布實施，其主要內容為：

1.僱用對策計畫。

2.職業指導。

3.技工之養成確保。

4.職業轉換給付金。

5.中高齡者等之職業安定措施。

(四)僱用保險法

於1975年公布，1994年修正，其主要內容為：

1.給予失業勞工求職給付及就業促進給付津貼。

2.鼓勵再就業措施。

3.給予高齡者就業繼續給付津貼。

4.給予托兒給付津貼。

(五)區域僱用開發促進法

主要內容為：

1.支給區域僱用開發津貼補助費，開創就業機會。

2.籌組改善就業環境與辦理人才回流事業等基金，提供人才流失區域之支援。

3.支給改善區域僱用補助費，開發僱用機會。

(六)特定不景氣業種相關勞動者僱用安定之特別措施法

於1983年公布，1995年修正，其主要內容為：

1.指導特定不景氣及特定僱用調整的職類。

2.特定事業所之認定。

3.設置僱用調整補助費制度。

4.支給僱用對策法所辦理的轉職給付金。

5.延長個別之失業給付。

二、日本辦理職業訓練概況

(一)日本辦理職業訓練發展受經濟發展影響

日本辦理職業訓練發展受到經濟發展的影響很大，可分為六個歷程：

1. 工廠學徒制度（明治時期）。
2. 企業內養成工制度〔始於明治40時代（1907），完成於大正時代（1912～1926）〕。
3. 勞動基準法所規定之技能者養成制度〔昭和22年（1947）〕。
4. 職業輔導制度下之技能者養成制度〔始於昭和21年（1946）〕。
5. 引自美國的TWI（企業內訓練）領班人員訓練〔始於昭和24年（1949）〕。
6. 職業能力開發促進法下的職業能力開發制度（1985）等。

其係勞動省職掌業務，與其直接有關的組織機構包括三種類型：

1. 職業訓練行政機關：包括職業能力開發局、各級地方政府及國立身障復健中心。
2. 中央編列預算支助，但人事業務獨立運作之工法人：包括僱用促進事業團、中央職業能力開發協會。
3. 由產官學所組成之中央職業能力開發審議委員會，及技能檢定委員會。

(二)日本之職訓特色

1. 以需求為導向之職訓法制，建立與發展職業生涯訓練體系，充分發揮經濟性功能之職業訓練。
2. 完整之上中下游體系的公共職訓機構之建立及運作。

3.建立中心衛星式職業訓練體系，以有效推動企業訓練制度。

4.促進失業者與身心障礙者訓練體制之建立。（黃惇勝，1997）

三、日本辦理職業訓練作法可供我國借鏡之處

1.人力資源透過技術訓練，使成為經濟發展之主力，充分發揮經濟性的功能。

2.以就業需求為導向的職業訓練法制，我國以之發展為「訓用合一制度」。

3.配合經濟發展適當調整，因應所需職類人才之培訓，建立及發展職業生涯訓練體系。

4.公共職業訓練與企業訓練相互結合，促使員工職業生涯階段性與體系性職業訓練之精神，得以發揮相輔相成功用。

5.建立完整的上中下游金字塔型之公共職訓機構之體系與發展。

6.公共職訓機構服務對象機能，由內往外發展，逐次漸進，形成中心衛星式體系建立及運作模式。

7.企業訓練推動行政網絡之建立，促使推進人力制度的有效運作實施。

8.透過僱用保險制度的發揮，確保生涯訓練所需龐大經費來源，促使失業者再就業功能之展現。

9.完整而獨立之身心障礙者職業訓練運作，得以有效的推動身心障礙者職業訓練工作。

第五節　韓國職業訓練政策及體制

一、韓國職業訓練相關法規簡介

(一)就業安全法

於1961年公布，1974年修正，計分三十三條（不分章），其主要內容包括：

1. 設立就業安全委員會與失業處置委員會。
2. 提供免費就業服務及就業交換服務。
3. 專技勞工之登記。
4. 海外勞工之招募與派遣。

(二)職業訓練基本法

於1976年公布，1993年修正，分八章五十二條，其主要內容包括：

1. 職訓一般性規定。
2. 公共訓練。
3. 認定訓練。
4. 事業主辦理職訓之義務。
5. 職訓師。

(三)就業保險法

於1993年公布實施，其主要內容為：

1. 限制性運用失業給付，支援企業的職業安定和勞工職業能力開發事業。

2.促進人力供需的順暢化。

3.職業調整的支援。

4.就業結構的改善。

5.失業的預防。

二、有關韓國之僱用保險制度

(一)制度沿革

　　韓國於1967年制定之「就業安全法」（Employment Security Act）即規定失業保險（unemployment insurance）為政府主要施政項目之一，因考量失業保險可能肇致勞動意願低落，影響國家總體勞動生產力等因素而未付諸施行。嗣1993年韓國制定「就業政策基本法」（Basic Employment Policy Act）及「僱用保險法」（Employment Insurance Act）後，於1995年7月1日正式實施僱用保險制度，辦理：(1)僱用安定；(2)職業能力發展；(3)僱用保險給付三大事業。

　　韓國在1997年中下旬遭遇亞洲經濟風暴影響之前，其就業安全係採失業保險給付為主、職業訓練及就業推介為輔之政策，迄遭受國際性經濟不景氣之強烈衝擊後，失業勞工驟增，失業給付件數暴漲，造成僱用保險基金嚴重不足（基金結餘約二兆韓幣，而為因應此次經濟風暴帶來之失業人潮，預估給付金額高達八兆，財務赤字高達六兆），導致國家財政愈趨艱困。另因絕大多數失業勞工之學歷不高（多為高中、高職以下畢業者），彼等於失業後，因專業技能與知識之缺乏，就業推介不易，在無適當工作可資安排之情況下，使得國內失業率節節暴增，1997年年中的失業率約為2.6%，1998年5月底增漲至6.7%；在失業人數方面，1998年1月至5月全國總失業人數約為去年同期之十至十一倍。茲因經濟遲滯，而外國企業界又多對前來韓國投資之獲利率抱持存疑，採觀望態度，使景氣復甦腳

步減緩,預估至該年底韓國失業率將可能高達9%。

至1998年5月底止,韓國外匯負債已高達一千九百億美元,為謀根本解決,除一方面採取節約能源(限電、限水、減少不必要之辦公空間、鼓勵甚至強制公私企業資遣員工、縮短工作時間、暫時歇業等措施)、軍公教減薪(軍公教減薪10%、駐外人員減薪20%,且按原領薪資扣繳所得稅)、請求國際貨幣基金支援(包括借貸)等措施外,並積極調整就業安全施政方針,將原來以失業保險給付為主之政策導向,改為以職業能力發展(職業訓練)為主要方針,除成立職業訓練中心、技能大學、職業訓練大學(係以師資培訓為主),辦理就業技能之學科及術科教育與訓練外,並統籌運用全國各公、私立職業訓練與教學機構加強辦理職業訓練,提升勞動工作者之工作技能與專長以預防失業,冀使國內經濟景氣儘速復甦外,並達僱用安定之政策目標。直至2002年失業率降至年平均3.3%,驗證其就業安全政策的良策效果。

(二)僱用安定、職業訓練、技職教育之配套措施

◆僱用安定配套措施

經由辦理就業調適、促進就業、高齡者及婦女就業促進、獎助就業促進措施、提供就業資訊等,達到僱用安定目標。

1. 就業調適補助(employment adjustment subsidy):就業調適補助旨在幫忙雇主因產業結構變動及其他經濟原因,必須減少企業活動或工時、暫時關廠、重新安排職務時,給予補助,致力減少解僱,穩定勞雇關係。

2. 促進地方就業發展(promotion of local employment development):韓國不同區域之經濟發展差距極大,產業活動與就業機會集中於少數區域,造成經濟活動旺盛區域工作機會較多,但相對的亦形成就業競爭;然而部分區域因種種原因,經濟發展遲滯,形成就業機會

缺乏，勞工就業不易。為減緩或拉近城鄉經濟發展差距，政府由地區僱用發展補助金（local employment development subsidy）補助落後地區企業改善經營體質，並鼓勵前往經濟落後地區設立新企業。

3. 高齡者就業促進（service for the employment promotion of the aged）：韓國於1991年訂定高齡者僱用促進法（Employment Promotion Act for the Aged）提高法定退休年齡，鼓勵企業僱用高齡勞工，對於僱用55歲以上員工占全體員工人數5%之企業給予補助。

4. 婦女就業促進（service for the employment promotion of women）：雇主依規定給予婦女勞工產假及育嬰假者給予補助。並獎助企業興建員工托兒所之費用，以提高婦女勞動參與力。

5. 就業服務（employment service）：透過六個勞動廳、各地勞動事務所之就業推介及國立中央情報僱用管理所之電腦媒合，提供求職、求才服務。

◆ 職業訓練配套措施

1. 辦理「失業者再就業訓練」、「各級學校畢業進入勞動市場前之職業訓練」、「僱傭關係維持訓練」、「企業員工在職訓練」、「轉業訓練」、「創業訓練」等職業能力開發業務。

2. 上述訓練之期間長短自三個月至二年，訓練期間將發給就業促進津貼，以鼓勵並提升勞工就業技能，並安定其於受訓期間之基本生活。至於津貼發放標準方面，係依國民最低生活費用70%給予受訓學員，每人每月約可獲得三十萬韓幣，另外受訓學員之眷口數在四口以上者，另發給眷屬津貼九萬韓幣，合計每月約三十九萬韓幣。

◆ 技職教育之配套措施

1. 於全國設立十八所技能大學，接受勞動部之指揮、監督，辦理技職教學，提升勞動力素質，減少失業之發生。

2.技能大學主要辦理「失業勞工職業訓練」（以失業勞工為對象）、「職業能力開發訓練」（對象包括所有在職勞工及學校畢業後進入勞動市場前之職前訓練）、「企業訓練」（接受企業委託辦理勞工在職訓練）。

3.技職教學分為「一般技職教學」、「多技能技職教學」（第二專長訓練）及「技能長教學」（為技術士之最高教學課程，對象多為企業界之管理或經營階層）。

4.技能大學具半官方性質，受訓學員畢業後，將可取得「副學士」學位，並可直接報考大學三年級（如本國之二技）。

經由上述訓練課程，將工作穩定、技能提升與教育訓練三項密切結合。

三、韓國辦理職業訓練作法可供我國借鏡之處

1.法令規章完備，並配合時代需求適時修正，以因應產業結構與就業市場變動所需人力之培訓。

2.成立專責機構辦理職業訓練工作，及訓練業務電腦化，可統籌運作人力供需調節，以利人力管理之行政運作。

3.全力推動國家技術資格證照制度，及強調補充教育的重要性，以利人力管理制度之推動。

4.重視技能檢定與技能競賽，並研定優惠的獎助措施，以利技術與人力素質品質提升，朝國家技術資格制度之合理化。

5.重視職業，並研定優惠的獎助措施，以利技術與人力素質品質提升。

6.重視職業訓練師資的培訓，使理論與實務結合，加強與大學合作辦理職訓師在職進修，全面提升師資水準。

7.設立共同職業訓練學院，強化職業訓練支援體制，及採用函授訓練方式，提升技術水準，突破中小企業技術人力不足困境。

8.規範事業機構應辦理職業訓練，確立民間主導人力養成體系，及辦理轉業訓練，以提升產業之競爭力。

9.強化公共職業訓練特性，建立職業生涯教育訓練體系。

10.加強研究發展，透過職業訓練推動國際技術合作。（蔡美華，1997）

問題與討論

一、德國、英國、美國、日本、韓國等國家的職業訓練政策及體制各有特色與優缺點，請任舉您喜歡的國家體制，為什麼？

二、德國、英國、美國、日本、韓國等國家的體制，可供我國借鏡之處為何？

延伸閱讀討論議題

新加坡職能提升政策與做法的思維議題。

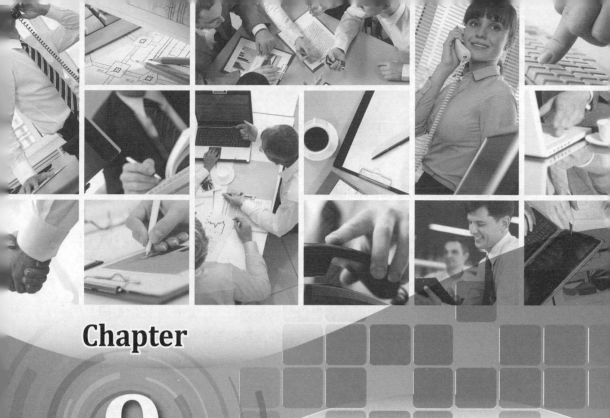

Chapter

9

我國公共職業訓練政策及體制

第一節　工業社會之競爭優勢與職業訓練

一、競爭優勢的意義與內涵

　　所謂競爭優勢如以生存於現今社會情勢的個體而言，即是指一個人處在並逐對辯，角逐勝負之情境中，能夠善於適應或控制其在對人、事、物的認知、態度及行動上，均能充分的發揮其站在上風者之有利情勢，達到預期的成功目標。而競爭優勢的最終目的，是在促使創造優良的生活品質、最具吸引力的投資環境，和在國際舞臺中擁有生存的自由平等與尊嚴，及發展的光明願景，期冀在市場經濟與社會力量中，展現強勁的競爭力活水。

　　個人或企業在面對挑戰或與困境搏鬥時，如果要達到「攻無不克」之成功目標，則其本身就必須具足創造與掌控「競爭優勢」之能力與準備，方能水到渠成。而所謂具足創造與掌控「競爭優勢」之能力與準備，即是必須具備強大的「競爭力」。

　　高希均教授認為，所謂「競爭力」是指個人或國家在世界經濟市場上能夠創造出每人平均財富的能力，競爭力愈強，則創造財富的能力也愈高。簡言之，「競爭力」是和價值成正比，而和成本是成反比的。所以，「競爭力」不僅是指狹義的生產力，更包括了多種經濟與非經濟的因素，如公共建設、行政效率、生活品質與自由化程度等因素。因此，如果生產力雖然很高，但是卻因為某些治安、投資障礙等因素的影響，相對的也會降低了原來所具足之生產力。

　　而瑞士洛桑國際管理發展學院（International Institute for Management Development, IMD）則認為「競爭力」是指一個國家或一個公司，在全球市場上之較競爭者獲得更多財富的能力，或是一國在其特有的經濟與社會結構中，透過各種多面向的網路關係，創造國家財富的能力，包括依靠良

好的自然資源或創造附加價值的過程、著重國內環境條件以吸引國外投資，或鼓勵企業對外投資，以發展國內內部型經濟或發展國際型經濟等多面向的網路關係。

另外一家著名的競爭力評比單位「世界經濟論壇」（World Economic Forum, WEF）則認為「競爭力」是指一個國家或一個公司，能夠獲得持續高度經濟成長的能力。比較與歸納二家著名的全球競爭力評比單位的評比標準可知，其評比內涵大致分成兩大部分：

1.屬於各國的經濟相關統計數據，即是一般所謂的硬性資料，包括經濟成長率、失業率、研發經費比率、政府財政狀況與進出口貿易等客觀的數據資料。

2.是針對全球主要的跨國企業發出的問卷調查，所得到受調查者主觀判斷決定回答問卷的軟性資料，包括對各國市場開放的程度、企業管理的能力、政府的效率、司法公平性與生活環境品質等問項的調查，由此顯示出，評比的方式存在著相當的主觀性。

所以，競爭力實際上是受了阻力、潛力、實力、生命力、惡勢力與勞動力的影響，七者之間關係非常密切，如車之兩輪、鳥之雙翼，相輔相成，相得益彰。準此，他們的主要內涵為：

1.改善不良與不合時宜的競爭阻力，方能創造有利與優勢的競爭力情勢。

2.創造各種有利的生產要素，以有利的發揮各生產要素的潛力。

3.強化國家各項基礎建設，簡化行政程序，以提升行政效率，開拓國際化、自由化之競爭力，進而厚植國家的實力。

4.強韌的追求理想的內在生命力，可以超越惡質化環境，促使競爭力的提升；反之，則可能受惡質化環境之影響，而呈現競爭力遲滯或下降，甚至等於零的衰敗現象。

5.影響生命力與生產力發揮和進步的各種有形與無形障礙之惡質化環境和勢力，會使投資者卻步，旁觀者感嘆，更使充滿生命力者感到氣餒，導致生產力遲滯或衰敗。

6.合理的勞動成本與人性化價值觀的管理和經營，方能創造出質與量並重的最高生產效益之經濟優勢。

質言之，創造有利的優勢競爭情境之能力，就是隨著阻力的減少、潛力的發揮及實力的累積，而更能增強與壯碩登峰造極的競爭力，以強化自我的敏銳預防能力與有效因應變革的新思維，達到因人、因地、因事、因物而制宜之終極目標，方能從容的迎向下一波新世紀的挑戰，以贏得顧客心，造就自己圓滿而成功的人生契機。

二、競爭優勢之特質

經由上述之意義詮釋、目的闡明及主要內涵可知，「競爭優勢」具有下述十七項之特質。

(一)強大吸引力

在競爭優勢的字典中，如何創造有利的投資環境，以吸引外人樂意投資，例如優惠關稅、減免稅額的提高、良好生產環境的規劃等的各項優惠措施的提供，即是具備強大的吸引力。例如美國、泰國、愛爾蘭和墨西哥即是最明顯的例子。

(二)積極性

在競爭優勢的案例中，如果能夠積極的開拓海外市場，便能展現其積極奮鬥的優勢競爭特性，而且獲得無限的商機與生機，開展「藍海策略」。例如美國、日本和韓國即是最明顯的例子。

(三)創造性

在成功的競爭優勢案例中，均可以發現到必定具備尋求對自己最有利的資源和條件的特性，以創造無限的商機與生機。

(四)主動性

在競爭優勢的案例中，同樣能發現到，具備積極主動的開拓海外市場的認知、行動力與周延計畫等能力，方能獲得優勢的有利環境。

(五)自主性

在競爭優勢的案例中，同樣能發現到，具備自主的行動力與有效的溝通協調能力，方能創造與獲得優勢的有利環境。

(六)國際性

在競爭優勢的案例中，同樣能發現到，具備國際觀與地球村概念者，一定能夠在國際舞臺中，靈活展現優勢的競爭力，且獲得無數的支持、掌聲與喝采。

(七)自由性

在競爭優勢的案例中，同樣能發現到，具備自由平等的哲學概念與尊重的態度，方能自由的在競爭對手與環境中，創造與獲得優勢的有利生存空間與機會。

(八)最高性

在競爭優勢的案例中，同樣能發現到，能夠創造與獲得優勢的有利環境者，必定是具備有最高的決策力與行動力者，方能有效的展現出競爭優勢情勢。

(九)動員性

在競爭優勢的案例中，同樣能發現到，能夠創造與獲得優勢的有利環境者，必定是具備有最高的決策力、全面動員力與行動力者，方能有效創造出競爭優勢情勢。

(十)整體統整性

在競爭優勢的案例中，同樣能發現到，能夠創造與獲得優勢的有利環境者，必定是具備整體全面思慮和規劃的統整能力者，促使提升競爭力成為一種有連續性、前瞻性與全面性的全民運動。

(十一)包容性

在競爭優勢的案例中，同樣能發現到，能夠創造與獲得優勢的有利環境者，必定是具備兼容並蓄的最大忍受力與包容力者。

(十二)獨特性

在競爭優勢的案例中，同樣能發現到，能夠創造與獲得優勢的有利環境者，必定是具備有做決策、獨立規劃與獨立作業能力者。

(十三)持續性

在競爭優勢的案例中，同樣能發現到，能夠創造與獲得優勢的有利環境者，必定是除了具備有做決策、獨立規劃與獨立作業之能力者外，還必須有持續執行和追蹤評估考核之能力者。

(十四)協調性

在競爭優勢的案例中，同樣能發現到，能夠創造與獲得優勢的有利環境者，必定是具備了有效充分溝通與協調能力，方能齊一觀念、步驟與

達成目標的行動力。

(十五)共存共榮性

在競爭優勢的案例中,同樣能發現到,能夠創造與獲得優勢的有利環境者,必定是能夠有效充分的獲得工作團隊夥伴的認同與支持,樂意一起為達成目標,而付出強大的競爭行動力者。

(十六)活化與再生功能

在競爭優勢中,最重要的部分並不是靜態的效率,而是個體與企業充沛的活力,和自我調適的再生工程。果能如此方能創造優勢的有利環境與競爭力。

(十七)資訊科技化、現代化與辦公室自動化

在競爭優勢中,最重要的部分除了靜態資訊的建立與掌控外,最重要的是個體與企業能夠掌控對手的各項動態資訊,而這些資訊的獲取與管理,則須借助於現代化的資訊科技技術與自動化設備,方能夠在瞬息萬變的現代社會中,永遠立基於優勢的有利環境與雄厚競爭力的境地。

三、競爭優勢之條件

個體或企業或國家生存在現今資訊發達,瞬息萬變的非常競爭世界中,皆存有希望以優勢條件打敗對手脫穎而出之想法。所以,如何提升自我競爭力,是當前最重要的課題。依據瑞士洛桑國際管理發展學院於每年秋夏之際所公布之「全球競爭年報」顯示,自1994～1998年調查結果資料,近五年來競爭力評比得分之排序,美國、新加坡與香港依然持續在第一、二、三名之列,而名列第四與第五之荷蘭、芬蘭、瑞士與丹麥等歐洲國家卻未能如上述三個國家連續五年蟬連第四與第五之名次,顯示一國

之競爭力強弱關係著該國之競爭力的排名，尤其位居亞洲經濟大國的日本，由1994年的第三名退至1998年之第十八名，更是最佳明證。

而臺灣近年來之競爭力評比得分名次，由1994年之第二十二名進步至1995年之十四名，而1996年與1997年又降至第十八名與第二十三名，直至1998年才又提升至第十六名，且在2013年成長競爭力總排名達到第十三名；而在瑞士的另一個著名的競爭力評比單位「世界經濟論壇」（WEF）針對勞力素質評比的結果顯示，則由1996年的全球第九名，提升至1997年之第五名，而2013年又降至第十二名。另瑞士商業環境風險評估公司（Business Environment Risk Intelligence, BERI）2013年出版之《各國投資環境評估報告》顯示，我國投資環境評比排名第三位，超越第十二位之美國、南韓、中國大陸，第十七位的日本，僅次於第一名新加坡。由此顯見臺灣在競爭力之評比過程中，呈現著起伏不定之優勢與劣勢影響因素與變數，有待加強評估與改善，方能營造出競爭優勢的有利環境（國家發展委員會，2014）。

誠如前總統李登輝先生與前副總統連戰先生於1996年所宣示，國家未來的施政方向應該是「儘速營造自由化與國際化的經濟體系，方能提升國家競爭力」，以及「致力國家現代化的全面性努力，將是提升國家競爭力的基石；而提升國家競爭力，則是行政革新的主軸」。所以影響「全球競爭力」的主要因素有十大類，包括：(1)社會安寧；(2)人力及生活素質；(3)科技實力；(4)企業管理；(5)基礎建設；(6)金融實力；(7)政府效率；(8)國際化程度；(9)國家經濟實力；(10)兩岸關係。

因此，一個國家、企業或個人，如果要持續保持競爭優勢的條件，則應可參考上述瑞士三大著名評比單位，所據以評比的標準內涵，進行強化與再生工程，方能夠立於不敗之地。

因此，要持續的保持競爭優勢的條件，則應朝下列各方面努力與改善。

(一)簡化行政程序

1.簡化行政程序與關卡，側重行政與改革的品質和時效，以提升政府行政效能，進而以政府為火車頭，整合國內企業界的力量，建立共識，以使國家的競爭力更往上攀升。

2.善用自己所擁有的資源，減少所有的不必要成本，不要讓企業花太多時間與政府單位打交道，而浪費了生產力，應該藉由提升效率與生產力，以提高國家的競爭力。

(二)政府應扮演的角色

1.在提升競爭力的過程中，政府應扮演著維持穩定性環境與創造遠見的角色，亦即創造穩定且可預測的立法環境。而在經濟先進的國家中，政府則應扮演間接的角色，以刺激私人企業的發展，並避免不穩定性環境的產生。

2.政府領導人應具備有研定發展國家長程計畫的眼光與獨特的目標，以發展出屬於自己國家應有的特色目標與生產力。

3.加速政府再造工程，尤其以法治再造工程為首要工作，以法令鬆綁達到自由化、國際化的目標。

4.政府應極力加速排除民間的投資障礙、增加民間投資信心與降低關稅，撤除非關稅障礙，以擴展國家自由化與國際化的深度和廣度。進而積極發展國際市場，吸引外國高附加價值產業前來本國投資。

(三)促進生產力

1.有效的發展資訊科技與投資基礎建設，以獲得生產力的競爭優勢情勢，及無限活化的生存生命力。

2.積極促使各項服務與生產力躋進ISO（International Organization for Standardization，國際標準／國際標準化組織）之林，以增進國

內之知識、科學、技術及經濟等各領域之活動，均能獲得世界標
（水）準之認證，達到國際化目標。

3.大量投資於教育（尤其是中學教育），以及勞動力的終身學習與改
善，培育高品質與高生產力的人力資源。

(四)公務員習氣的改革

1.政府應破除貪汙和腐敗的紅包賄賂文化行徑，加強整肅貪汙的官
員，以避免低風險、高品質與高利益的商業，走入了高風險、低品
質與低利益的惡質化黑金之歧途與泥沼之中，而無法挽救。

2.政府應積極大力的消除各級政府主管與公務員的官僚習氣，以及醬
缸文化，並要求渠等人員用心體悟與踐履心靈改革之服務精神，以
落實法治與公義精神。

3.政府應積極改革，重新塑造「便民、效率、創新與尊重」的服務品
質政策。

四、競爭優勢與自我職業訓練之課題

誠如高希均教授與石滋宜教授所言，沒有哪一個國家能在每個產業
中所向無敵，或是只出口不進口，亦即每一個國家的人力資源、投資環境
及生產技術設備，都有一定的限制，最理想的狀況是把各項資源應用到最
有生產力的領域中，以發揮最優勢的競爭力。

而此一觀點更可由瑞士洛桑國際管理發展學院校長彼得‧羅藍吉
（Peter Lorange）和美國競爭力策略大師麥克‧波特（M. Porter）對臺灣
競爭力排名所持建議言論得到印證。亦即應針對評比項目的結果進行深入
探討，充分瞭解自己國家缺點，以尋求改進之道，有效地運用具有競爭力
的現有資源，以掌握更大的優勢，而不是像一顆洩了氣的皮球，去尋求於
事無補的自殺（裁）與自傷的瘋狂行徑。

　　因此，一個國家或企業或個人要如何強化自我競爭力，以立於優勢狀態中，應是當前重要課題。經由前述的競爭優勢內涵與條件可以知道，其根本解決之道，端賴透過人力資源的有效規劃培訓及運用，方得以達成競爭優勢之最有利境地。

　　每個人一生中都有追求的終極目標，有人希望能夠速成如王永慶、蔡萬霖等富豪般，於財經工商企業中舉足輕重，或專志於精神心靈修行，渡化眾生脫離物慾情愛糾葛苦海，以成就無上圓滿功德果位。而賦有維護與保障國民權益和優質的生活環境天職之國家政府，同樣應有其長程目標與創造之遠見，以培育精銳人才團隊，取得競爭優勢之先機，方能永續經營地立足於國際世界舞臺之不敗境地。

　　所以，有效與強烈的競爭力之具足，必須經由充分感性的人文素養錘鍊，以培養一己優質的智力與情緒商數，能夠與對手和服務對象進行無障礙的協調和溝通；進而藉由理性之創造力、逆境與管控商數的有效運用，創造有利的優勢環境，提升一己的競爭力。

　　總之，即是要練就一身所謂的7Q工夫，包括IQ（智力商數）、EQ（情緒商數）、CQ（創造力與控制商數）、AQ（逆境商數）、MQ（道德倫理與管理商數）、SQ（微笑商數）及LQ（生活商數）等工夫，方能培養自身獨具感性特質的人文素養，和創造優質、良性與獨占的優勢環境，及有效、理性的提升超強競爭力。

(一)IQ（智力商數）

　　即是學習力和適應力。因為社會價值觀的不斷改變，專業工作人員要有不斷的學習進修意願，以因應變遷，方能顯現智慧。

(二)EQ（情緒商數）

　　即是情緒管理的知識與能力。專業工作人員要將自己的情緒經營得當，方能情緒不失控的顯現「和顏悅色」，提供案主有效的高品質服務與

智慧。

(三)CQ（創造力與控制商數）

即是推陳出新創造與自我控制的知識與能力。專業工作人員要訓練自己的知識與服務方案計畫內涵，隨著時代脈動與社會福利需求趨勢改變，不要運用一成不變的服務模式，方能提供案主有效的高品質服務之智慧。

(四)AQ（逆境商數）

即是積極向上不屈不撓的知識與能力。專業工作人員要訓練自己面對橫逆時，仍能發揮百折不撓積極奮鬥之毅力和精神，方能協助案主培養「因應逆境解決困難」之知能和毅力及潛能。

(五)MQ（道德倫理與管理商數）

即是遵循道德倫理與自我管理的知識與能力。專業工作人員要訓練自己遵循機構與專業的道德倫理守則，設身處地的常為別人著想，方能培養服務個案體貼、尊重、寬恕、誠實與負責等美德。

(六)SQ（微笑商數）

即是笑臉迎人，幽默與快樂泉源之微笑功夫。專業工作人員要訓練自己天天以「五大樂事」恭喜自己——「把握今天」、「活著」、「駕馭自己」、「接納別人」及「熱愛生命」，讓自己經常保有愉快的心情，以幽默與智慧，塑造愉快與溫馨氣氛，使案主對專業信賴，而願意陳述所面臨的問題與困境，共同參與面對問題、解決問題。

(七)LQ（生活商數）

即是生活、學習與放下身段的生活功夫與知識能力。專業工作人員

要訓練自己將生活安排得很有秩序與智慧，不會讓生活瑣事影響工作品質，並且秉持「活到老學到老」信念，方能提供案主彈性有效的高品質服務。

 第二節　工業社會之終身學習

一、生涯發展的意義

　　何謂生涯？多數的專家學者對生涯所下的定義，一般概分為廣義與狹義的兩種涵義。廣義的生涯是指個人整體人生的發展，經由工作、職業或事業、情感、婚姻和家庭、個人身心發展與自我成長等旋律相互激盪，交織而成。亦即除了終身所從事的事業外，尚包括個人整體生活型態的開展。而狹義的生涯是指和個人終身所從事的工作或職業有關的過程，似乎與我們所稱的事業是同義的。因此，生涯具備了獨特性、終身性、發展性與總合性等四種特性。

　　至於所謂生涯發展係指人在一生當中各個不同的年齡層階段，所面臨必須學習與處理的各個不同問題之知識與技能，及必須完成的任務，例如：生活自理能力、課業、就業、結婚生子及食衣住行育樂等各項任務，如果無法順利的學習完成任務，則會產生危機，影響一生的發展。所以，生涯發展學家舒伯認為生涯發展是由時間、廣度與深度等三個層面所構築而成的。所謂時間係指個人的生命或年齡的過程，包括成長、試探、建立、維持與衰退等五個階段。所謂廣度係指個人終身所扮演的各種角色之廣域或範圍。所謂深度係指個人扮演每一個角色時所投入的程度。

　　社會學家與心理學家認為每一個人在一生中所必須順利學習之知能技術與完成之任務，都有賴於其實際之照顧者與教育者諄諄教誨與引

表9-1　社會學家與心理學家之生涯發展分期之任務與危機論見表

生理年齡及 學者所做分期	性心理時期 （佛洛依德）	心理社會時期 （艾力克遜）	認知時期 （皮亞傑）
0～2歲乳嬰兒時期	口腔期	信任與不信任	感覺動作（操作）期
2～3歲嬰幼兒時期	肛門期	活潑自動與羞愧懷疑	前運思（操作）期
3～6歲學前兒童時期	性器期	積極主動與退縮內疚	前運思（操作）期
7～11學齡兒童時期	潛伏期	勤奮進取與自貶自卑	具體運思（操作）期
12～22青少年時期	兩性期或生殖期	自我認同與角色混淆	形式運思（操作）期
22～34成年時期	兩性期或生殖期	友愛親密與孤獨疏離	形式運思（操作）期
34～70中老年時期	兩性期或生殖期	精力充沛與頹廢遲滯	形式運思（操作）期

導，方不會造成危機，影響其他不同階段的學習與發展，而每一個階段所必須學習與完成的任務及危機各有不同，詳如**表9-1**。

　　所以，一個人如果能夠積極樂觀進取，努力的學習與成熟的扮演好每一個時期所需表現的角色，及培養解決問題的能力，則相信必能順利的完成各項發展任務，愉快適性的就業與生活。

二、職業生涯發展的主要課題

　　一個人如果要愉快適性的就業與生活，則必須做好自我人生各項工作之規劃。其中尤以職業的適性與否，會直接影響到各項生活所需，因此，個體在進入就業市場之前，就必須對職場之行職業狀況與所需之資格條件做充分瞭解與準備，方能順利的愉快工作。所以，一般將職業分類為十大類，而其工作職稱及所需具備之學經歷資格條件，可從**表9-2**一窺究竟。亦是在準備應徵或投入該項工作之前所必須瞭解，以免發生悔恨與怠工之不良情事，影響自己的終身事業之發展。

　　總之，只要有計畫性的努力，相信每一個人的未來都不是夢，每一個人的生涯發展，都可根據個人的人生目標，考量外在環境與自己所擁有

表9-2　十大類職業與一般工作職稱及學經歷資格條件對照簡表

十大類職業	一般工作職稱	一般所需學經歷資格
民意代表、主管及經理人員等	如立法委員、省市縣市議員、經理、院長、部長、科長、主任、組長等	高中職以上畢業
專業人員	如工程師、作家、醫師、畫家、教授、編輯等	大學以上畢業
技術員及助理專業人員，主要包括各類技術及公民營機關（事業單位）之監督人員	如採購、保險經紀、運動教練、歌手等	高中職以上畢業；運動教練則需大專或大學以上畢業
事務支援人員	如行政人員、文書、打字、運輸人員等	高中職以上畢業
服務及銷售工作人員	如警察、消防員、模特兒、褓母等	高中職以上及警校畢業
農林漁牧業生產人員	如園藝工、家禽飼養工、馴獸師等	國小以上畢業
技藝有關工作人員	如泥水工、礦工、焊接工等	國小以上畢業
機械設備操作及組裝人員	如操作工、作業員等	國小以上畢業
基層技術工及勞力工	如清潔工或普通工友等	國小以上畢業
軍人	如軍官、士官等	軍校畢業或服常備役者

的資格條件和可資運用的資源，進行各種不同階段性的發展目標規劃，包括短程、中程與遠程等三個階段的計畫目標，以達到《孫子兵法》所說的「知己知彼，百戰百勝」，成功的實現人生每一個階段的生涯規劃目標，開創屬於自己的一片天空，建立一個幸福美滿的人生。

三、終身學習

(一)終身學習的意義

　　所謂終身學習又稱為終生學習，其與終身教育的理念是一體兩面

的。截至目前為止，有關終身學習的意義，仍然持續在改變，各有不同的說法與解釋，惟一般係指個體在一生中的任何一個階段，為增進知識、發展技能、改正態度，不斷進行有意的與有目的之教育和學習活動，以因應個人發展及家庭與社會適應的需要。

因此，儘管不同的學者專家在不同的情境中，對終身學習的解釋不一，但綜合各種界定仍可發現其具有五種共通的因素內涵（黃富順、林振春，1998）：

1. 是一種個人有意安排與進行的學習活動，無意與偶然學習活動則不包括在內。
2. 是一種蘊涵有強烈的反對教育與學習的工具性價值觀。
3. 是一種無須顧慮個人的年齡、性別和職業地位，而對學習機會含有普遍享有的共同期盼。
4. 是一種承認在各種不同情境中有關非正規學習的重要性。因此，與傳統教育在方法和意義的多樣性上有所不同，強調的是個體應學習如何自我學習，並且不斷的獨立學習與活動。
5. 是一種對傳統教育哲學所主張之明確的教育時程的批判，並且提供了另一種選擇，強調學習是終身的歷程，沒有開始和結束的時間。

(二)終身學習的發展歷程

終身學習的理念能夠在短短的幾十年內快速的崛起，普遍為社會大眾所接受，而成為教育改革和規劃訓練體系的基礎，是有其發展的歷史淵源背景與原因的。其主要發展歷程如下（黃富順、林振春，1998）：

1. 18世紀中葉以後，北歐盛行傳統的成人教育，因此在各種的英語論著中，最早被提出此一名詞者係在於1920年代。
2. 終身學習的理念受到關注與探討，係在於二次大戰之後。而且終身學習的意義亦隨著時空的變革，而產生了不同的解釋與重點之變

化。

3.1970年代由於資訊革命與石油危機的影響，全球經濟面臨結構性的轉變，加上知識爆炸與快速的過時，導致個人意識到須隨時隨地增加新的知識與技能，以免有被淘汰的危機。因此，促成了往後數十年來終身學習的蓬勃發展。

4.民國87年教育部有鑑於資訊時代的來臨，國際化是不可阻擋的趨勢，而個人的終身生涯發展必須隨著時事潮流，做不斷的改變與學習，方能因應適存於社會。因此，將民國87年定為「中華民國終身學習年」，並發表「終身學習年白皮書」，提出十四項行動方案，透過各種方案的設計，期能落實終身學習目標，以協助國民能夠努力追求學習新知，養成終身學習的習慣與能力，並因應未來社會變遷各種可能之挑戰。

所以，依據海珊因（Hasan, 1996）的研究指出，終身學習的主要目標有五項：(1)幫助個人的發展；(2)強化民主素養；(3)開展社區生活；(4)促進社會的融合；(5)達成發展、創新、增加生產力，以促進經濟的成長（引自黃富順等，1998）。

而教育部在「推展終身教育，建立學習社會中程計畫」中更明確的揭櫫七大終身教育目標：

1.培養國人終身學習的理念，使社會成為學習的社會，讓學習成為日常生活的一部分，以增進國人生活知能。

2.增進終身學習機會，整合各種教育資源，以做妥善的運用。

3.配合改革學校教育，使學校與當地社區做充分交流與運用，讓資源發揮最大效用。

4.妥善規劃行政配合措施，研修相關法令與結合民間資源，使應用於終身教育發揮最大效益。

5.健全終身教育師資，及改進課程、教材與教法，建立終身學習專業

教育體系，以因應學習者的需要。

6.建立回流教育制度，採取彈性多元方式入學辦法，以提供離校國人參與高等教育、成人教育及高級中等教育的機會。

7.建立終身教育的完整體系，統整正規、非正規與非正式教育，建構橫向流動及轉換的管道，突破目前的封閉體系，加強互通協調，以利全民參與學習。

因此，由上述可知「終身學習年白皮書」具有前瞻性、統整性、預測性、創新性與可行性等五大優點；以及缺乏對家庭教育的重視、缺乏對社會文教機構改革的強制力、白皮書的對象不明、補習教育的轉型為切中核心、只開拓弱勢族群教育機會難以讓其融入、缺乏專案經費的籌編、未能透過立法強制執行、未明確規劃出優先順序與年度進程，及未能勾勒出對國家社會整體的利益，與參與國民切身的利益好處之行動驅力等九項不足之處。

總之，一個人在認清與瞭解自我的特質、潛能與學經歷資格條件後，便應該針對自己的各階段生涯發展目標，做好決定並釐定目標計畫的進度，以積極樂觀進取與力爭上游之態度，做好有效的時間管理，耐心與恆心的執行，切勿好高騖遠，最重要的是要抱持「終身學習」的觀念，在進步過程中求創新與研究發展，隨時不忘進修充實自己工作的專業知能，在工作中學習專長，精益求精，則相信必能提升自我地位與效能。

第三節　我國公共職業訓練政策及法令措施

一、當前我國公共職業訓練依據法令

(一)職業訓練法

依據民國82年12月5日公布施行「職業訓練法」（以下稱本法）曾歷經多次修正，民國100年11月9日修正版本主要內涵如下：

1. 立法宗旨：依據第一條規定，為實施職業訓練，以培養國家建設技術人力，提高工作技能，促進國民就業，而制訂本法。
2. 主管機關：職業訓練主管機關在中央為行政院勞工委員會；在直轄市為直轄市政府；在縣（市）為縣（市）政府。
3. 職業訓練界定及實施方式：本法第三條所稱職業訓練，係指對未就業國民所實施之職前訓練及對已就業國民所實施之在職訓練；實施方式分養成訓練、技術生訓練、進修訓練、轉業訓練。而身心障礙者職業訓練則宜依「身心障礙者權益保障法」規定辦理。
4. 職業訓練機構類別及設立規定：
   (1)職業訓練機構類別包括三類：政府機關設立者；事業機構、學校或社團法人等團體附設者；以財團法人設立者。
   (2)職業訓練機構之設立，應經中央主管機關登記或許可；停辦或解散時，應報中央主管機關核備。職業訓練機構，依其設立目的，辦理訓練；並得接受委託，辦理訓練。職業訓練機構之設立及管理辦法，由中央主管機關定之。
5. 職業訓練師之界定及資格職掌規定：職業訓練師係指直接擔任職業技能與相關知識教學之人員，於職訓機構進行職類教學者。
6. 事業機構辦理職業訓練之費用。

7.技能檢定與發證委辦及獎勵事項。

(二)推動地方政府辦理職業訓練實施要點

依據民國83年6月11日行政院勞工委會（現更為勞動部）公布施行之「推動地方政府辦理職業訓練實施要點」規定，運用地區性社會資源建立職業生涯訓練體系，充分提供國民定期參與各項職業訓練機會，並增進各行業在職人員專業知識、技術及第二專長，提升人力素質，促進經濟發展。

二、我國當前轉業訓練實施概況

(一)辦理轉業訓練之相關法令

依據當前實施之「職業訓練法」規定之「轉業訓練」規定，及「就業安定基金促進國民就業中程計畫」之規定等，據以為辦理我國人力轉業訓練相關法令規定。

(二)影響轉業需要之環境因素

依據行政院勞工委員會職業訓練局委託有關「現階段我國轉業訓練政策取向之探討研究」結果顯示（1991），為順應未來可能影響轉業需要之環境因素，其中政策導致結構性之轉變，應由政府來加以支助，而產業結構和勞動力結構的變動，則隨社經之變遷及發展而有所差異。當前我國在面臨各種不同外在環境因素與內在環境因素之衝擊及影響下，而形成了轉業之需求情況，其主要因素不外乎產業政策與結構、社會就業觀及其他等。

◆產業政策因素

政府為促使經濟發展所推動的產業政策，除了影響產業結構的變動

方向外，由於對個別產業發展的重視程度不同，造成對人力供需結構之改變，而可能促使人力的轉移。包括特定產業人力需求的增加，可能吸收其他產業的人力；以及注重技術的提升而釋放出來的非技術人力，必須移轉至其他的產業工作。

而綜合政府各部門歷年來所制定的產業政策發現，未來最具發展潛力且大量需求人力的產業類別為：

1.工業方面：

   (1)優先發展的行業為：資訊、電信產品、基本金屬工業、機械、運輸工具與高級材料等工業。

   (2)次要發展的行業為：特用之化學品、石油化學、食品、塑膠、紡織、製鞋與家具等工業。

2.服務業方面：未來發展的重要行業為工商服務、資訊、工程顧問、現代化商業、休閒娛樂、觀光餐飲、環境服務與醫療衛生等服務業。

◆ 產業結構因素

由產業結構之轉變得知，未來農業及工業之產業技術提升，或設備自動化、資訊化所產生的剩餘勞動力，勢必有轉業需要，甚至有轉業訓練之需求；而服務業將為移轉人力的主要目標。換言之，由於產業生命週期之演變，及其他因素影響產業結構的變動，而改變勞動市場的就業結構，造成部分勞動人口可能要轉換職業，才能獲得就業之機會。因此，呈現以下現象（張丕繼、周珪棟，1986）：

1.從就業者行業結構觀之，農業結構的比重呈現下降趨勢，且農業人力會持續外移轉至其他行業。因此，農業部門人力的精簡與部分農村人力的移出，一方面必須加強辦理農業技術人力的訓練，以提升留農人力的品質，增加其生產力，另外一方面亦須辦理轉業之輔導與訓練，以促使部分農業外移人力能順利轉移至其他行業。另從就

業者職業結構觀之，農林漁牧工作人員亦呈現持續下降之趨勢。

2.從就業者行業結構觀之，工業結構之比重亦有減少之傾向，且因自
動化、「資訊科技雲端雲」程度加深，就業者人數的增加速度顯著
下降，而其就業比率亦逐年降低，其中尤以製造業之就業比率減少
量較大。另從就業者職業結構觀之，未來的就業結構中仍以生產作
業人員占大多數。因此，在工業結構轉變，技術進步與生產自動化
等因素的影響之下，因機電整合、微電腦技術、航太、光電及雷射
等新科技的應用，對人力技術水準的要求將日益提升。

3.從就業者行業結構觀之，服務結構之比重有明顯上升之傾向，且就
業者人數的增加速度急速上升，而其就業比率亦相對的增加。因
此，其就業人口占總就業人口的半數以上，成為吸收勞力的主要部
門，而為了維持高度生產力，其發展必定會傾向效率化、資訊化、
服務化與技術化的方向。另從就業者職業結構觀之，未來的就業結
構中，專門技術人員、監督佐理人員及服務工作人員所占的比重將
日益增加。所以，為了因應服務業人力質與量的雙重需求情勢下，
未來移入服務業的人力必須接受適當的職業訓練，方能協助這些人
力順利轉業成功。

◆社會就業觀念因素

臺灣地區因受天然條件之限制，對人力依存度相當高，然而近年來
受到人口結構之改變（如高齡化、晚婚與子女數銳減等）、經濟掛帥之物
質化社會風氣影響，以及國民參與工作之意願漸行低落，導致部分行業
已有勞力短缺之現象；而部分廠商卻受到勞工意識之高漲，與勞資糾紛漸
增之影響，已紛紛移往海外投資生產。再者，由於民間游資充斥，且無適
當及足夠之投資疏通管道，轉而流向金錢遊戲；另由於國民所得大幅提
高，個人休閒需求增強，工作意願相對降低，個人之價值觀因而產生了變
化。

　　而就一些有關工作價值觀的調查顯示，臺灣新一代工作人口的性格較為積極主動，與上一代勞工的保守被動及較重視工作的安定、保障有所不同，未來趨勢將以自我實現成就感為主，因而更增加了轉業的可能性。而針對個人工作滿意度的調查顯示，就業者對工作升遷、工作收入與工作保障的不滿，亦將形成工作意願的減低及有轉業的需求。因此，有關轉業的原因包括自願離職、非自願離職、自營作業者（或雇主）結束業務，及無酬家屬工作者轉任其他工作等四種原因。所以，社會價值觀影響勞動力流向工作環境較佳之職業，亦即社會對就業的期望提高，勞動力會傾向追求條件更佳工作環境，因而形成對於有關轉業的需求情況。

◆其他因素方面

　　臺灣地區每逢經濟繁榮高峰時期勞工需求自然增大，因而亦有產生勞工來源不足之情形，導致就業市場勞動力之需求、就業成長率及求供倍數的大幅增加，失業率亦因而大幅下降，工資水準向上提升。而造成此一供需失衡現象之主要原因為：

1. 產業自動化之影響，造成對高級人力之需求與日俱增；相對的亦衍生了不適任勞工與技術脫節之失業勞工轉業與就業的問題。

2. 產業外移之影響，形成了購併、設立行銷據點、逃避環保、配合外交政策，及免稅或低稅率的考量等五種特色，因而造成原有之員工無法立即轉至同一行業之工作生產線，導致原有員工有轉業之需求。

3. 工廠倒閉關廠歇業之影響，造成原有勞動力失去工作機會，如無法有效的處理善後，則將產生勞資糾紛不斷，到處陳情遊行抗議，不但造成社會失序不安與交通紊亂，且致使勞動力閒置無法有效運用之憾事。

　　總之，由於就業結構之改變，農業人口所占比率已降至7%左右，而工業部門受生產自動化之影響，亦將有部分人力移出，再加上服務業發展

迅速，改變了三級產業部門間人力投入結構的分配狀況。因此，為了減少結構性失業對社會可能造成的不良影響，政府部門在有關轉業訓練的推展方面，是責無旁貸的，而且應該以總體產業結構變化，及勞動市場移動方向進行前瞻性的規劃，尤以在協助農業與被資遣人力的轉業訓練更應如此，方能符合勞動市場就業機會所需資格要件，因而有效的協助其順利轉業。

(三)加入國際組織後之重要議題：我國人力轉業現象的分析

◆人力之行業變動情形

一般而言，從事農業工作者在不同行業間之移轉情形，歷年來情形大致相同，其移至公共行政、社會服務及個人服務業較多。如再由各行業移入者分析，製造業之投入者，以來自商業、公共行政、社會服務、個人服務及農林漁牧業為多。

◆人力之行業間移轉情形

一般而言，農林漁牧業在不同行業間之移轉情形，歷年來情形亦大致相同，且為移轉率最高之行業。就淨移轉率而言，農林漁牧業之淨移轉率為負值，其就業人數因移轉而減少。且就各年全行業流出流入人數之結構比重來看，流出行業占最大比重者，歷年來亦均以農林漁牧業及零售業為主。

◆人力之職業間移轉情形

一般而言，農林漁牧業工作者在各職類之移轉率中是歷年最低的。就淨移轉率而言，農林漁牧業之淨移轉率為負值，其就業人數因移轉而減少。

所以，就上述之資料顯示，當前我國人力之異動及移轉情形，以農業人力之異動及移轉情形最顯著與嚴重，可做以下數項歸納：

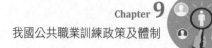
1.換行同時也換業的比重最高。

2.向第三級產業移動者漸增。

3.轉業頻率與職級高低呈反比現象。

4.向北部及大都市與其周圍市鎮移轉者較多。

5.移轉率與年齡成反向變動。

6.非自願轉業者以30歲以上者居高，顯露出中高齡者接受轉業訓練需求殷切。

7.變換工作頻率與教育程度呈正比，但與年齡呈反比。

因此，政府在面對產業結構變遷中，有關人力移動與工作轉換之人力培訓工作，有待加緊腳步規劃與推動，方能符合就業市場人力質與量之需求，進而達到促進經濟繁榮目標。

總之，當前之職業訓練相關法令如下：

1.職業訓練法。

2.職業訓練法施行細則。

3.職業訓練師甄審遴聘辦法。

4.技術士技能檢定及發證辦法。

5.職業訓練師與學校教師年資相互採計及待遇比照辦法。

6.職業訓練機構設立及管理辦法。

7.身心障礙者權益保障法。

8.事業機構支付職業訓練費用審核辦法。

9.職業訓練師培訓辦法。

10.辦理身心障礙者職業訓練經費補助辦法。

11.身心障礙者職業訓練機構設施標準及獎助辦法。

12.技能檢定術科測試場地機具及設備評鑑標準實施及管理辦法。

13.技能檢定術科測試監評人員審定訓練遴聘及考核辦法。

14.技術士技能檢定學術科測試試場規則。

15.技能檢定學術科測試作業規則。

16.技能檢定規範製訂及學術科試題命製規則。

17.技術士技能檢定學科測試閱卷規則。

18.技能檢定試題題庫設置管理辦法。

19.技術士技能檢定學科測試監場及術科測試監評規則。

20.技能競賽實施獎勵及補助辦法。

21.產業人才投資方案（勞工在職進修計畫）。

22.就業保險之職業訓練及訓練經費管理運用辦法。

23.雙軌訓練旗艦計畫。

 ## 第四節　我國公共職業訓練體制

一、我國當前職業訓練體系與分工概況

目前我國職業訓練機構，在中央方面由勞動部勞動力發展署負責全國職訓工作，並由五個分署於北、中、南、東等地區自辦或委辦或補助，分設公共職業訓練場地，包括泰山、北區（基隆）、中區（臺中）、南區（高雄市）、東區（宜蘭、花蓮、臺東）、桃園與臺南及離島等。此外，行政院國軍退除役官兵輔導委員會職訓中心（桃園市）及行政院農業委員會漁業署遠洋開發中心（高雄市）等委員會，亦分設公共職業訓練中心辦理職業訓練業務。直轄市政府勞工局各設立一個職業訓練中心（臺北市、新北市及高雄市），以及民間團體所設立之財團法人東區職訓練中心（設於臺東市）、中華文化社會福利基金會職訓中心（原救總職訓所，設於臺北市）、少輔院、矯正學校、少年觀護所、技能訓練所等共計有數十個公共職業訓練機構，並結合社會資源一千多家訓練單位，負責辦理職業訓練工作事宜。

二、我國各公共職業訓練機構所辦理的職業訓練概況

(一)目前我國各公共職業訓練機構的訓練類型

依據「職業訓練法」的規定計有五種，包括：師資訓練、養成訓練、進修訓練、轉業訓練及身心障礙者職業訓練等。而其訓練的方式有自行辦理訓練、接受委託辦理訓練、與有關單位合作辦理訓練及提供有關獎勵或補助訓練服務等四種方式。

(二)受職業訓練期限及資格（勞動部勞動力發展署，2014）

1. 技術人員養成訓練為期一年以內，視職類程度需要而定；須年滿15歲，國中、高中職、專科、大學或研究所畢業。
2. 高級技術人員養成訓練為期三年，因須同時完成補習教育，故其年齡及教育程度亦須符合教育法令之規定。
3. 以各公民營事業單位之在職人員為對象之在職技術人員進修訓練。
4. 接受委託或合作訓練期限視需要而定，由委託或合作單位選送。

(三)受職業訓練學員於受訓期間之待遇及受訓後之出路

◆ 受職業訓練學員於受訓期間待遇

1. 一般受訓者除每月膳食費須自行負擔外，其餘學雜費、材料費及勞保費均由政府負擔，並提供住宿。惟生活扶助戶、身心障礙者、原住民、中高齡者、負擔家計之婦女與經中央政府主管機關認定者等，均可申請補助膳食費及訓練生活津貼或訓練券。另參加艱苦職類訓練或家境清寒者，以半年為期發給獎助學金。
2. 於招訓二週後，無故退訓者，依規定按比例賠償學雜費、材料費及勞保費。
3. 在職技術人員進修訓練學員需負擔半數訓練費；而委託訓練則由委

託單位全額負擔。

◆ 受職業訓練學員之出路

1.結訓成績合格者頒發結訓證書，並輔導就業。

2.受訓六個月以上者，輔導參加專案技能檢定，合格者發給國家技術士證書。

3.參加養成訓練半年期以上結訓後，得轉入高職學校相關科別的延教班就學。

◆ 我國目前公共職業訓練中心辦理訓練之概況

1.公共職業訓練中心自民國74年辦理訓練開始，至今（民國103年）開訓總人數約為將近三倍之差距。

2.依訓練性質分為養成訓練與進修訓練兩種，自民國74年辦理訓練開始，至今（103年）開訓總人數，兩相比較結果約為近二倍多之差距。兩種訓練之對象亦均以技術人員位居第一位，且幾乎都有三分之二以上的結訓人數。

3.訓練期限別分為三年期、一年期、半年期及半年期以下等種類，自民國74年辦理訓練開始，至今（民國103年）開訓總人數，以半年期以下者位居第一位，其次分別為半年期、一年期、三年期，兩相比較結果則因近幾年來均以失業勞工訓練為主軸，致使半年期、一年期、三年期之訓練有漸減趨勢。

4.訓練職類別分為金屬及機械加工類、焊接及配管類、電機及電匠類、電子及儀表類、營建及土木類、紡織及服飾類、其他類（包括印刷、製版、電腦、打字、國貿、觀光餐旅、美容、化工及漁業等）等種類，自民國74年辦理訓練，結訓總人數以其他類位居第一位，其次分別為金屬及機械加工類、電機及電匠類、電子及儀表類、營建及土木類、焊接及配管類，與紡織及服飾類。因近幾年以失業勞工能儘速就業之短期訓練為主軸，故訓練職類以接近服務類

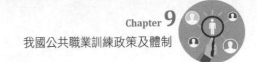
為主，傳統產業等需較長久之養成訓練職類技術，則較為縮減。為減少學用落差，自民國102年則積極推動「訓用（學用）合一」師徒制的「明師高徒」養成訓練計畫。

由此顯而易見整個社會變遷結果，處在工業社會的現代人亟思調整、改變與因應之特質，甚至由於企業之轉型與關廠歇業或業務緊縮，甚至移廠遷至國外，所導致之失業員工之轉業訓練的迫切性需要，將使職業訓練之重要性日益增加。

總之，由上述我國當前就業服務與職業訓練體系及其分工概況中可知，目前中央政府之就業服務與職業訓練體系政出多門，無法由一個機關統籌，造成事權重疊，未能有效的釐訂一個整體職業訓練體系的政策，以因應產業結構變遷所需要的技術人力，培訓各類技術人才，進而輔導其適性就業，加上縣市政府升格直轄市數增加為六個（預估至民國103年12月25日），地方民意與政治力的事權爭取等情形日益明顯，這是有關當局所須面對與儘速處理之當務要務，不能再等閒視之了。

問題與討論

一、工業社會中競爭優勢是個人或企業發展的一個重要前提，請任舉競爭優勢的特質。

二、工業社會中個人或企業員工之終身學習是重要的職能提升與發展管道要項，請任舉終身學習政策應有的特性優點。

三、我國公共職業訓練執行的政策及法令措施之依據為何？請任舉我國公立職業訓練機構名稱。

延伸閱讀討論議題

近年來企業界呼籲「學用落差」與「技職教育沒落」、「人才出走與來台搶才跨國工作」現象的訴求，我國應如何因應建立「訓用合一」、「產學合一」及「產學訓合一」等相關職能提升與訓練政策及制度議題？

Chapter

10

我國企業訓練政策及體制

第一節　我國企業訓練沿革及理念

一、我國企業訓練沿革與重點工作

我國推展企業訓練歷經各自為政時期（民國41～54年）、政策形成時期（民國55～61年）、推動企業自辦訓練時期（民國62～64年）、政府推動辦理時期（民國65～70年）及建制開展時期（民國71年迄今）等五個發展階段，訓練方式由早期零星的在職員工訓練及短期養成訓練，逐步發展成現今由政府與民間通力合作之較為健全的訓練體系。由於企業訓練體系的逐步建立，及企業界有感於員工人力素質及技術水準對企業成長之重要性，公民營事業機構派員參加職業訓練人數逐年遞增，由民國70年的十一人到民國84年約五十六萬人，而民國91年又降至約二十萬餘人，顯示政府推動企業訓練因時空背景而有主軸政策的變化，已將公共職業訓練與企業訓練逐步整合成一個主責單位，並以「訓用合一」為主要政策走向，透過「職前之養成訓練」到「就職後之在職訓練」，及進修提升技能之訓練，促使員工之「生涯規劃與生涯訓練」結合，減少所具有之工作技能與實際工作職場變動所需技能間之落差，促使穩定就業，發揮高素質之生產力，達到國家經濟發展與勞動力需求間之平衡目標，降低資遣員工與失業率，實現就業安全之目標。

依據前述，我國推展企業訓練雖略有所成，然而由整體而言，仍有諸多亟待改進之處，以民國84年為例，國內總訓練人數約五十六萬人（包括上述公民營事業機構四十三萬人，另加政府、學校及民間團體計十三萬人），僅占勞動人口的6%，與先進國家達10%之比例，仍相距甚遠，爰積極推動下列業務，以提高企業訓練之普及率為當務之急。

(一)訂頒執行企業訓練之「職業訓練機構設立及管理辦法」

以加強事業單位辦理在職員工訓練工作，提升員工之工作知能，使符合企業發展所需之職場知能。

(二)推動企業人才培訓工作

積極推動辦理各種職類在職員工進修訓練，及第二、第三專長訓練，以協助企業辦理人才培訓工作。

(三)輔導企業自行辦理職業訓練

獎補助企業推動內部員工在職教育訓練，以提升員工工作知能。

(四)加強推廣企業訓練業務

選定企業整體成果或特定主題辦理成果發表會，及邀請國內外專家辦理實務講座，以加強業界對企業訓練法令之瞭解與認識，增加其參與意願。

(五)擴大企業訓練服務範疇

建立企業訓練區域聯絡網及專業人才檔，並且於職訓局企業訓練網站中提供各項服務項目，及相關人力資源資訊供企業參考運用。

(六)加強辦理技職教育與技職訓練及企業所需人才職缺培訓計畫

我國多年來教育體制下所教育出來的畢業生，常有無法立即符合企業所需人才知能的落差，而必須再經過訓練方能上線工作。此無法「學以致用」的教育政策，必須突破改變轉向，因此與勞工行政單位結合，配合企業需求與人力資源作有效運用，推出如全方位技職教育政策之「台德菁英專案」（民國98年更名為雙軌訓練旗艦計畫）、「青年職場體驗營」、「學用合一」等，以落實學校學分教育與企業職場工作訓練，經檢定通過得以獲得畢業證書與證照及工作職缺。

二、我國企業訓練政策理念

莊周企業管理顧問公司周昌湘在〈對企業績效管理的新認識〉一文

中所提之概念，可以說是為我國當前之企業訓練政策構築了理念想法。他
認為：現代人力資源管理的主要內容係如何為企業尋找合適的人才、留住
人才、發展人才，及為組織保持強勁的生命力和競爭力，以提供最佳的人
力支持。而績效管理（performance management）的主要目的就是基於企
業的發展戰略，透過員工與經理人持續、動態的溝通，明確員工的工作任
務及績效目標，並確定對員工工作結果的衡量辦法，在過程中影響員工的
行為，從而實現公司的目標，並使員工得到發展。因此，將之視為人力資
源管理的核心部分，其思想和方法正被中外的眾多公司所採用與重視。而
經過實務證明，績效管理無論在內容上還是在意義上都遠遠超出了以前常
說的績效評價。因為績效評價僅是對員工工作結果的考核，是相對孤立
的、靜態的和表面的特性；而績效管理則是聯繫的、發展的、全面的，強
調對整個人才使用過程的管控，因而構成為企業戰略管理的一個重要要
素。所以，具體而言，績效管理通常包括以下幾個環節：

1. 依據企業確立的發展戰略目標，透過目標分解、逐層落實的方法，
   將中長期目標分割成若干短期目標，並明確到各部門及每一個員
   工，從而訂立相應的績效考評指標和標準。

2. 以設定的各類績效考評指標為指導，進行人力資源的招聘、評估和
   日常考評等工作。瞭解員工的實際能力、具備潛能，對照已設定的
   目標，定期檢查目標完成的進度。

3. 根據考評的結果分析為什麼會有這樣的結果，反饋信息給員工本人，
   並採取相應的措施，包括獎勵、懲戒、培訓、指導、崗位調整、改善
   工作環境、調整目標等，以確保下一階段企業有更好的表現。

所以，從前述之績效管理的具體實施環節可看出，如何將企業的整
體戰略目標分解成一個個具體的、能付諸實際操作的與易於評估的考核指
標，是整個績效管理的重點與是否有效的關鍵。由此，一種名為平衡計分
卡（the Balanced Score Card, BSC）的績效管理方法應運而生。這是1992
年哈佛商學院的領導力開發課程教授羅伯特・卡普蘭（Robert Kaplan）

和復興全球戰略集團創始人兼總裁暨諾朗諾頓研究所所長大衛‧諾頓
（David Norton）經過為期一年的研究，發展出的一種全新組織績效管理
方法。該卡中的目標和評估指標均來源於企業戰略目標，它的優點是強調
了績效管理與企業戰略之間的緊密關係，提出了一套完整的具體指標架構
體系，即是從學習與成長、內部經營過程、客戶價值、財務等四個角度審
視自身業績。

該卡的每項內容又可細分成眾多具體指標來進行詳細分析和考核，
而不是一成不變的，經理人可以根據企業的特性，所處市場環境等因素制
定各自的指標。簡言之，是要讓企業的每一位員工每天的行動都與企業的
戰略掛鉤。例如：

1. 在學習和成長方面：主要考察企業為實現長期的戰略目標而具備的能
   力，包括對企業拓展能力，員工的能力、信息系統等方面的衡量。
2. 在業務流程方面：重視的不是單純的對原有經營流程的改善，而是
   以客戶和股東的要求為起點、滿足客戶和股東要求為重點的全新的
   內部經營過程。諸如產品質量、專業技術含金量、生產率、新產品
   開發和客戶滿意度方面的改進只有轉化為銷售額的增加、經營費用
   的減少和資產周轉率的提高，才能為組織帶來利益。
3. 在客戶方面：確認企業將要參與競爭的客戶和市場狀況，將目標轉
   換成一組指標，如市場份額、客戶留住率、客戶獲得率、客戶獲利
   水平等。
4. 在財務方面：運用一系列財務指標，並衡量戰略的實施和執行是否
   在最終的經營成果中體現出來。

但是，以平衡計分卡為基礎建立起來的企業績效管理系統，在實際
運用中，還需要其他諸如獎勵激勵體系，內部溝通體系的支持，才能真正
發揮其作用。在激勵獎懲體系方面，隨著經濟發展，企業獎勵激勵的重
點應由外部激勵轉向內部激勵，從短期轉向長期激勵。傳統上，多數企業

較注重外部激勵手段的運用，如職位、薪酬或待遇。現代企業除對外部激勵手段的使用外，更多地開始關注如何進行內部的激勵，如滿足員工的成就感、尊重感，以及實施員工持股計畫等長期激勵手段；同時在內外、長期短期兩個方向上尋求平衡和激勵效果的最大化。在完善獎勵手段的同時，為保持並發展企業的競爭力，對績效低下的員工實施有效管理也是很重要的。目前很多企業正在嘗試的「末位淘汰機制」就是基於這樣的出發點。此外，還必須重視內部溝通的重要性，在進行績效評估時，經理人又必須就員工工作實績進行交流，達成一致，才能使員工信服。因此，暢通、有效的內部溝通機制也是企業績效管理成功不可或缺部分，去掉溝通就不是績效管理。

競爭永遠是推動企業管理變革的原動力。在市場經濟發展的初期，大部分企業的成長，是源自於國內消費市場的快速增長。隨競爭的加劇，企業的成長將主要依靠一套科學的、追求實效的管理體系和制度所培育的獨特競爭力。而基於戰略的績效管理體系，無疑是一個最佳選擇。

由此可見，企業訓練之主要目的，即是要輔導協助企業獲得所需之適性人才，並針對所屬員工進行在職知能之訓練，以提升生產力與競爭力，減少因人員流動所產生之訓練成本，進而有效的進行選才、用才、育才、留才等績效管理之真諦。透過此轉化實施於實際企業訓練之政策理念上，相信更能使我國之企業訓練政策與實務拉近距離，進而達到企業真實需求輔導與協助之目標。

第二節　我國目前企業訓練法令措施及實施概況

一、我國目前企業訓練法令措施主要項目

政府於民國72年12月5日公布施行「職業訓練法」後，為積極有效推

動企業訓練工作，訂頒執行企業訓練法規，於民國78年訂頒「職業訓練機構設立及管理辦法」，依據該辦法完成職業訓練機構許可登記設立。所以，政府在推廣企業職業訓練，提升勞動人力素質上之主要措施工作要項如下所述。

(一)訂頒執行企業訓練法規

以企業訓練法規作為審查核准之依據，包括「有充電起飛計畫（在職訓練）」、「企業人力資源提升計畫」、「小型企業人力資源提升計畫」、「公訓機構辦理在職人員進修訓練計畫」、「產業人才投資方案」（含「勞工在職進修計畫」及「勞工團體辦理勞工在職進修計畫」）、「國家人力創新獎選拔表揚計畫」等。

(二)推動企業人才培訓工作

配合推動產業升級政策，積極辦理各類訓練班次，包括自動化與資訊應用、服務業、經營管理、高科技、訓練教學與專業人員等職類共約百餘種。

(三)輔導企業自行辦理職業訓練

1. 加速輔導大型民營事業附設專責職訓機構：加強培育專責職訓機構所需之師資、專業人員，並提供教材、訓練效益評估等資料，同時協助上述機構瞭解辦理職業訓練之各項優惠規定及進行各類專案輔導之工作，以激勵業界廣為附設專責職訓機構。
2. 輔助企業自辦訓練：運用就業安定基金，補助事業機構辦理「實施自動化後員工轉換工作崗位訓練」與「中高齡者工作轉換訓練」，以促使業界充分運用人力，達成提高生產力之目標。

(四)加強推廣企業訓練業務

1. 全國及分業訓練成果發表：選定企業整體訓練成果或特定主題，邀請績效卓著之事業單位進行成果發表，以帶動企業界辦理訓練之風氣。

2. 企業訓練法規宣導：經由研討及座談介紹說明職業訓練相關之法令，以加強業界對法令之瞭解，並增進對職業訓練之參與意願及實務之認識。

3. 國內外專家實務講座：邀請國內外企業訓練專家提供最新理論與有效作法，俾資企業界參考借鏡，並與我國推動企業訓練之實務經驗相互印證。

(五)擴大企業訓練服務範疇

1. 企業訓練活動聯絡網：透過企訓人提供各業訓練的真正需求、參與企訓制度之研訂及推動，並加強業界訓練資訊與經驗的交流及訓練資源的相互支援，建立台北、桃園、竹苗、台中、雲嘉、台南、高雄、花東等區聯絡網組織，邀請廠商參加。

2. 企業訓練專業人才檔：網羅各類訓練之師資及專業人才等資料予以彙整建檔，俾供企業界遴聘運用。

3. 人力資源發展專題演講：結合相關企業人力資源團體定期舉辦系列專題演講，以滿足企業界人士追求新知之需求。

二、目前我國企業訓練實施案例概況

(一)「展翼計畫——休閒產業活動指導員」之職前工作體驗訓練

勞動力發展署於民國92年暑假期間，特別針對18～24歲的青年人，

辦理「休閒產業活動指導員」之職前工作體驗訓練，並將此項訓練計畫定名為「展翼計畫」，係屬於一種新興的職訓方案。該方案的實施主要是鑑於國人對於戶外休閒服務的需求日趨殷切，產業發展潛力值得期待，同時考量運用、開發青年人力資源特色，並與觀光休閒產業軟體服務相結合，因此特別委託中華民國全國工業總會及海棠文教基金會，共同辦理這項青年職前訓練活動，期待透過對休閒活動指導員的工作探索與體驗，培養有興趣的青年進一步對休閒活動指導員的職業認同以準備加入行列，提供休閒產業之青年人力資源。充實國內健康休閒生活環境，以利未來建構新興職訓與就業訓用合一之機制。

「展翼計畫」的參訓者可全程公費接受訓練，希望藉由理論與技術實務結合的集中訓練方式，提供八十個青年職業探索與體驗的機會，以培育合格的休閒活動指導員，開創青年更多元的職種。該項計畫對改善國內觀光休閒市場的品質及創造青年就業機會，展現出具體的示範性成效。其主要訓練課程項目包括基礎理論課程占42%，專業技術課程占19.4%，機構實務參訪19.4%，機構實務觀摩19.4%等四種，總計理論課程占40%左右，專業技術與實務課程占60%。

(二)台德菁英專案計畫（民國98年更名為雙軌訓練旗艦計畫）

勞動部為促進青少年就業，及培訓契合企業需求之優質專業技術人力，促使技職及職訓體系合流，並因應全球化趨勢，奠定紮實人力資源基礎，特與教育部、德國經濟辦事處組成專案工作小組，自民國92年與教育部合作，引進德國「雙軌制」（Dual System）職業訓練模式，推動「台德菁英計畫」，並以德國雙軌制訓練制度為基礎，發展本土化之雙軌訓練制度。另為契合國內產業及社會環境需求，自民國98年起以本土化為主要導向，進行計畫再造，並更名為「雙軌訓練旗艦計畫」。

「雙軌訓練旗艦計畫」整合事業單位及技職體系資源，訓練生（學生）每週分別在業界實習至少3日、學校上課2～3日，不但可學習理論課

程，還可增加實務經驗，降低學校教育與職場技能的落差。另外，訓練生（學生）除可享有學費之優惠補助外，每月由事業單位提供津貼，以減輕經濟負擔。訓練生（學生）於訓練期滿且成績合格者，可取得教育部授予之日間部正式學歷文憑與勞委會及事業單位共同核發之結訓證書。依據過去幾年推行雙軌制職業訓練之經驗，訓練生（學生）於完成訓練後，已與該企業融為一體，故留任率高，是另一種就業保障。

對於有意繼續升學，又擬提早踏入職場之青少年，「雙軌訓練旗艦計畫」無疑提供了另一個就業與升學雙軌並進的選擇。此計畫不但提供技職體系學生的就業機會，升學及就業兼顧，也同時為企業提供優質的募才、育才及用才途徑，塑造了一批基礎厚實的技術人才，達到企業與青少年雙贏的局面。

(三)國家人力創新獎計畫

勞動部為表彰具有人力資源培訓與發展（Human Resources Development, HRD）創新或實績之績優單位及個人，同時促進企業及社會大眾對HRD的瞭解，特別設置「國家人力創新獎」（National HRD InnoPrize），鼓勵在組織人才訓練與發展或員工職涯規劃等人力資源發展領域，具有自我比較以往於實踐應用之創新、相較於同業之創新或設計上之創新等創新模式及經驗，可提升勞動力之價值，並足以為各界楷模之企業團體及個人。

「國家人力創新獎」選拔表揚活動自94年度起開始舉辦，至民國101年底為止，已成功辦理八屆，並已選出104名之HRD績優單位及個人；為延續推動HRD績優辦訓單位及個人在人力資源之標竿典範產出與引導效果，並擴大宣傳效益，103年度將賡續推動第九屆國家級尊榮大獎「國家人力創新獎」之選拔、頒獎典禮表揚活動、經驗分享交流會及標竿企業參訪等整合行銷及推廣促進活動，以達到鼓勵企業提升人力素質之效。

第三節　我國企業訓練網絡及技術證照制度

一、我國企業訓練網絡

(一)企業訓練實體聯絡網絡

◆網絡之建立

　　由中央主管機關依行政區分區，建立企業訓練聯絡網組織及企業訓練輔導團，除了擔任政策指導聯絡網發展外，並能提供資源協助。

◆網絡之建立目標

　　逐步建立完整之全國性企業訓練聯絡網，擴大企業訓練的廣度與深度，使其深入個別企業單位，強化企業訓練的資訊傳遞與交流，並提供企業單位企業訓練的各項資訊、輔導與服務工作。

◆網絡之作法

　　為達成企業訓練聯絡網設置的目標，並於企訓網網站中建置企訓網資料庫，辦理種子人員訓練，協助推動各區聯絡網之組織建立，提升企業教育訓練之專業技術，提供企業訓練需求、診斷分析、資訊提供、經濟分享等基礎服務，爾後再依實際需要逐年提供各項企業訓練有關服務。而其提供的服務項目分別為：

　　1.提供資料查詢與資料庫的建立和更新。
　　2.提供到廠諮詢、診斷輔導，以協助企業廠商建立相關制度系統。
　　3.建立人力資源發展電腦化整合系統，以供企業廠商有效的運用。
　　4.協助企業廠商開發教材，培養師資，以建立有效的企業訓練體系。

　　總之，由上述我國當前職業訓練體系與分工概況中可知，當前中央政府之職業訓練體系政出多門，無法由一個機關統籌，造成事權重疊，未

能有效的釐訂一個整體職業訓練體系的政策，以因應產業結構變遷所需要的技術人力，培訓各類技術人才，進而輔導其適性就業，這是有關當局所須面對與儘速處理的當務之急。

(二)企業訓練虛擬聯絡網站

依據行政院主計總處人力資源調查統計資料顯示，國內的失業率約在4～5%游走。為平衡國內就業市場中人力供需落差，並協助企業解決人力資源發展所遇到的瓶頸，勞動力發展署所建置的「企業訓練聯絡網」，除了前述之實體網絡體外，尚有資訊交流服務虛擬網站之設置，呈現出現代化之實體的企業服務活動與虛擬網站資訊交流兼具的全國企業人力資源發展服務網絡。

勞動部表示，目前台灣約有98%的企業是屬於中小型企業，無論企業本身的資源或訊息來源的獲取，都不如大型企業來得完善且快速，因此，面對全球化競爭及市場成長率趨緩壓力，中小型企業面對產業升級、轉型的成長力道即顯得緩不濟急。另面對大陸及世界經濟體系的開放，我國經濟結構已由勞力密集為主的製造產業，跨入以研發設計及市場行銷導向為主的產業領域，為因應知識經濟、科技產業的興起，企業更需要廣納各種具備專業知能的優質人才，並持續辦理內部訓練或鼓勵員工加強在職訓練，才能於競爭激烈的全球市場中保有生存利基。

國內就業市場中存在的人力供需落差，主要是因產業結構轉型，一方面技術性、專業性高的工作找不到合格有準備的勞動力員工；另一方面因產業轉型所導致的結構性失業人口無事可做。有鑑於台灣的產業結構轉型，服務業占我國經濟成果的比重已高達67%，未來服務業的經濟產出及從業人口所占的比重將會更形提高，也將是我國未來經濟再成長的新動力，而該產業的發展將較一般產業須更重視人才與人力資源的投入。因此，勞動部將加強對服務業事業機構辦理員工教育訓練的補助措施，積極鼓勵企業業者與各產業團體重視人才培育的觀念，規劃員工的教育訓練計

畫，並整合政府訓練機構及民間團體職業訓練資源，以有效改善服務業的發展條件，實質行動解決人力市場供需失衡的問題。

因此，企訓網設置的主要目的之一，就是希望能透過政府資源的注入，以最便捷的方式，協助企業取得職業訓練資源，激發企業既有的員工教育訓練機制，並發揮最大的擴散效果，以穩定95%的勞動力。再經由企業間良性的分享、互動過程，擴大整體產業的營運規模而僱用更多的勞動力，以降低5%的失業人口比率，並實現永續經營的願景。

二、TTQS訓練品質系統

(一)目的與意義

在知識經濟時代中，人力資本是最重要的生產力要素之一，故人才培訓已成為各產業升級發展之基礎工作，但在倡導事業機構投資所屬員工之人力資本之同時，更應致力於確保訓練品質與績效，以強化事業機構及訓練單位之辦訓意願與能力，進而協助勞工有效提升職場競爭力。據此，勞動力發展署特就訓練之計畫、設計、執行、查核、成果評估等階段擬訂訓練品質系統（Taiwan TrainQuali System, TTQS），以確保訓練流程之可靠性與正確性。訓練品質系統之建立，除了可提升事業機構與訓練單位辦訓能力與績效外，亦廣泛運用於職前訓練及在職訓練計畫之訓練單位，作為辦訓體質之辨識工具。在擴大訓練品質系統運用範圍之前，本計畫將再精進「訓練品質系統」相關作業之服務品質，並持續提供事業機構及訓練單位熟悉訓練品質系統之機會。為利該系統制度化發展，以提升其應用價值與執行品質，將會持續檢討及修正訓練品質評核之標準。此外，對於評核委員之一致性及評核結果之有效性，也一併納入該系統機制中，讓TTQS成為國內辦訓最客觀、最公正、最具代表性之檢測工具，朝與國際接軌目標邁進。

(二)執行年度目標

逐步建立完整且具公信力的訓練品質系統，透過專案執行組織之專業能力，辦理訓練品質輔導服務組織網絡及品質之管理體系，以提升訓練品質系統之相關作業服務品質，擴大企業訓練的廣度及深度，強化事業機構與訓練單位辦訓能力與績效，作為辦訓體質之辨識工具。年度目標策略如下：

1.建置訓練品質管理體制。

2.辦理訓練品質規範評核與輔導服務組織網絡及服務品質之管理。

3.訓練品質管理訓練課程規劃與師資培訓。

4.TTQS專屬網站建置與經營。

5.推廣行銷等各項基礎工作。

6.訂定訓練品質系統未來發展之中程計畫。

(三)執行策略

1.辦理評核委員及輔導顧問之遴選、回訓與管理。

2.辦理教育訓練講師之遴選、管理與課程規劃。

3.辦理評核、輔導及教育訓練服務之規劃與各分區服務中心之督導管理。

4.訓練品質系統發展規劃。

5.資訊整合與管理。

6.行銷推廣。

三、職能基準意涵及具體作為

第一，職能基準（Occupational Competency Standard, OCS）係指民國99年5月立法通過之「產業創新條例」第十八條所述，為由中央目的事業主管機關或相關依法委託單位所發展，為完成特定職業（或職類）工作任

務，所需具備的能力組合。此能力組合應包括該特定職業（或職種）之主要工作任務、行為指標、工作產出、對應之知識、技術等職能內涵的整體性呈現。在職能的分類上，是為專業職能，闡述專業職能是員工從事特定專業工作（依部門）所需具備的能力。產業職能基準的內涵中，職能的建置必須考量產業發展之前瞻性與未來性，並兼顧產業中不同企業對於該專業人才能力之要求的共通性，以及反應從事該職業（專業）能力之必要性。因此，職能基準不以特定工作任務為侷限，而是以數個職能基準單元，以一個職業或職類為範疇，框整出其工作範圍描述、發展出其工作任務，展現以產業為範疇所需要能力內涵的共通性與必要性。

第二，有關「職業」部分，係以行政院主計總處訂頒之「中華民國職業標準分類」之小類或細類職業名稱，或勞動部訂頒之職業分類典之職業名稱為發展範疇，若於以上兩類官方分類依據中均無適用之職業名稱，則以產業慣用之職業名稱作為發展範疇。有關「職類」部分，如上述，本計畫業參考美國SCCI之職業群組（career clusters），建立職類架構，俾透過有系統的編碼方式，以利後續管理與應用。

第三，隨著全球化與知識經濟時代的來臨，產業結構與技術快速變遷，為促進產業創新，改善產業環境，提升產業競爭力，「產業創新條例」的訂定，更揭示人才在產業發展過程中扮演重要角色，其中第十八條明定各中央目的事業主管機關得依產業發展需要，訂定產業人才職能基準及核發能力鑑定證明，並促進國際相互承認。目的在協助提升產業所需人才素質。另民國100年9月「職業訓練法」修正通過該法第四條之一：「中央主管機關應協調、整合各中央目的事業主管機關所定之職能基準、訓練課程、能力鑑定規範與辦理職業訓練等服務資訊，以推動國民就業所需之職業訓練及技能檢定。」

第四，鑑於職能發展與推動，及整合應用各中央目的事業主管機關因應產業需求開發之產業職能基準，以強化職業訓練之內涵與成效，提升我國人才培訓體系之運作效能，勢為施政重要政策與課題。所以，簡言

280

之，職能基準為從業人員所需的職能組合。針對各職能進行分級之主要目的，在於透過級別標示，區分能力層次以作為培訓規劃的參考。我國規劃建立之職能基準表之職能級別共分為六級，主要係參考新加坡、香港（兩者皆參考自實施分級成熟之澳洲資歷架構並調整為較易運作），以及學理上較成熟之美國教育心理學家布魯姆（Bloom）教育目標理論等，經加以研析萃取後，研訂符合我國國情之職能級別。分級之目的在透過級別標示，區分能力的層次以作為培訓規劃的參考（**表10-1**）。因此需要對於選定職業（類）之能力要求，作整體性判斷。操作上可先以：(1)工作任務及其所對應之行為指標來判斷能力層次，每個工作任務所需的能力層次可能不同，所以，一個完整職能基準的職能級別，可能涵蓋不只一個級別；(2)若是這種情況，該職能基準的職能級別可以用範圍來表示。目前已建置職能發展應用平台（簡稱iCAP平台，網址http://icap.evta.gov.tw），整合並公布各中央目的事業主管機關發展，並通過品質審查之職能基準，供各界參酌應用及推廣。

四、擴展技能檢定、落實技術證照制度

技能檢定是近代工商業發展的動力之一，藉由技能檢定的推動，用以提升職業訓練水準與技術人力素質，促進產業技術向上發展，提升服務業現代化服務品質，共同達成加速國家社會繁榮、進步的目標。我國為促進經濟社會發展，於民國61年9月發布「技術士技能檢定及發證辦法」，並於民國62年7月制訂第一種技能檢定規範「冷凍空調裝修技能檢定規範」，及於民國63年開始辦理技能檢定，截至民國93年6月底至今（民國103年），已公告180檢定職類，核發技術士證六百三十九萬餘張。

另依「職業訓練法」第三十四條規定：「進用技術性職位人員，取得乙級技術士證者，得比照職業學校畢業程度遴用；取得甲級技術士證者，得比照大專校院以上畢業程度遴用。」；第三十五條規定：「技術上

表10-1　參考美國SCCI之職業群組建立之職類架構表

項次	職群	職類代號		職類名稱
1	建築營造	ACC	01	建築規劃設計
			02	營造及維護
2	天然資源、食品與農業	AGC	01	食品生產與加工
			02	植物研究發展與應用
			03	動物研究發展與應用
			04	自然資源保育
			05	環境保護與衛生
			06	農業經營
3	藝文與影音傳播	ARC	01	影視傳播
			02	印刷出版
			03	視覺藝術
			04	表演藝術
			05	新聞傳播
			06	通訊傳播
4	企業經營管理	BAC	01	一般管理
			02	企業資訊管理
			03	人力資源管理
			04	運籌管理
			05	行政支援
5	教育與訓練	EDC	01	教育行政
			03	教學
6	金融財務	FNC	01	證券及投資
			02	財務
			03	銀行金融業務
			04	保險
			05	會計
7	政府公共事務	GVC	02	國防
			03	外交與國際事務
			07	公共行政
8	醫療保健	HLC	01	醫療服務
			02	長期照護服務
			03	公共衛生
			04	健康產業及醫務管理
			05	生技研發
9	個人及社會服務	HMC	01	學前照護及教育
			02	心理諮詢服務
			03	社會工作服務
			04	個人照護服務

（續）表10-1　參考美國SCCI之職業群組建立之職類架構表

項次	職群	職類代號		職類名稱
10	休閒與觀光旅遊	HTC	01	餐飲管理
			02	旅館管理
			03	旅遊管理
			04	休閒遊憩管理
11	資訊科技	ITC	01	網路規劃與建置管理
			02	資訊支援與服務
			03	數位內容與傳播
			04	軟體開發及程式設計
12	司法、法律與公共安全	LWC	01	司法
			03	公共安全
			05	法律服務
13	行銷與銷售	MKC	01	行銷管理
			02	專業銷售
			03	行銷傳播
			04	市場分析研究
			05	零售與通路管理
14	製造	MNC	01	生產管理
			02	製程研發
			03	設備安裝維護
			04	品質管理
			05	資材及庫存規劃
			06	工業安全管理
15	科學、技術、工程、數學	SCC	01	工程及技術
			02	數學及科學
16	物流運輸	TRC	01	運輸作業
			02	物流規劃及管理
			03	運輸工程
			04	運輸規劃及管理

與公共安全有關業別之事業機構，應僱用一定比例之技術士。」以上規定，不但確定了技術士證的價值，也提高了技術人員的地位。技能檢定自1974年實施迄今已四十年，隨著經濟社會之發展，其辦理職類逐年增加，影響層面並逐年擴大，對提高國民技能水準與建立職業證照制度，及企業自動化與競爭力提升已奠定初步基礎。因此，當前勞委會辦理技能檢

定與競賽及落實技術證照制度等主要項目情形如下：

(一)擴大辦理技能檢定

配合社會發展需要，逐年開發新職類，截至民國103年底止，已編訂檢定規範共達182種職類。同時積極擴大辦理全國技能檢定及各種專案檢定，參加檢定人數逐年增加，截至民國103年4月止累計到檢人數11,347,325人，發合格證書6,390,506張，合格率為56.32%。

(二)推動技術士職業證照制度

目前已有下水道法等二十三種法規規定，僱用一定比率或人數之技術士為營業場所申請設立條件之一，以提升業界品質，保護消費者安全；教育主管機關，對持有技術士證者報考各級技職學校技能甄試甄審，訂有各種加分優待之規定；此外，亦有多家公民營事業單位對取得技術士證者，給予進用、待遇、升遷等激勵措施。

(三)辦理技能競賽

技能競賽是在建立技能價值觀念，藉著競賽的方式，促進社會的重視，激起大眾的興趣，檢討職業教育與職業訓練的教學成果，並藉相互切磋與觀摩，提高技術人員的技能水準。我國致力發展技術密集工業及服務業，對技術人力「量」與「質」之需求日益殷切。除了應積極推展職業教育與職業訓練，擴大辦理技能檢定外，亦應全面舉辦技能競賽，以擴大影響，蔚成風氣，促進全國各界對技術教育與訓練之重視，成為國家經濟、社會建設主要力量（勞動力發展署，2014）。為不斷促進職業教育與職業訓練發展，鼓勵國人踴躍鑽研各種先進技術，自1969年起，每年均辦理全國技能競賽，1997年度舉辦第二十七屆競賽時，競賽職類達三十九種，參賽人數2,366人，藉由技能競賽相互切磋與觀摩，對於建立技能價值觀念，提升技術人員的技能水準，甚具助益。另於1970年派員參加第

十九屆國際職訓競賽，並成為會員國，國際技能競賽截至2014年已辦理第四十二屆，且我國在各屆競賽中亦獲得許多職類之金銀銅牌及優勝獎。

另國際展能節（International Abilympics）係由國際奧林匹克殘障人協會（International Abilympics Federation）主辦，該組織為一國際性民間團體，係於1981年由日本發起成立，目前參加該組織者多為各國之民間殘障團體，目前會員國已有四十一個國家，總部設於日本。國際展能節活動係由其會員國輪流承辦，每四年舉辦一次，迄今（2014年）已辦理八屆，第八屆業於民國100年9月在韓國首爾舉行完畢。民國104年則依規定辦理第九屆。

問題與討論

一、學用落差、學非所用是目前我國企業常感嘆的現象，因此政府相關部門在企業訓練政策上，積極規劃訓用合一等崗位訓練措施，請任舉我國企業訓練上推動的政策或計畫措施名稱。

二、我國公共職業訓練、企業訓練網絡及技術證照制度間是具緊密連結功能關係，因此，學用與證照進用比例制度有些行業已行之多年，您認為好嗎？為什麼？

延伸閱讀討論議題

我國公共職業訓練與企業訓練政策及體制間，如何有效促進勞動者職能準備與提升等相關作法配套議題。

Part

4

實務篇三：失業保險篇

Chapter

11

主要國家之失業保險政策及體制

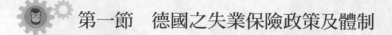

第一節　德國之失業保險政策及體制

德國之失業保險業務與其他國家一樣均與就業服務、職業訓練等相關工作緊密結合，以落實就業安全目標。其相關政策與體制可由機關組織、相關作法，及近年來之相關失業對策等窺知。

一、機關組織方面

在聯邦設置勞工主管機關，地方設置勞工事務機構及專業機構。西德失業率在1982年和1984年之間急遽上升，達到歷史性的高峰。西德政府深信治療這種情況有賴於良好市場運作，而對年輕人實施一項廣泛的職業訓練計畫，提供一般為期兩年以上之在職及非在職訓練給一百七十萬名新進勞動市場者。此外，西德政府為增加勞動市場的彈性，在1984年發表了若干調整方案來降低勞動法令限制，以便促助就業，便於延長定期僱用契約，和僱用勞工做兼差性質的工作，而不用額外的諮詢和保護的責任。同時，也改變勞工租用的規定、在小公司方面則減少醫療給付金額、提高工時彈性到一天八小時、對女性勞工的僱用也採取較寬鬆的措施等。而自1990年10月統一之後，區域性就業機構由原來的九個增加為十一個，區域就業機構設有管理委員，分別由勞工、雇主以及政府等三方面代表至少五人所組成；地方就業機構由原來一百四十六個再加上原東德部分三十八個，合計為一百八十四個，各地方就業服務機構亦設有管理委員會，分別各由勞工、雇主以及政府等三方面代表至少三人所組成；分支就業機構原來僅四百八十五個，至此已擴充到七百個。區域與地方就業機構之業務執掌，均包括職業介紹、職業諮商以及失業給付等，但分支就業機構則僅負責職業介紹業務（職訓局，1989c：77-78；郭振昌，1992：361-362；曾敏傑，1999）。相關作法如下分述。

二、相關作法方面

(一)職業輔導方面

根據西德工作促進法，職業輔導工作係以青年為主要對象，使他們接受職業訓練。在時機上，選擇他們要踏入職業生涯以前，及在職業生涯中，對選擇職業及在職業發展上所遇到的難題給與輔導。因此，在作法上，就必須在選擇職業之前，引導他們進入最適合的學校學習，各階段包括自國中開始、特殊學校、綜合及普通高中、高級職業學校、職業準備學校、專科學校、技術學院至大學等；其中亦包含身心障礙青年之輔導，在輔導策略上，注意他們個人的意願、行為，所處的環境，勞動市場及職業的發展等。

而其職業輔導內容，分為青年、成人及個人問題的輔導。在方法上，透過職業教育、職業訓練及職業類別與勞動市場的發展趨勢等的介紹，並以講課方式來解答選擇職業的問題，以便正確的選擇職業，並接受適切的教育訓練。在職業輔導的作法上，則分別採取集體對話、家長交流、提供資訊、供應專刊及媒體報導等（職訓局，1989c：14-24）。

(二)職業諮商方面

依據就業促進法之規定，聯邦就業總署為唯一可以實施職業諮商，養成訓練崗位推介的合法機構。藉由聯邦就業總署所提供的職業諮商服務，可以協助解決青少年及成年人在踏入職業生活之前，以及在職業生涯過程中，所可能面對的各式各樣的職業選擇、職業轉換以及職業升遷所面臨的問題。其主要任務歸納為四項（陳育俊，1992）：

1.職業指導：針對青少年及成年人，提供必要的職業資訊，並針對職業問題的個別需要提供建言。

2.職業引導：為培養青少年正確的職業觀念和想法，透過上課方式，

教導青少年有關職業選擇、職業訓練途徑、職業內涵，職業未來發展等方面之知識。

3.推介訓練單位：尊重青少年本身的選擇，為其推介適合的養成訓練職類、訓練崗位，並與事業單位簽訂訓練合約，使其得以接受政府認定的養成訓練。

4.經費補助：為確保青少年及成年人能安於職業訓練，除了以上之措施之外，如有必要亦提供經費補助。

三、近年來之相關失業對策方面

包括Job-AQTIV法、僱用職訓競爭力同盟、行政組織調整、社會改革公正政策、民間參與職業介紹等，分述如下：

(一) Job-AQTIV法

即就業促進法之五種對策，A代表僱用促進、Q代表資格給付、T代表訓練、I代表投資、V代表輔導就業，係改變以往的勞動政策，採取課以失業者積極協力義務個人計畫之「強化輔導就業」，及實施job rotation制度，推動企業提供勞工在職訓練的勞動協約之「繼續職業訓練」制度。

(二)僱用職訓競爭力同盟

係由聯邦、州、中央部會首長、主要工會經濟團體等代表所組成，以因應解決失業問題重要政策之機制，獲得之主要結論有：

1.稅制改革。

2.促進職業訓練。

3.中高齡提早退休問題。

4.工資與生產力等。

(三)行政組織調整

前總理施密特將「勞動社會問題省」與「經濟省」合併為「勞動經濟省」，以進行新工作模式之改革。

(四)社會改革公正政策

1.於2000年7月通過「稅收改革法案」，並自2001～2005年分三階段實施。

2.推動兩性平等政策：由兩性可支配時間為觀點，推動全日制托兒所、學校，提升女性高階主管比率及提升婦女勞參率。

(五)民間參與職業介紹

補助民間職業介紹所參與職業介紹工作，依其輔導失業者就業，以該失業者失業期間長短給予津貼補助，並將民間職業介紹所由許可制改為申報制。

經由前述德國相關政策改革之績效，可由其失業率得知，其於1999年平均失業率為10.5%，2013年降為5.3%，2014年3月更降為5.1%。

第二節　英國之失業保險政策及體制

英國政府將就業服務與失業保險給付工作置於同一執行機構中，與其他國家作法大致相同，謹就立法沿革、近幾年來失業相關對策分述如下：

一、英國立法沿革

英國為工業革命的發源地，因此就業服務設施之建立亦為期甚早，如眾所周知，英國是最先建立就業服務制度的國家。1893年英國利物浦市為解決因當地工廠林立所導致的失業問題，設立勞動交換所（Labor Exchange），其設置之主要宗旨，定位在調節人力供需。至1916年，貿易委員會將勞動交換所業務內容加以擴充，兼管職業介紹與失業保險業務，並將名稱改為就業交換所（Employment Exchanges），1917年英國成立勞工部。1939年，依據「軍訓法」及「兵役法」之規定，勞工部改稱勞工及國民服務部（Ministry of Labor and National Services）掌理失業保險以及失業救助業務。

1944年英國國會通過「障礙者就業法」（Disabled Persons Employment Act of 1944），而此項新增加業務仍然由就業交換所辦理，使得該所所承擔的業務也就大為增加。至1948年進一步通過「就業與訓練法」（The Employment and Training Act of 1948），在業務上可以說是將原先的就業交換所業務範圍加以擴大，因此此項法案通過之後，除了原有業務繼續維持之外，該法透過對於勞工部的授權，執掌全國就業概況消息之發布，指派其中委員成立委員會，增強成人的就業訓練，維護就業安全，協助勞動力的區域間移動，以利勞工找尋新的工作機會，並辦理職業輔導以及青年就業等業務。

1964年國會又通過「工業訓練法」（Industry Training Act of 1964），此立法之宗旨，所欲達成的目的可歸納為三項：(1)為使辦理職業訓練之各企業，在經費負擔上能趨於一致；(2)用以改善工業訓練的品質與效率；(3)提高勞動力素質，尤其著重於確保中階人員人力資源之無缺。到此階段，英國之國民就業服務體系可以說是規模粗具，制度逐漸完善。此後，為因應產業發展與社會變遷的需要，遂將「勞動部」改為「就業部」，就業輔導業務也隨之轉移至就業部。

1973年，就業部發表一份「就業與訓練：政府的構想」的白皮書，建議成立一個對就業部負責的「人力服務委員會」（The Manpower Service Commission），主管就業服務和職業訓練。自從該白皮書公布後，一名就業部的常務處長受命為新的就業服務機構的首任最高負責人，籌備就業機構改制事宜。1973年，英國制定就業與訓練法，「人力服務委員會」仍然隸屬就業部之下，但是有它獨立的預算和人事。

1974年工黨執政，英國政府對就業部進行大幅度改革，將就業部分成六大部門，其中之一為就業服務機構（The Employment Services Agency, ESA）。1979年保守黨柴契爾夫人執政，英國政府的政策從社會政策轉為以經濟政策為重點，對失業問題的控制也以創造就業機會取代以往工黨時代提供失業津貼方式。從1979年到1986年期間，是英國就業服務和職業訓練政策的轉變時期，一方面英國政府削減社會福利的支出，減少失業保險給付的實際數額，提高領取失業保險的條件；但另一方面，則採取擴大就業機會的方案和措施，藉以達到增加就業機會目標。

1982年英國實施「青年工作者方案」（Young Workers Scheme, YWS），其目的在鼓勵企業提供較多長期性全職工作機會，給那些缺乏工作經驗的年輕人，政府補助的金額每人每週十五英鎊，占雇主支付平均週薪五十英鎊的近三分之一，因此頗受企業界歡迎，而享受YWS的年輕勞工已達數十萬人。同年10月另外有「社區工作方案」（Community Program, CP）推出，此方案由地方政府或志願性團體辦理。參加社區工作方案者，多屬缺乏工作經驗而長期失業的人，其在社區工作之報酬係按時計酬。社區工作方案實施之後，也產生兩項效益：(1)協助長期失業者得到適切的工作經驗，建立工作習慣與信心，以避免因長期失業無法立即適應企業組織特性。經事後調查發現，參加過社區工作方案者，其就業機會較之一般長期性失業者多二倍；(2)提供社區具體助益，諸如清除廢土、水溝、興建社區巡邏中心、為社區老人安裝禦寒設備及屋頂排水等（行政院勞委會，1991：36-36）。

1983年1月英國試辦「工作折半方案」（Job Splitting Scheme, JSS），其目的在鼓勵企業把全時工作分成兩份工作，以便接納更多的兼職勞工，此一方案事實上即是一般所謂的工作分享（Job Sharing）和部分工時制度之結合，在作法上，係由政府提供補助，以補助企業因實施工作折半所產生的行政和訓練成本，每人每年補助金額約九百英鎊。另外，同年8月在英國全面推展企業津貼方案（Enterprise Allowance Scheme, EAS），其目的在鼓勵有意自行創業者，由政府提供為期一年每週四十英鎊的津貼，使失業者不致因創業即失去社會安全給付而裹足不前。加入企業津貼方案的條件必須要具備至少投資一千英鎊之投資，以進行創業。雖然英國在此一方案所發費的經費相當龐大，但也創造相當可觀的就業機會。

1986年英國政府發表政策藍皮書「就業——對英國政府的挑戰」（Employment-The Challenge For the Nation），其主要內容，在於針對1979年以來英國政府所推行各項就業服務和職業訓練改革方案進行評估，並擬定出未來職業訓練與就業服務發展方向。為解決失業問題，採取加強就業服務與職業訓練之功能，以促進失業者早日再就業，其主要措施如下（廖為仁，1993：21-25）：

1.再就業計畫：主要以再就業諮詢服務，隨時可以工作檢定之措施，以期達到：
(1)維持或激發失業者之再就業動機，並增進其求職能力。
(2)培養失業者之就業技能。
(3)給予失業者壓力，促使其擴大職業選擇之範圍。
(4)篩除事實上已有工作而冒領失業給付者。
2.職業訓練：職業訓練對於解決失業問題貢獻極大，失業者若不具備技術能力，則其再就業不過是使其從事低生產力、低工資的低技術性工作。對此，英國採取青年訓練方案、訓練機會方案以及就業訓練。

3.臨時就業與獎助就業：對於經過一段合理的求職階段之後，仍未就業者，予以臨時性工作，以維持其就業能力與動機，進而促使其能再度就業，對此，採取有新進人員方案、企業補助方案、社區計畫，及就業行動。

1987年「就業服務機構」（Employment Services, ES）因應設置，1988年就業部改稱為「就業部門」（Employment Department Group），由五個部門所組成，含就業部本部、就業服務局（Employment Services, ES）、職業訓練署、諮議調節和仲裁委員會、衛生及安全委員會。就業服務局主要掌理：(1)求職求才服務；(2)就業諮詢和提供職業訓練機會、失業保險金之給付業務；(3)擬定協助失業者救助方案。就業服務局在幕僚作業上分為三個單位，即財務計畫和秘書科、人事和企業服務處，以及方案執行處。而在業務執行方面，由各區辦事處實際執行就業服務和申請失業保險給付工作，而區辦事處是由副處長和執行長直接指揮和監督。英國全國共分為九個區辦事處，區辦事處在組織分工上係屬督導單位，因此其主要業務集中於管理服務，包括審計、技術調查和財務管理、人事服務、失業保險給付相關業務。各地區執行中心在中心主任主導下，主要分為就業服務站和失業保險給付站。其業務職掌範圍如下：

1.就業服務站：主要提供求職和求才服務，以及其他有關就業事物資訊、就業權力、特殊需求以及教育訓練等事項。以Camden的就業服務站為例，站長下設置：

(1)求職求才登記和職業介紹課，除了展示和推介求職求才機會外，該課亦辦理就業會談，有些站也做深入的就業諮詢。

(2)申請失業保險給付課，針對失業者提供服務，諸如提供諮詢服務。

(3)障礙者就業課，提供身心障礙求職者的特別服務，以及查核雇主是否依據配額制度僱用障礙者。

2.失業保險給付站：主要業務範圍包括：

(1)核發失業保險金和救助金。

(2)對於失業者狀況加以調查，以提供妥適的就業服務。

就以上之敘述，可以發現英國將就業服務站和失業保險給付站二者置於同一地區之執行中心內，以收聯繫便利之效，和美國、日本作法相同（勞動部，1991：15-18）。

二、英國近幾年來失業相關對策

(一)青少年失業對策

採取就業補助津貼、在慈善團體中工作與訓練、在公共環境保全事業中工作與訓練、最長十二個月教育學習或訓練、自營業開業等措施，促進青少年就業。

(二)職能學習對策

採取個人學習帳戶、產業大學等措施，鼓勵參加相關課程訓練。

(三)僱用保險

採取求職者津貼以提高就業機會，我國後來將之引進為就業促進津貼之「尋職津貼」實施，及民國102年訂定「就業保險促進就業辦法之跨域津貼措施」。

(四)高齡者對策

明定退休年齡為65歲，於2001年2月14日宣布於六年內完成「禁止年齡差別立法案」。

(五)身心障礙者對策

依據1995年「身心障礙者差別禁止立法」規定，自1998年12月1日起須聘僱身心障礙者之企業機構，員工規模由二十人改為十五人。

(六)部分工時工作規則

自2001年7月1日起推動部分工時工作規則，禁止工資、休假、職訓機會等與全職勞工有差別待遇。

(七)新協定方案（The New Deal）

是英國工黨1997年推出之僱用失業對策，秉持「由福利轉為工作」概念之計畫，將失業者分成六種，包括青少年（18～24歲）、25歲以上長期性失業者、身心障礙者、單親、中高齡者、失業者的配偶等，分別提出對策。

經由前述英國相關政策改革之績效，可由其失業率得知，其於1999年平均失業率為5.9%，2005年為4.8%，2009因金融海嘯升為7.6%，2013年降為7.5%，2014年1月更降為6.8%。

 ## 第三節　瑞典之失業保險政策及體制

一、瑞典就業服務體系的背景

瑞典國會根據政府1977年提出的就業市場政策法案而通過一項決議，為瑞典的就業市場政策奠定了一些基本原則。國會決議案強調，就業市場政策仍是經濟政策之一環，其目標是為了達成並維持充分的、生產性的及自由選擇的就業。也就是說，不但要使國民充分就業，還要使所就之

業對生產有貢獻,而且就業必須出於個人的選擇。在瑞典,勞工部就是
就業服務的主管官署,在勞工部之下,就業服務的行政體制分為國民就
業署、各郡勞動廳、與各城市的國民就業服務機構等(薛文郎,1984:
83)。

　　自1970年代起至1980年代,歐美各國均出現持續的高失業率,但瑞
典卻相對的維持比較穩定的高就業水準。例如自1974〜1984年期間,失
業率維持在2.3%的低度水準,此與歐洲共同體各國平均的失業率達6%的
程度,特別是1980年代以後的英國與義大利等的失業率,更快速的升至
10%之譜的情況相比,瑞典的低失業率尤為顯著。如單純的由這些數字來
看,瑞典所採取的解決失業問題對策,確實優於歐體各國。

二、與其他主要工業國家相較

　　由於瑞典失業率始終保持在某一水平之下,到1985年前,其失業率
始終保持在總勞動力的3%以下,失業率始終維持在低度水準的原因,與
瑞典政府實施的積極勞工就業計畫有相當密切的關係,這也是大家熱衷於
研究「瑞典經驗」的主要原因,由於就業問題,在傳統上政策的擬定,被
視為最優先考慮的問題,以及二次大戰之後,大部分政策支持以「就業
原則」對抗「救助原則」的結果,造就了當今瑞典有效的勞工就業政策
(勞動力發展署,1989a:1-2)。

　　但是就經濟層面而言,此期間瑞典的經濟成長表現並不優越,由經
濟指標來看,經濟成長率落於歐盟平均的水準以下;但物價上升率卻高過
平均水準的狀態。此情況顯現出瑞典僱用問題與景氣的波動之間,出現分
離的狀態,是值得吾人注意之處。尤其是在石油危機以後,舉世出現不景
氣的狀況中,瑞典卻乃維持一貫的高度就業水準,究其原因,可說與瑞典
所積極推行的「勞動市場政策」有關。因此其勞動市場政策中的兩項主要
措施,失業給付與就業政策實值國內參考。

三、失業給付相關作法

瑞典所推展的「積極的勞動市場政策」，主要由四項因素所構成：(1)職業介紹、諮詢服務；(2)依職業訓練、轉職計畫等勞動供給措施，使勞動力供需平衡；(3)提供僱用補助費與失業對策事業等措施，以政策影響勞動力的需求；(4)對失業者實施保障措施。如此，瑞典透過勞動市場政策，以預防失業列為政策實施的重點，對於失業者以現金給付，作為事後救濟政策最終的手段。因此失業給付的多寡，正足以反應出就用情勢的良窳。以下，首先針對失業保險的狀況加以敘述。

(一)失業保險制度方面

◆與工會之間淵源深厚

瑞典的失業保險制度，以源自早期由工會所辦理的互助組織為母體，自1935年國家以自願加入之失業保險公會加以認可，發放補助金為現在制度之起始。只是當時加入者屬於極端的少數，但是，此種情況以後逐漸改觀，自1940年代起自1960年代期間，加入者急速擴增。這些認可制保險基金，依據產業類別加以組織，基於傳統因素的使然，直至目前與工會之間仍然維持密切的關係，此基金的營運有工會的代表直接參與其間，可顯現其端倪。因此，原則上工會會員大都主動的參與本身所屬工會之失業保險基金，非工會會員則採自願的加入方式。再者，對於自營作業者也針對產業類別，設有五種失業保險基金。

◆接受給付須具備一定資格

對這些認可制的失業保險，申請失業給付時，所要求的資格為：加入保險期間至少需要十二個月以上，而且在此期間，至少需要工作達五個月以上。因此，加入失業保險未滿一年者，不得享有受領失業給付的資格。但是，因服兵役、職業訓練，以及取得父母介護、育兒休假等休假制

度，在休假期間最高認可兩個月以內期間視同已就業。而申請失業保險給付者，所需的就業期間證明，曾領取之薪資額及離職之理由等，必須取得原雇主所開具的證明書。再者，消極的基本條件方面，申請者必須具有工作的能力，曾到就業服務中心提出求職登記，而未能獲得適當的職業介紹。因此，如果沒有正當的理由，失業的發生係出於個人的因素所使然，則通常處以停止支付部分津貼之處分。

◆額度低於平日薪資

給付額方面，不得超過失業前所就任職業薪資的91.7%。但是，不含減額措施之年金受益人以及季節性工作者，幾乎所有的受益人均領取此項目之最高額。失業給付納入課稅對象，同時算進年金收入計算。支給期間最高為三百日，但是55～64歲者方面，最高可支給至四百五十日。再者，對於未滿20歲者，由於自1984年起，導入青年團隊（Youth Teams）措施，因此不支給失業保險。

◆雇主繳交高額負擔

其次為失業保險金結構，由被保險者所繳交的保險費、政府補助金、基金本身資產的收入等三項因素所構成。而政府的補助金方面，又可分為分擔補貼總額80%的基本補助，以及給付總額的20%當中，分擔一定比率的累進補助。由此導致雇主的負擔比率較重，以1985年為例，雇主所支出的保險費額度，約等於薪資支出總額的1.6%。

(二)勞動市場現金救助方面

◆彌補資格不符的措施

為補助負擔制的失業保險，所採取的措施為自1974年起，所導入的勞動市場現金援助措施。此為對於喪失失業保險給付的失業者，以及加入失業保險期間未滿一年而未能領取給付者，所採取的救濟措施。再者，對於職業訓練與畢業後尚處於失業狀態者，也支給勞動市場現金給付。

◆仍須具備一定條件

可以申請勞動市場現金援助者，必須具有工作的能力，曾到就業輔導中心提出求職登記，年齡在20～64歲之間者，而且在失業之前的十二個月期間，至少曾經工作五個月以上等為必要的條件。然而與失業保險的情況相同，取得父母、育兒等之休假制度，而從事休假以及疾病療養之期間等方面，在一定的期間內認定為視同就業期間。再者，自1986年7月以降，對於職業訓練與職業復健期間，也採取同樣的措施。另外，勞動市場現金援助，也支給剛畢業的失業者。對於畢業後，到過就業輔導中心登錄求職者，可以對此提出申請。

◆實質給付低於法定額度

勞動市場現金給付採取定額給付，此為一律給付，對於年金受給人與部分時間工作者，採取減額措施，因此，實質平均給付日額在法定日額之下。再者，勞動市場現金給付也是課稅的對象，而且將此算進年金收入。另一方面，其支給期間，依各年齡層而有所差異。而其財源的65%由雇主負擔，剩餘35%則由國庫支應。

(三)裁員津貼方面

瑞典自1985年起，導入法定超額人員津貼。雇主對於本應加以解僱之從業人員，繼續加以留用，多付出的薪資，由國家與超額人員資遣津貼基金提供補助。

四、勞動市場政策方面

以失業者為對象所實施的所得保障對策，在於對失業者採取事後救濟，但相對的以下所述各種勞動市場政策，則著重於事前失業的防止，以對於有工作意願的國民，給予僱用之機會為目的。瑞典秉持「就業為維持正常生活之本」的理念，直至目前為止，對於勞動市場政策的重視不遺

餘力。這些政策在政府、勞方、資方等三者代表所組成的全國勞動市場廳
（AMS）為基礎之下加以計畫，經由其監督，透過縣層級設置勞動委員
會，以及在全國所設置的就業服務中心之間的合作，加以實施。以下針對
其主要特點加以介紹。

(一)職業介紹與諮詢

此方面措施一直都是瑞典勞動就業市場政策的核心，因而一再地簡
化這類服務的程序，提升服務的效率與品質。其中最重要的具體作法包
括：增進資料處理技術，革新組織及頒定許多新的作業規定等。同時，無
論對求職者或求才單位之服務也都逐漸地邁向個別化。也就是使服務之內
容與品質更符合於個別需求。因而投入此項工作之專業人數，有相當大的
成長（勞委會職訓局，1989a：27）。

在瑞典的就業服務中心，辦理將求職者介紹給企業的職業介紹，以
及因應需要，針對求職者的個別需求，提供職業諮詢的服務。由於瑞典的
職業介紹為公辦性質，因此就業服務中心所提供的職業情報，扮演著重大
的角色。

(二)勞動力流動化的促進

瑞典為配合勞動市場的需要，積極建立勞動供給結構，當中特別重
視職業訓練與轉職促進計畫，以使勞動力達成流動化的目標。

◆ 勞動市場訓練

勞動市場訓練（labor market training）的實施對象，不僅針對來自就
業輔導中心轉來的求職者，也將缺工嚴重職種的就業者列為實施對象。再
者，對企業內部本身所舉辦的從業人員訓練，也支給補助費。勞動市場人
才培訓內容，隨著時代的變遷也出現變化，隨著經濟的走向服務化，以往
以製造業技術工人為中心的培訓，也改為增設褓母、看護工、家庭扶助等

公共部門職員的課程。

◆轉職補助費

　　瑞典自1950年代末期開始，對於透過就業輔導中心，介紹到其他區域就職的求職者，就支給各種轉職補助費（旅費、新工作補助、日常生活費）。此係基於瑞典北部屬森林地帶，勞動力出現過剩現象，為使勞動力的供需能夠達成平衡，使勞動力在區域間順暢流動有其必要。但是，此項措施所遇到的阻力愈來愈大，因為隨著女性逐漸投入就業市場，雙薪家庭增加，不願移動的家庭數亦隨之擴大，後取代男性為中心的家庭，反而以女性與單身的年輕受給者，出現增加的趨勢。

(三)影響勞動供給的政策

　　瑞典有鑑於當經濟不景氣的時候，舉世均面臨民間部門所提供的就業機會有限，因此採取失業對策事業，提供民間企業僱用補助費，以及實施區域開發援助。

◆失業對策事業

　　失業對策事業，以國家與地方政府為中心，對於失業者提供臨時就業的機會，由國家提供補助。失業對策事業的參加者薪資，依據實際參與者的工作情況支給。就業服務中心在將求職者轉介給失業對策事業之前，一般均將他們先行介紹給一般的就業單位或接受職業訓練。就失業對策事業主要的內容而言，一般為道路建設與其他建設之勞動，種植森林與一般保育的情況，初期所提供的項目有限。然而隨著女性與大學畢業生參加者的增加，將範疇擴增至保育、保健活動、老人與身障者的看護、一般事務等工作，範圍逐漸擴增。

◆補助民營企業僱用費

　　以民間為對象的僱用補助費自1970年以降，有增加的趨勢。此補助

費的提供在於針對經濟不景氣的時候，須擴大民營企業的僱用比率所採取之措施。而溯自1970年代所導入的以民間企業為對象的補助金當中，特別是於不景氣時，補助結構性不景氣業種，提供庫存增加部分的20%補助費用，藉以使超額人員免遭受解僱最為著名。同時在此時期並相繼的導入提高企業內訓練補助費，援助提前僱用新進人員計畫的人員補充補助費，以及支給企業僱用臨時人員的補助費等。然這些措施實施後，成效不佳。至1984年起，改採補助僱用就業服務中心轉介而來的失業者之企業費用。

◆ **區域開發補助**

除了補助位處北部受大環境影響導致不景氣之業種以外，尚提供在不景氣地區開設工廠時的融資與投資援助，另外也將產品運輸費的補助包含其間。區域開發援助以往由全國的勞動市場廳（AMS）負全責，但自1983年起移交全國產業廳管轄。

五、身心障礙者僱用促進計畫

瑞典的勞動市場政策一向保有「扶濟弱勢者」的傳統，所謂弱者，係指在就業時處於較不利競爭地位者，如老年失業者等，在其政策上特別針對這類失業者，採取各種對策。例如，專為身心障礙者設置庇護工場，鼓勵企業界僱用身心障礙者的僱用補助及進用獎金等（勞動力發展署，1989：37；曾敏傑，1999）。瑞典將身心障礙者就業也當作勞動市場政策之一環，提供優渥的保護措施。透過就業服務中心，展開求職活動及勞動市場訓練參訓，由此可見對於身障者之重視。他方面對於身心障礙者講求以下特別僱用計畫措施，包括：

1. 重視職業復健至再就業的完整過程。
2. 促進民營企業參與身心障礙者之僱用，政府則提供薪資補助，在僱用身心障礙者的第一年度提供75%，第二年度提供50%，第三年及

第四年度提供25%之補助，第五年度則經由評估，以決定是否繼續提供補助。

3. 在僱用從業人員五十人以上之事業所，設置「調適團體」，對於工作場所在僱用身障勞動者之際，促進觀念的改革，同時，努力的創造適合身障者工作的環境，現在瑞典全國約有六千個調適團體展開運作。

4. 對重度身心障礙者則採取就業保護措施，在領取薪資時，考慮身心障礙者年所得不受損失。

六、年輕人失業對策

今日年輕人的失業已經成為重大的社會問題。瑞典對於未滿20歲的年輕人，由學校與職業訓練當局共同合作制定特別計畫。茲將此特別計畫敘述如下。

(一)未升學就業者的補助

對於國中義務教育畢業，未升學進入高中而選擇進入勞動市場者，人數雖然不多，但基於這一群人因性質特殊，尤須採取特別對策。對於這群人，使其在正規的就業單位找到工作，或直至繼續升學前的二年期間，由學校擔任就業輔導。而以未能找到適當工作，同時也未能達成升學之16～17歲人員為對象，在青年工作制度（Youth Jobs）之下，通常提供六個月期間之臨時就業機會，在此措施下，由國家支給雇主補助金，同時對於參加者的本人也提供津貼的支給。

(二)青年的補助

到達18歲以後則將權責轉移至職業訓練當局，在1984年起開始實施的青年團隊制度（Youth Teams）之下，保障一日四小時每週五日之部分

時間工作機會，以及接受教育訓練機會。這些青年團隊，以中央、縣、地方政府、甚至教會與慈善團體等為中心加以組織，一部分民間企業也加以組成。而在此情況下，支給雇主所支付薪資之全額補助費，而對於參加者之年輕人，則透過團體協約以決定薪資之支付額。

總體而言，瑞典失業率較低的理由在於，戰後一貫所採行的「積極勞動市場政策」，透過勞動力的流動化措施，以解除結構性以及容易引起糾紛、抗爭業種的失業，同時自1970年代起，擴大公共部門的僱用機會，並且對於大環境所造成的不景氣業種與不景氣地區提供援助。而透過這些政策，將僱用問題和景氣循環加以區隔，至今可謂獲得成功。當然，今日的瑞典，也惱於以製造業為中心的民間部門，所提供就業機會下降，以及公共部門出現赤字經營的窘態，由此導致領取失業保險與現金援助的失業者增加，因此瑞典今後要如何維持低失業率，仍須續謀對策，採動態的因應（曾敏傑，1999）。

第四節　日本之失業保險政策及體制

日本之失業保險業務與其他國家一樣均與就業服務、職業訓練等相關工作緊密結合，以落實就業安全目標。其相關政策與體制可由機關（構）組織、相關失業對策措施與作法等窺知。

一、機關（構）組織方面

日本憲法規定旨在保證勞工生活的安定。雖然工作權的保證不一定就是人民在實際上會有如此的權利，可是卻表示國家負有致力實現人民工作權之政治責任。日本政府分別於1947年和1949年先後制定「職業安定法」與「失業對策法」，以作為國民達成工作權要求之依據。這當中，

「職業安定法」爾後成為就業服務的法律根據，而真正落實此法律為負責實務推展之就業服務機構（曾敏傑，1999）。

(一)職業安定行政機構

在勞動部內設職業安定局，在地方的各都道府縣勞動主管部（局）內設職業安定課及失業保險課，並設置處理實際業務的公共職業安定所。再者，勞動部設中央職業安定審議會、失業對策事業薪資審議會及身體身障者僱用審議會，在地方則設置地方職業安定審議會及地區職業安定審議會。另外，為處理請求審查失業保險有關事件，在都道府縣設置失業保險審查官（日本勞動省職業安定局，1986）。

◆職業安定局

處理業務有：擬定僱用對策之基本計畫、職業介紹有關事項、勞動者供給事業之僱用、勞動者派遣事業之許可及其監督、高齡者職業安定事項、延長退休年齡之有關計畫、監督中央高齡者僱用安定中心、促進中高年齡失業者就業措施、僱用身體身障者計畫、擬定地區性僱用機會方針、監督港灣勞動者僱用安定、失業對策、辦理失業保險事業等。職業安定局設置庶務課、僱用政策課、失業保險課、業務調整課、特別僱用對策課、勞動市場中心業務室，及高齡、身障者對策部。

◆都道府縣職業能力開發主管課

在都道府縣設置處理職業訓練相關事務的機構，為在都道府縣勞動主管部內，設置職業能力開發課或職業訓練課等。都道府縣當中，東京都在勞動經濟局設置職業能力開發部，縣在能力開發課等，處理職業訓練相關事務。

◆公共職業訓練機構及職業訓練大學

職業訓練學校，辦理的業務包括有：普通訓練課程的養成訓練、技

能提升訓練、能力開發訓練、公共職業訓練機構以外的單位辦理職業訓練時之援助、其他單位辦理職業訓練有關的必要業務等。職業訓練短期大學則辦理以下的業務：辦理專門訓練課程之養成訓練、其他單位辦理職業訓練時給予必要之援助、技能檢定有關事項之援助，及其他辦理職業訓練必要的業務等。至於技能開發中心辦理的業務包括有：辦理提升技術水準訓練、辦理能力再開發訓練、其他單位辦理職業訓練時給予必要的援助、技能檢定有關事項之援助等。

而身心障礙者職業訓練學校為針對在職業訓練學校、職業訓練短期大學或技能開發中心，接受準則訓練有困難的身障者，辦理適應其能力之職業訓練，其工作項目包括：辦理指導員訓練、從事職業訓練之調查研究、辦理提高技術水準訓練、從事技能檢定之援助，及其他單位辦理職業訓練必要之業務等。都道府縣所設置、經營之職業訓練學校，所需要之經費方面，設備費之二分之一及經營費，固定由國庫編列預算補助。身障者職業訓練學校所需要的經費也是一樣。

(二)職業能力開發行政機構

在勞動部內設職業能力開發局，在地方的都道府縣設職業能力開發主管課。實際上辦理職業訓練的機構，為由都道府縣所設置經營的職業學校，由中央所設置，而委託都道府縣及日本身障者僱用促進協會所經營委託的身障者職業訓練學校，及僱用促進事業團所設置的職業訓練學校、職業訓練短期大學、技能開發中心及職業訓練大學。此外，在勞動部內設中央職業能力開發審議會，都道府縣設置都道府縣職業能力開發審議會。再者，為謀求技能檢定及職業訓練的普及和振興為目的，依職業能力開發促進法所設置的特別法人，在中央設置中央職業能力開發協會，在地方設置都道府縣職業能力開發協會，從事都道府縣職業能力開發協會等會員，所辦理的職業訓練及技能檢定有關業務之輔導及聯絡、技能檢定考試有關業務等。

　　另公共職業安定所為職業安定行政的第一線機關，為達成職業介紹、職業輔導、失業保險及其他職業安定法所欲達成的目的，辦理必要的事務，提供免費的公共性服務。公共職業安定所配置就職促進指導官、職業指導官、產業僱用情報官、僱用指導官等專業擔任職員，基於專業知識及經驗，提供求才及求職者之間媒合的角色。此外，對於屆齡退休者中，以曾擔任管理職、專業性及技術性職業的求職者為對象，在大都市設人才資料庫，同時為因應高學歷化社會的需要，對各大學所舉辦的職業介紹，從旁加以協助，設學生職業中心。再者，為辦理部分時間工作者的職業介紹，在全國的主要都市設部分時間工作資料庫。為使高齡求職者的職業諮詢和生活諮詢密切配合，設置高齡者職業諮詢室、公共職業安定所，以提供多元化的服務中心形態，適合新時代的需求。

(三)僱用促進事業團

　　僱用促進事業團為一法定屬於勞動省監督之特殊法人團體，係依據日本於1961年所公布之「僱用促進事業團法」而成立，其目的在於協助勞動者對技能的學習和進修，促進地方與產業間之合作，及從事其他與就業有關之必要的援助，並依據勞動者的能力促進就業，以增進勞動人員之福利和社會經濟的發展。其主要職掌包括：設置並辦理高等職業學校及職業訓練大學等、對事業主及其他自辦（認定）職業訓練之援助、職業訓練教材及其他有關資料之準備、給予貸款補助事業單位設置職業訓練機構、建築勞動者之簡易住宿設備及其他福利設施、對轉移就業者發給轉移就業所需費用、對公共職業安定所所輔導就業之求職者發給必要之資金、調查及研究勞動者對職業的適應性及安定性等。僱用促進事業團並與公共職業安定所密切配合，舉辦職業訓練、勞工住宅等各種福利措施，及有關僱用會談、職業調查研究等業務。僱用促進事業團下並成立僱用綜合研究所，這是有關僱用及職業在實踐上的綜合性調查研究機關，為1969年7月1日設置於僱用促進事業團的職業研究所，在1981年4月1日改名為僱用職業綜合研

究所。此研究所乃以職業介紹、職業指導等技術之說明、開發為首，在心理、社會、經濟等種種專門領域上相互協助，已推展有關僱用與職業的調查研究，並將其成果提供給廣泛的社會大眾（行政院勞工委員會，1992；薛文郎，1984）。

二、相關失業對策之措施與作法

(一)求職者津貼給付

日本之就業輔導係結合職業訓練與失業保險，建構成就業安全體系。因此為積極達成就業之目的，針對求職者種類之不同，提供不同之給付內容。而在此針對一般被保險者的求職給付，加以說明日本的制度（日本勞動省職業安定局，1986）。

◆ 受給條件與手續

一般保險者為了在離職時領取基本津貼，必須合於確定是由於離職而喪失了被保險者資格；雖有勞動意願及能力，但處於未能就業狀態者；原則上在離職日前起算的一年期間，合計有六個月以上為被保險期間等的條件。

◆ 基本津貼的給付

所支付的日額，為被保險者離職前薪資的日額之六到八成左右，由勞動部長所定的基本薪資日額表加以計算。基本津貼核定的給付日數，所持的觀點為基於基本津貼的支給，在使得當該失業者直到再就職為止期間，提供生活保障。因此，依據當該失業者的再就職難易度，以及被保險者曾經參加保險的期間，加以計算，被保險者的期間未滿一年時，一律以九十日計算。基本薪資的受給期間，原則上從離職後的次日開始起算，時間一年。但如遇到此期間因懷孕、生產、育兒、受傷、疾病等狀況，持續達三十日以上，而不能夠就業時，可以延長到一年，最大程度，可以延長

到四年。特殊個案與情形下，並可申請延長給付日數，如企業倒閉、特殊不景氣產業與地區等，以協助失業者生活維持。

◆技能學習津貼以及住宿津貼

技能學習津貼的設置，旨在謀求領取失業給付者職業能力的開發向上，使其容易再就職而設置，使接受公共職業訓練等的講習者，給與必要的援助，津貼種類計有接受講習津貼、接受特定職種講習津貼、交通津貼等。住宿津貼在於提供領保險費者，由於參加公共職業安定所指示的職業訓練等講習，而必須離開自己的住處而居住在外時，支給此期間的住宿費用。傷病津貼為提供具有受給資格者，因離職後到公共職業安定所登記，在提出求職申請之後，持續十五日以上疾病或受傷，而無法就業時，由傷病津貼替代基本津貼，以使傷病期間的勞動者，能夠獲得生活的安定。

(二)就業促進給付

就業促進給付包括再就業津貼、一般性就職支付金、旅運費及廣域求職活動費等。該旅運費分為五種類：鐵路運費、搬運費、車資、移轉費，以及到達目的地津貼。廣域求職活動費則為受給資格者，經由所在地公共職業安定所的介紹，從事廣域求職活動而回到本籍地就業時，在一定的條件之下支給廣域求職活動費，並分以下四種：鐵路費、船資、車資以及住宿費。

(三)高齡者、身心障礙者就業補助

日本近年由於人口壽命延長以及出生率的降低，兩者相互激盪的結果，使得人口高齡化現象快速進展，此種情況預期使日本在職老年年金二十一世紀初期之勞動力人口中，每四人就有一人是55歲以上之高齡者。在此種情況下，日本為維持社會經濟活動的活力，使高齡者應用其豐

富的知識與經驗，也就成為重要的課題（林顯宗，1994、1995a、1995b、1996）。其具體措施，如設置高齡期僱用就業援助中心。高齡勞動者，為能過著有充實內涵之職業生活，在比較早期之階段，應從事未來的職業生活設計，努力地著手於能力開發與健康的維持。因此，勞動部在主要的公共職業安定所，推展設置高齡期僱用就業支援中心，為了設計高齡期職業生活，提供建言與輔導。其次則為設置高齡期準備就業獎金。對於45歲以上65歲以下之中高齡勞動者，為迎接高齡期之職業生活從事準備工作，凡設計給予取得帶薪休假（連續十日以上）制度之事業主，則提供補助，以因應高齡者之需求推介工作（勞動力發展署，1997a：53）。

日本對於身心障礙者之僱用對策，依據「促進身心障礙者等有關法律」〔昭和35年（1971）法律第123號〕，以所有的身心障礙者為對象，為促進身心障礙者僱用以及僱用之安定，所展開之措施。在措施上採取嚴格地執行僱用率制度，如在有關「促進身心障礙者僱用等法律」中，規定企業雇主對於其所僱用之身心障礙者必須合於法定僱用率以上之人數，對於身心障礙者之僱用不積極配合之事業主，命令其必須製作僱用身心障礙者計畫，並據以實施，對於所擬定之計畫，仍然有實施不力之情況者，於計畫執行終了之時，提供特別輔導措施；再者，認定為依舊未獲得改善時，進一步公布企業之名稱。其次則推行身心障礙者僱用繳納金制度，如隨身心障礙者之僱用，為調整事業主之間經濟負擔之不公平現象，同時為援助僱用單位順利地履行身心障礙者之僱用義務，對於未達成法定僱用率之企業，徵收繳納金。對於僱用身心障礙者超過一定水準之事業主，支給僱用身心障礙者調整金與獎金，同時，為僱用身心障礙者，致力於改善設施與設備，並對辦理僱用管理之事業主等，支給各種補助費（勞動力發展署，1995；1997a：55-61；1997b；曾敏傑，1999）。

經由前述日本相關政策改革之績效，可由其失業率得知，其於1999年平均失業率為4.7%，2013年為4.0%，2014年3月更降為3.6%，這是否因安倍晉三的挽救經濟三支箭效益？值得後續觀察。

第五節　美國之失業保險政策及體制

　　美國之失業保險業務與其他國家一樣均與就業服務、職業訓練等相關工作緊密結合，以落實就業安全目標。其相關政策與體制可由機關組織與行政制度、相關失業對策措施與作法等窺知。

一、機關組織與行政制度方面

　　1913年聯邦勞工部成立，自此以後在1907年由聯邦政府創辦，屬於移民局之就業諮詢處改隸屬於勞工部。1932年聯邦緊急救助法（Federal Emergency Relief Act）施行，以協助各州推動公共工程計畫以及失業救助方案，以緩和1929年以後，因經濟大恐慌所帶來的失業壓力。1933年6月國會通過華格納皮賽法案（The Wagner Peyser Act），建立聯邦與各州政府合作之就業輔導制度，由勞工部主管全國之就業輔導行政。其中，有關退役軍人就業、勞工往農業安置，以及哥倫比亞特區之就業輔導，直接由勞工部負責。1935年美國通過社會安全法案（Social Security Act），舉辦失業保險，對於在失業之後去登記求職者，在未獲得輔導就業之前，均可領取五十二週之失業給付。

　　1938年全國各州均與聯邦政府合作，實施國民就業輔導制度，當時美國全國共有一千二百個就業輔導所與二千個服務站。1939年7月1日，聯邦就業輔導處改由就業社會安全署管轄，成立就業安全局（Bureau of Employment Security），所擔任的業務範圍包括就業輔導與失業保險兩種。1942年9月，有鑑於珍珠港事變發生，人力供需變化很大，為適應戰時需要，成立暫時人力委員會，就業輔導機構由該會管轄，但失業保險工作仍由各州自行辦理。戰爭結束，撤銷戰時人力委員會，就業安全局歸屬於勞工部。1948年就業輔導業務又與失業保險合併，隸屬於聯邦安全

署（Federal Security Agency）。1949年8月20日，根據總統改組計畫第二號，重行隸屬於勞工部就業安全局。

1961年美國遇到經濟蕭條，甘迺迪總統在就任之後，就在第一次國情咨文中，特別強調人力資源對經濟發展之重要性，計畫如何以行政以及法律的力量，來提高全國的技術人力及增加人民就業機會，以達成繁榮經濟的目的。國會同意增撥款項擴大此一全國性之就業輔導業務，除了增加人員及經費的需要外，同時增進其功能。俾便解決工業實施自動化之後所引起的職業問題、人口增加，及都市化所引起人力轉換問題和青年就業問題。1962年3月15日由總統簽署「人力發展與訓練法案」（Manpower Development and Training Act），該法案於同年8月生效。法案之要旨，在於訓練技能業已沒落，被迫失業之工人，人數達百萬人之譜。此法案可謂開創了人力培養與就業結合的特質，一方面為國民開創就業機會，一方面輔導國民充分就業。

1964年詹森總統簽署「經濟機會法案」（Economic Opportunity Act），使用國家資源，用以消滅貧窮。在作法上，讓每一位公民獲得教育、工作及具有尊嚴高尚的生活機會。並致力於提供16～22歲以下之青年就業機會，鼓勵青年增加受教育之年限，提供部分工作時間機會，使低收入家庭青年享有更多的受教育機會。對於貧苦之成年人，則設有工作方案、新興事業方案、立即僱用運動、工作激勵方案等措施，以解決就業問題。1969年8月8日美國總統尼克森發表「新聯邦主義」，其中亦提及「人力訓練法案」。其提出的背景，在於意識到自動化的進展與其他形式的技術改變，對於經濟和勞動市場上的人力需求，可能產生不良影響，新聯邦主義的觀念，特別注入人力方案的實施，此法案對於爾後美國之人力發展與訓練，影響甚巨。

1973年公布綜合就業與訓練法，並改變人力行政組織，以適應美國社會人力結構變化所產生的新需求。此法案的重點，除了各地就業服務辦事處，辦理就業安置以外，特別增加求職者就業能力開發，尤其受到注

意。其中針對人員不同的需求，給予不同的協助，諸如對於身體健康不良者，為之安排檢查及就醫之機會；對於身心障礙者，為其安排重建的機會；對於缺乏工作技能者，為之安排職業訓練機會；對於需養育兒童而無法就業者，代為安排托兒所及育幼院等，舉凡有助於人們投入就業市場之措施，均積極熱衷的提供。1974年就業服務機構設置職業銀行（Job Bank）一百餘處，採用電腦連線作業，提供就業資訊。職業銀行設有就業機會控制中心，對於新增加的就業機會及業已沒落之工作，均透過控制中心加以整理。職業介紹人員將所需求職業資訊輸入之後，控制中心立即將合適的工作在終端機上顯示。職業銀行亦每日發布就業資訊，除了提供求職者個人參考之外，並發行至各地圖書館、學校以及偏遠地區，凡有意求職者，均可透過就業服務處，以求得妥適的工作機會（楊崑玉，1976：218-223）。

1982年實施工作訓練協合法（Job Training Partner Act），此係為青年及非技術成年人所制訂之計畫，其主旨在於提升其工作技能，以進入就業市場。特別是對於因經濟上的貧困以及就業極端困難者，提供就業訓練，以獲取僱用（陳水竹，1989：286）。依1983年2月7日核定之組織法，美國之國民就業服務行政組織，在勞工部下設「就業與訓練局」，除了負責就業服務及職業訓練立法，以及有關施行規則之研訂外，並負責督導及協助各州就業服務機構，負責規劃特案就業服務。1989年美國設置就業政策委員會，置委員十五人，聘自各州學術、社會、企業等團體的教授與專家組成，由總統經國會同意後任命，直接向總統及國會提供建議，其研究方案包括就業訓練與人力運用等。

美國國民就業輔導行政之重要工作項目，依華格納皮賽法案計有六項業務，包括職業介紹、就業諮詢、退伍軍人服務、企業管理服務、就業市場資料以及社區服務。近年增添的計有：青年就業輔導、一般安置服務、退伍軍人就業輔導、就業諮詢與職業輔導、職業訓練、傷殘重建輔導、配合失業保險工作、農業人力就業服務、老人就業服務、自立更生計

畫、工人職業調適協助方案、提供勞動市場消息、參與社區發展活動、執行人力政策等十四事項（吳錦才，1992）。

二、相關失業對策措施與作法

1. 失業支援對策：布希總統於2001年10月4日發表，成立三十億美元特別補助金，針對九一一恐怖事件後失業率達30%以上的州，將失業給付期間由二十六週延長為三十九週。
2. 設置美國勞動市場資訊系統（ALMIS），目前有三個網站提供求職求才、平均薪資、勞動訊息、職訓等相關資訊，供民眾查詢。
3. 失業者醫療保險費補助（COBRA），我國將之援引為目前實施之就業保險法失業勞工健保補助辦法。
4. 1998年勞動力投資法案規範就業與訓練時相關經費的運用方式，及設置單一窗口從事職業介紹工作。
5. 薪資保險制度，我國援引為目前實施之就業保險法失業勞工提早再就業津貼。
6. 緊急經濟僱用對策特別立法，預計五年內推動創造五百三十萬人僱用計畫。
7. 打造綠領計畫：由中央追加預算提供地方政府打造綠領工作，促進林業發展，預計使從事林業人口達十萬人以上。

經由前述美國相關政策改革之績效，可由其失業率得知，其於1999年平均失業率為4.2%，後因金融海嘯2010年升為9.6%，2013年降為7.4%，2014年4月更降為6.3%，這是否因歐巴馬總統的挽救經濟措施效益？值得後續觀察。

第六節　韓國之失業保險政策及體制

一、韓國僱用保險制度（林聰明等，1998）

(一)制度沿革

　　韓國於1967年制定之「就業安全法」（Employment Security Act）即規定失業保險（unemployment insurance）為政府主要施政項目之一，因考量失業保險可能肇致勞動意願低落，影響國家總體勞動生產力等因素而未付諸施行。嗣1993年韓國制定「就業政策基本法」（Basic Employment Policy Act）及「僱用保險法」（Employment Insurance Act）後，於1995年7月1日正式實施僱用保險制度，辦理僱用安定、職業能力發展、僱用保險給付三大事業。韓國在1997年中下旬遭遇亞洲經濟風暴影響之前，其就業安全係採失業保險給付為主，職業訓練及就業推介為輔之政策，迄遭受國際性經濟不景氣之強烈衝擊後，失業勞工驟增，失業給付件數暴漲，造成僱用保險基金嚴重不足，結餘約二兆韓幣，而為因應此次經濟風暴帶來之失業人潮，預估給付金額高達八兆，財務赤字高達六兆，導致國家財政愈趨艱困。另因絕大多數失業勞工之學歷不高（多為高中、高職以下畢業者），彼等於失業後，因專業技能與知識之缺乏，就業推介不易，在無適當工作可資安排之情況下，使得國內失業率節節暴增，1997年年中的失業率約為2.6%，1998年5月底增漲至6.7%；在失業人數方面，1998年1月至5月全國總失業人數約為1997年同期之十至十一倍。茲因經濟遲滯，而外國企業界又多對前來韓國投資之獲利率抱持存疑，採觀望態度，使景氣復甦腳步減緩，預估全今年底韓國失業率將可能高達9%。

　　至1998年5月底止，韓國外匯負債已高達一千九百億美元，為謀根本解決，該國除了一方面採取節約能源（限電、限水、減少不必要之辦公空間、鼓勵甚至強制公私企業資遣員工、縮短工作時間、暫時歇業等措

施）、軍公教減薪（軍公教減薪10%、駐外人員減薪20%，且按原領薪資扣繳所得稅）、請求國際貨幣基金支援（包括借貸）等措施外，並積極調整就業安全施政方針，將原來以失業保險給付為主之政策導向，改為以職業能力發展（職業訓練）為主要方針，除了成立職業訓練中心、技能大學、職業訓練大學（係以師資培訓為主），辦理就業技能之學科及術科教育與訓練外，並統籌運用全國各公、私立職業訓練與教學機構加強辦理職業訓練，提升勞動工作者之工作技能與專長，以預防失業，冀使國內經濟景氣儘速復甦外，並達僱用安定之政策目標。

(二)組織架構

1. 勞動部為韓國最高勞動行政主管機關，所屬僱用政策局、僱用管理局及職業能力發展局，負責勞動法令與業務之指導監督；實際受理求職登記及發放僱用保險給付之單位則為勞動事務所。

2. 韓國之市、郡、區廳原僅處理一般民眾事務，俟韓國遭遇亞洲金融風暴後，為協助失業勞工儘速再就業，爰成立市民服務中心（Citizen Service Center），為市民辦理就業服務工作，所需人力及經費，均由各市、郡、區廳自行負擔。又為早日解除經濟危機，各部會亦分別派員前往各區勞動事務所協助辦理就業服務工作，直至1999年3月底止。

(三)主要業務

1. 僱用安定事業：辦理就業調適、促進地方就業發展、高齡者及婦女就業促進、獎助民間興辦就業促進措施、提供求才求職就業資訊等。

2. 職業能力發展：促進企業內員工訓練、失業勞工再就業訓練、獎助民間興辦職業訓練設施等。

3. 僱用保險給付：基本給付（即僱用保險給付）、就業促進津貼等。

(四)僱用保險制度概要

1.被保險人：

(1)1995年7月1日開辦初期：以僱用員工三十人以上事業體之員工為強制加保對象。

(2)1998年1月：強制加保對象擴大至十人以上事業體之員工。

(3)1998年3月：強制加保對象擴大至五人以上事業體之員工。

(4)強制加保對象不包括工作時數少於一般正常工時30%之部分工時勞動工作者（part-time workers）；工作時數高於一般正常工時30%，定時到工之部分工時勞工，仍屬強制加保對象。

(5)五人以下事業體可自願為其所屬員工申報加保。

(6)外籍勞工中，合法外勞可由其事業體自願為其申報加保；非法外籍勞工不得加入。

(7)無一定雇主之職業工人非僱用保險制度之適用對象。

(8)60歲以上勞工、季節性或臨時性勞工、政府公務人員、適用私立學校法（The Private School Act）之教師等，均非適用對象。

(9)1998年3月1日強制加保對象，雖由十人以上擴大至五人以上之事業，因體諒事業單位遇此經濟不景氣之特殊情況，對於五人以上、十人以下之事業體，而未為所屬員工申報加保者，多以宣導、協調等柔性手段勸導依規定為員工加保，均未施以罰鍰或處分。

2.保險費率及保費負擔，分為僱用保險給付、僱用安定事業、職業能力發展三種費率三項保險費率，總額以不超過受僱員工每月薪資的3%為限。

3.給付標準，遭遇非自願性失業前三個月平均薪資的50%。

4.給付期限，依被保險人投保年資及年齡，給予六十日至二百一十日保險給付。每階段給付期滿後，年資重新起算。

5.給付資格：遭遇非自願性失業後，有工作能力並有積極求職之事實，經辦理求職登記及就業推介後，二十八日內仍未能獲得工作者。

6.不給付條件：

(1)失業期間，另有工作，每週工作時數超過二十二小時者。

(2)失業期間，另有工作收入，收入金額高於保險給付金額者。

(3)自願離職、自請資遣或退休者。

7.失業認定：

(1)1998年3月1日以前：無正當理由自願離職、嚴重的行為不檢（serious misconduct）遭解僱、無正當理由拒絕就業推介或面談。

(2)1998年3月1日以後：因違反刑事法規經判決確定者，不得視為非自願性失業。

8.失業再認定：受領僱用給付者，每二週應返回原申請單位辦理失業再認定。

9.另有工作及工作收入報告義務：失業勞工於受領僱用給付期間另有工作者，應向原申請單位報告，並詳實說明工作收入總額。

10.拒絕接受工作推介之處理：

(1)1998年3月1日以前：無正當理由拒絕就業推介或面談者，不得申領僱用保險給付。

(2)1998年3月1日以後：勞動廳、勞動事務所或各市、郡、區廳推介之工作不論是否合適，失業勞工如拒絕接受安排，仍可受領僱用保險給付。

11.基金運用管理：

(1)經由僱用保險給付、僱用安定事業及職業能力發展三項費率收繳之保險費，成立「僱用保險基金」（The Employment Insurance Fund）。

(2)成立就業政策委員會（The Employment Policy Council）管理、

監督僱用保險基金。

(3)上開三種不同費率徵收之保險費，應專款專用於各別的業務，亦即其財務應單獨辦理。

(五)僱用安定、職業訓練、技職教育之配套措施

1.僱用安定配套措施：經由辦理就業調適、促進就業、高齡者及婦女就業促進、獎助就業促進措施、提供就業資訊等，達到僱用安定目標。

2.職業訓練配套措施：

(1)辦理「失業者再就業訓練」、「各級學校畢業進入勞動市場前之職業訓練」、「僱傭關係維持訓練」、「企業員工在職訓練」、「轉業訓練」、「創業訓練」等職業能力開發業務。

(2)上述訓練之期間長短自三個月至二年，訓練期間將發給就業促進津貼，以鼓勵並提升勞工就業技能，並安定其於受訓期間之基本生活。至於津貼發放標準方面，係依國民最低生活費用70%給予受訓學員。

3.技職教育之配套措施：

(1)於全國設立十八所技能大學，接受勞動部之指揮、監督，辦理技職教學，提升勞動力素質，減少失業之發生。

(2)技能大學主要辦理「失業勞工職業訓練」（以失業勞工為對象）、「職業能力開發訓練」（對象包括所有在職勞工及學校畢業後進入勞動市場前之職前訓練）、「企業訓練」（接受企業委託辦理勞工在職訓練）。

(3)技職教學分為「一般技職教學」、「多技能技職教學」（第二專長訓練）及「技能長教學」（為技術士之最高教學課程，對象多為企業界管理或經營階層）。

(4)技能大學具半官方性質，受訓學員畢業後，將可取得「副學

士」學位，並可直接報考大學三年級（如本國之二技）。

經由上述訓練課程，將工作穩定、技能提升與教育訓練三項密切結合。

(六)就業服務電腦連線

1.韓國於1979年成立「中央職業能力安定所」，配合1995年僱用保險制度之施行，結合僱用安定事業與職業能力發展改制為「國立中央情報僱用管理所」，該所在性質上並非行政執行單位，而係勞動部部長之幕僚單位，因此，並不受理一般民眾或企業之案件。

2.韓國中央政府雖設有「統計廳」，惟有關就業安全體系方面之業務，則由國立中央情報僱用管理所負責。辦理全國就業服務、僱用保險情報之蒐集，全國求職、求才情形，全國經濟活動人口與就業率、失業率間之連動關係等加以統計、分析後，陳報勞動部作為勞動政策、勞動法令及相關行政措施之修正參考。

3.國立中央情報僱用管理所已將勞動部、勞動廳、勞動事務所及市郡區廳就業服務部門之就業服務電腦加以連線作業。經由國立中央情報僱用管理所蒐集全國勞動力人口、就業率、失業率、職業訓練受訓人數、就業推介情形（包括就業推介媒合率、何種失業人口較不易推介，以瞭解並加強該等人員之學科與術科職業訓練）、申請僱用保險給付人數及受領給付人數比例等，加以統計、分析，陳報勞動部作為相關勞動政策與法令修正之參考。另該所積極規劃就業服務國際網路上線作業，於各地設置觸摸式就業服務電腦，及規劃成立人力銀行（Korea Manpower Agency），使勞資雙方透過電腦影象傳輸，進行快速求才、求職作業以加強就業服務功能。惟電腦網路上之勞工基本資料，將先徵得勞工同意後始予提供，以盡為勞工保密之責。

二、韓國推動公共服務相關議題

　　韓國推動公共服務工作計畫強調社會安定功能，亦即社會安全網制度是由國家支付生計困難的低所得階層補助金，本質的內容中與自殺率、犯罪率等沒有直接的關係，但是對於僱用遊民有一部分的貢獻。在1997年韓國發生外匯存底危機時，當時全國人民最關心的事情是經濟安定與僱用大量的失業者，在編列預算時國會沒有反對。國會中除了有確定審議機制以外，也有監督行政機關的機制，沒有與行政機關發生摩擦。因此，在1998年實施公共服務工作計畫。

　　對於參與公共服務工作者並未實施個別的職業訓練，若是參與者具有專門技術的話，可以按照自己的意思一邊工作，一邊學習技術。對重複受惠者因應措施，係在甄選參與公共服務工作對象時，事前（在網路資料庫內有查詢重複受惠者名單）可以過濾剔除。退休人員大部分不是領有年金就是擁有一定水準的財產，所以大部分在甄選對象的時候，就會被剔除。而中小企業人力支援工作是以向職業安定機關申請徵求人才經過兩週以上，仍然無法找到適當人才的企業為對象。為解決青少年失業問題，對於大學畢業以後，仍然未就業者，容許他們參與公共服務工作，他們當中大部分都有使用電腦的能力，他們的人數比實際行政電腦化需要的人才更多，所以一部分人力投入一般公共服務工作。對於行政電腦化工作參與者的人力基準，並未特別地規定，大部分是大學畢業者都可以參與。

　　公共服務工作參與者都是日僱勞工，停工期間無法獲得酬勞。原則上，工作計畫是分階段推動成立，若是一階段內無法完工的長期工作，可以分幾個階段連續推動服務工作。參與人力是以階段別、新甄選、可以連續參與三個階段，若欲繼續參與服務工作者，必須先休息一個階段，等到下一個階段以後，可以再連續參與二個階段的工作。

　　全球性不景氣，韓國透過公共服務措施與其他更積極之配套措施使失業率從1999年平均6.6％，降到2002年3.3％，其主要的原因，可以說是

韓國的經濟恢復至IMF以前的水準，經濟能夠安定地成長是最大的因素，對於在金融風暴以後二至三年內，大量產生的失業者，能夠落實短期僱用政策的最有力的手段就是公共服務工作。中央與地方及民間推動公共服務比例及提供之工作機會方面：2002年公共服務工作費用總共為五千億韓元，中央部會公共服務費為一千五百億韓元，地方自治團體公共服務費為三千五百億韓元，尤其是中央部會服務工作部分委託地方自治團體推動。所以地方自治團體有些推拖，行政自治部委託專門機關發掘公共服務工作項目，分為四大類型，九十一個項目，確定細部工作內容，按照地方自治團體類別，積極地推動與地方自治團體有關的工作與地方居民生活有直接助益的工作，受到居民的良好反應。

因「日僱」變成長期僱用，公共服務工作並未發生勞資糾紛，這是異於現實的一般企業，因為公共服務工作沒有組織工會的緣故，公共服務工作參與者中，有一部分迴避就業，只願意參與公共服務工作，盡管公共服務工作的待遇雖然微薄，但是工作性質的勞動強度相對的比一般就業市場更輕易，何況參與公共服務工作者的年紀不是再就業困難的40歲以上的對象，就是身體較脆弱的族群。

公共服務工作若是生產性低落的話，不僅會受到國民的指責，當然也會受到輿論的批判。因此推動事業生產性較高的相關工作項目，在推動公共服務工作過程當中，澈底地實施管考，每個月評價考核一次，做到沒有人偷懶，獎勵優秀的機關與工作職場，激發競爭心理。目前韓國失業率雖已降至3.1%亦即IMF接管前之水準。但是，生活困難的低所得階層當中，還有許多未能受到政府照顧者存在。若是貿然停止公共服務工作的話，可能會造成對社會的衝擊，公共服務工作不是永久的工作，而是暫時性的工作。若是經濟安定，維持低失業率，則開始可以停止公共服務工作。

韓國公共服務工作分為四大類型（電腦化工作、公共生產性工作、公共服務工作、淨化環境工作），九十一個項目，按照地區狀況推動工作。台灣應該發掘居民願意的項目，推動符合地方自治團體實際狀況的工

作，相信必定會有良好結果。在1998～2001年四年的經驗中，受到居民好評的工作非常多，例如改善低所得家庭居住環境、開闢小公園、鋪設產業道路與林內道路，整修登山步道等。韓國公共服務工作的內容，只要參考「韓國的公共服務工作綜合指針」即可全盤地瞭解。

從預算項目的執行內容看，工資為87%，材料費為12%，一般管理費為1%。若是不便派遣專門負責的公務員或是為了要能夠圓滿地推動符合特性的工作，韓國政府會指定派遣職場管理人員，除了固定薪資以外，每天支付五千韓元津貼。再者，韓國政府會以有職場管理經驗者為對象，甄選並派遣職場專業管理人員與安全管理人員。有關派遣的基準方面，在工作人員二十名以上的職場派遣專門人員，若是工作人員未滿二十名的話，以二至三個工作職場派遣一名專門人員，在固定薪資以外，每天支付五千韓元的津貼。所以公共服務工作預算的編列，原則上由國家經費支援50%。1999～2001年追加編列預算時，全部由國家經費或一部分由地方經費負擔。有部分地方自治團體編列更多的地方經費，推動公共服務工作。韓國政府根據公共服務工作指針執行發掘工作，接受申請、甄選、實施工作。若是台灣根據適合的工作指針去執行的話，相信一定會有良好的成果。

公共服務工作參與資格是按照年齡別以及是否領取年金、失業救濟金、有無定期所得等條件審核，然後接受申請。在接受申請以後，考慮財產是否為家長、扶養家族人數、年齡、身障人士等因素甄選、推介。根據公共服務工作綜合指針實行，若是參與公共服務工作者當中，已經有人連續參與了三個階段工作的情形，在下一梯次公共服務工作申請時，應該加以排除。申請參與公共服務工作的資格基準是根據有關勞動關係法令、各種保險等事項進行檢討。

三、韓國近年之相關對策配套

1.年輕勞工失業對策：於2001年12月17日由總統召開經濟關係會議，確

定投入五千二百四十六億韓元，創造十四萬五千人教育訓練計畫。

2.勞動部與教育人力資源部的「僱用資訊措施」於2003年前建構完成「綜合職業資訊系統」及「大學生就業資訊中心」，提供就業機會。

3.依據三方委員會法組成「三方委員會」，針對所有與勞工或就業相關政策法定審議權，解決失業問題與避免勞資糾紛。

4.工資求償保證金：於1998年成立彌補被解僱員工經濟之損失。

經由前述韓國機動彈性調整相關法令政策改革之績效，值得我國借鏡參考，可由其失業率得知，其於1999年平均失業率為6.6%，2000年失業率為4.4%，2002年3.3%，2013年更因積極推展與各國簽訂貿易自由化降為3.1%，2014年3月略升為3.5%，是否因後金融海嘯及歲月號船難等事件影響？值得後續觀察。

問題與討論

一、德國、英國、瑞典、日本、美國、韓國等國家的之失業保險政策及體制各有特色與優缺點，請任舉一個您喜歡的國家體制，為什麼？

二、德國、英國、瑞典、日本、美國、韓國等國家的失業保險政策及體制的主要內涵為何？

延伸閱讀討論議題

新加坡的失業保險政策及體制為何？有可供我國借鏡之處議題。

Chapter

12

我國失業保險政策及體制

第一節　我國現階段失業概況

一、失業概況與趨勢

　　我國多年來失業率如**表12-1**所示，尤其在民國84年以前都維持在年平均2%以下低失業率水準。然而從民國85年開始，失業率則快速提升至年平均2.60%，民國87年的失業率亦維持在年平均2.69%，失業率已有逐步上升的趨勢，爰於民國88年元旦在各方企盼下，以行政命令發布「勞工保險失業給付實施辦法」開辦「失業給付」業務。實施至民國91年失業率攀至年平均5.17%。就失業人數而言，民國84年以前，失業人數皆不超過十六萬五千人，且增加人數亦皆不超過二萬五千人；但民國85年則快速增加了七萬七千人，直至民國91年攀至年平均五十一萬五千人，暴增三倍以

表12-1　多年來國內失業概況與趨勢表

年度	失業人數（千人）	失業率（％）
84	165	1.79
85	242	2.60
86	256	2.72
87	257	2.69
88	283	2.92
-		
91	515	5.17
92	503	4.99
-		
98	639	5.85
99	577	5.21
100	491	4.39
101	481	4.24
102	478	4.18
103（1～4月平均）	461	4.01

上之多，因而必須有更積極就業促進之政策作為因應，因此於2003年參考先進國家「積極工作福利」的權利義務相對論政策思維，實施「就業保險法」，展開以「積極主動就業促進」策略取代「消極給與津貼補助」傳統做法。雖然到民國92年略降為4.99%，但這可能是政府兩百億元公共服務擴大就業機會之臨時性工作暫時性的政治效應，而事實上這種失業人數的暴增已為我國的失業問題提出預警。

　　針對失業者的失業原因而言，初次尋職者的失業人數多年的增減並不多，直到民國85年才有較大幅度增加，其失業人數由民國84年的四萬七千人增加為民國85年的五萬六千人，直至民國92年攀至年平均八萬五千人；至於在非初次尋職者部分，因場所歇業或業務緊縮與對原有工作不滿意而失業者，共占了非初次尋職之失業者的約80%左右，可見這兩項失業原因為非初次尋職者失業的主要原因。其中尤值注意的是，從民國84年至民國85年因場所歇業或業務緊縮而失業的人數，由二萬九千人增加至六萬八千人，增加幅度為一倍多，至民國86年亦持續增加到七萬一千人，可見民國85年與民國86年這兩年來因經濟不景氣，造成國內關廠歇業者增加，從而增加了因場所歇業或業務緊縮而失業之人數，直至民國92年攀至年平均二十二萬八千人；而至民國102年則降至年平均十三萬八千多人。此外，在非初次尋職者中因對原有工作不滿意而失業之人數，都一直維持在50%左右，民國85年與民國86年更下降至42%左右，直至民國92年更降至約27%左右，顯現受到經濟不景氣的影響，失業人數大增，相對工作較不易尋得，使得工作者對工作的忍受程度相對提高，故較不會輕易更換工作。然而至民國102年則又攀升至約44%左右。但是因場所歇業或業務緊縮之失業人數，其占非初次尋職者之比率則由民國84年的24.58%增加為民國85年的36.56%，直至民國92年更增至約55%左右，民國102年則降至約38%。顯見「場所歇業或業務緊縮」及「對原有工作不滿意」兩項失業原因，一直都呈現居第一或第二位交替循環情形，顯見其對於失業的影響甚鉅。

若從年齡結構看失業狀況，自民國67年起至民國102年壯年及青少年的失業人數占總失業人數約八至九成左右，其中青少年失業率一直居第一位（15～19歲3.95%、20～24歲3.77%），次為中壯年，中高齡者最少，這顯然是因為壯年的就業人數最高，次為青少年，再其次為中高齡者所致。然而，民國74年8月出現失業率15～19歲高達11.64%、20～24歲9.76%情形起，一直到民國98年方翻轉為20～24歲14.67%、15～19歲13.55%情勢，甚至到民國102年更提高到約總體失業率的三倍多，這可能與高教育政策（大家都有大學唸）虛胖提高了大學教育程度，使得青少年延後就業有關。但最值得注意的是，我國中高齡的失業率雖一直很少，但從民國83年（0.49%）開始即有逐步增加的趨勢，尤其在民國85年（1.17%）為民國84年（0.61%）的近兩倍，直至民國91年（3.38%）則增至將近三倍多，顯見中高齡者的失業問題亦不可忽視（**表12-2**）。

總之，若配合整體失業人數觀察，民國85年的全部失業人數較民國84年增多了七萬七千人，增加幅度為46.67%，其中壯年失業人數亦較之增加了54.88%；青少年失業人數增加28.57%，低於整體失業的增加幅度；而中高齡者失業的增加幅度為92.31%，較整體失業的增加幅度高出將近兩倍，顯見近年來主要受到波及的失業人口主要為壯年及中高齡者，尤其是中高齡者所受到的影響最大。但是後來變化至民國103年，卻是前述之青少年失業率約13%左右居首，也因此促使行政院甚為重視於民國103年3月發布實施「促進青年就業方案」，期冀以「職涯發展與學用合一」之核心職能專業知技教育與人力資源投資規劃做法，加上教育部的技職教育風華再現十年計畫，減少企業界所詬病青少年的學用落差，促進青少年及國人均能夠「適性就業」發揮所長。

因此，經由前述觀察台灣地區失業概況與趨勢為：近年來失業人數與失業者之平均失業週數呈現逐年由上升漸降不穩趨勢，其中尤以青少年與中高齡失業者、大專以上教育程度及農業從業人口所釋放出來之人口為最。而進一步分析發現，大學畢業生寄生現象，自民國90年攀升至二十

表12-2　人力資源調查統計指標摘要　　　　　　　　　　　　　　　　單位：千人

| 年月別 | 就業者結構比（%） | | | 失業率按教育程度分（%） | | | | 失業率按年齡分（%） | | | 受失業波及人口 |
	農業	工業	服務業	國中及以下	高中（職）	大專及以上	大學及以上	15～24歲	25～44歲	45～64歲	
93年平均	6.56	35.90	57.54	4.31	4.87	4.06	4.11	10.85	3.97	3.20	941
94年平均	5.94	36.40	57.67	3.76	4.54	4.01	4.23	10.59	3.78	2.79	864
95年平均	5.48	36.59	57.92	3.21	4.36	3.98	4.36	10.31	3.79	2.31	826
96年平均	5.28	36.80	57.92	3.22	4.31	4.00	4.51	10.65	3.86	2.24	845
97年平均	5.14	36.84	58.02	3.76	4.34	4.21	4.78	11.81	4.02	2.54	928
98年平均	5.28	35.85	58.87	5.84	6.19	5.57	5.98	14.49	5.93	3.90	1,363
99年平均	5.24	35.92	58.84	4.83	5.58	5.12	5.62	13.09	5.35	3.39	1,166
100年平均	5.06	36.34	58.60	3.69	4.66	4.51	5.18	12.47	4.46	2.64	939
101年平均	5.01	36.23	58.75	3.52	4.22	4.58	5.37	12.66	4.38	2.31	918
102年平均	4.96	36.16	58.89	3.53	4.11	4.50	5.26	13.17	4.27	2.25	898
103年1至4月	4.97	36.17	58.86	3.46	3.90	4.32	4.93	12.61	4.18	2.15	858
1月	4.98	36.15	58.88	3.43	3.98	4.29	4.90	12.69	4.13	2.20	861
2月	4.96	36.17	58.87	3.53	3.97	4.40	5.03	12.89	4.22	2.24	875
3月	4.97	36.22	58.81	3.51	3.84	4.38	4.98	12.58	4.24	2.12	863
4月	4.95	36.16	58.89	3.35	3.80	4.21	4.80	12.27	4.13	2.04	834
	(0.02)	(0.01)	(-0.02)	(-0.12)	(-0.03)	(-0.10)	(-0.18)	(-0.46)	(-0.06)	(0.00)	
當月較上月增減（%）	(0.01)	(0.05)	(-0.06)	(-0.02)	(-0.13)	(-0.02)	(-0.05)	(-0.31)	(0.02)	(-0.12)	-1.38
當月較上年同月增減（%）	(-0.01)	(0.02)	(-0.01)	(-0.08)	(-0.29)	(-0.07)	(-0.21)	(-0.10)	(-0.05)	(-0.19)	-4.64
本年累計較上年同期增減（%）	(0.00)	(-0.02)	(0.02)	(-0.17)	(-0.23)	(-0.09)	(-0.23)	(-0.02)	(-0.09)	(-0.16)	-4.89

註：編製單位：行政院主計總處每月22日編送；編製時間：103年4月22日

1.括弧（　　）內數字係增減百分點。

2.就業者之行業結構比93年至100年按中華民國第8次修訂之行業標準分類統編製時間：103年4月22日計，101年1月起按中華民國第9次修訂之行業標準分類統計。

3.受失業波及人口係依據人力資源調查之失業者家庭戶內人口特性及其就業、失業狀況推估而得。

萬人想工作而未找工作，也就是隱藏性失業人口持續攀高，平均達十六萬
六千人。所以，台灣地區15～24歲青年勞動參與及失業現象分析有如下特
性：

1. 人口比例下降（雙生涯家庭、頂客族家庭、少子女化……）。
2. 就業人口減少（高教育政策、未做好職涯規劃與就業準備、Neet族
   自我放逐……），青年就業者教育程度多具「大學及以上」教育程
   度，其從事行職業以「服務業」、「生產有關工人機械設備操作工
   及體力工」為多數。
3. 失業率上升（所學非所用、名校迷思、選校不選系、不清楚自我特
   質與方向……），青年失業率較全體平均失業率偏高，青年失業者
   以「大學及以上」程度者為最多。
4. 勞動參與率下降（不願屈就、好高騖遠……），青年勞動力參與率
   偏低。
5. 失業原因多元（價值觀、就業機會減少……），青年失業原因以非
   初次尋職者較多，二十五歲至二十九歲平均失業週數（29.69週）
   高於全體平均週數（26.06週）。
6. 流動率高、且以自願性居多（滾石不生苔……），找尋工作過程
   中，青年失業者未就業原因以「沒有工作機會」最高；青年就業者
   轉業原因則以「待遇不好」最多。
7. 青年薪資雖隨著景氣而有增加；但漲幅不大，且因所在之產業及職
   業而有不同，新鮮人初入職場薪資約為二萬三千多元。

因此，台灣地區就業市場的發展趨勢如下：

1. 跨國工作漸成潮流。
2. 非典型僱用、多元化僱用漸行其道。
3. 女性工作者日受重視。
4. 專業證照成為求職的利器。

5.企業人力需求兩極化（基層勞動力與頂端高階經營管理人才）。

6.學非所用將是未來必須面對的現象。

7.服務業成為吸收勞力的主要部門。

8.進用人員重視性格特質及工作態度。

9.逐漸由勞方市場（賣方市場）轉為資方市場（買方市場）。

10.網路創業成為年輕世代兼差的熱門選擇。

二、落實青年就業之具體策略

故，以「協助職涯探索，強化職涯扎根功能」、「增進工作技能與共通核心職能」、「促進職場體驗」、「協助產業結構調整與升級」、「提供創業服務」、「協助規劃推動各項措施計畫」，以有效落實促進青年就業，謹就青年、家庭、學校、政府等方向提供具體策略作為建議供參考：

(一)青年自我方面

大學生如何提升自己的能力，以便成為職場上的常勝軍？除了專業技術能力（如語文、電腦技巧及產業所需技能等）外，目前企業亦非常強調軟性技能，軟性技能包括溝通協調能力、團隊合作能力、主動積極、具備工作熱忱及有彈性等等。分述如下：

1.做自己，讓人生發亮：要常常傾聽自己內在的聲音，走出框架擴大職務想像，並且能夠多運用各種職涯興趣探索，掌握自己的人生方向。

2.勇於面對挑戰與蛻變：培養運動員的精神，堅定的意志力，而且多元化學習，勇於跨界，累積專業，隨時隨地主動的參與進修課程投資自己，瞭解自己的潛能與性向，讓自己可以適性發展。另外在學校時，多參與和未來工作有相關的工讀機會與職業訓練，以厚實職

能專長。

3.青年在就業時，應常自我檢視與要求下述事項：

(1)抱持終身學習的態度。

(2)在學校及專業人員輔導下，做好職涯規劃。

(3)參加社團活動及志願服務。

(4)修輔系或雙學位，培養多專長。

(5)加強外語及電腦能力。

(6)參加企業實習、工讀等，強化實務能力。

(7)利用學校政府及民間之資源。

(8)多請益師長及專業人員。

(9)培養企業用人重視的條件，去除不受歡迎的行為及習慣。

(10)做任何事要有目標計畫，並做好準備工作。

(二)在家庭教育與支持方面

台灣因為少子化及父母受傳統社會價值觀影響，青年多在過度保護下成長，導致較缺乏冒險、跨域移動的勇氣與能力。因此，父母親應該改變過去傳統的「萬般皆下品，唯有讀書高的士大夫」刻板印象，應多鼓勵子女多元化學習，不一定要念普通高中、大學，而是應該借助職業心理測驗及職涯諮商管道，協助子女瞭解自我性向，選擇適性學習的科系與職涯發展規劃。

(三)學校在輔導青年就業方面應有的具體作為

1.在知己方面：應協助青年瞭解自我的性向、人格，是內向？外向？淑世派？另外我的興趣及專長是什麼？

2.可以幫助學生瞭解自己，做好職業生涯規劃的工具或方法有哪些？依據筆者多年來的職涯諮商輔導經驗與觀察，常運用的主客觀方面工具如下，分享供參考討論：

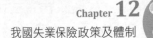
(1)主觀工具：可透過瞭解學生的血型、西洋星座、紫微斗數、袁
天罡先師稱骨算命不求人、生肖等先天氣質的各種特質工具，
針對其所念科系與現實職場需求資格條件，相互檢視對應自我
優勢與缺點，協助做好職涯規劃與就業準備。

(2)客觀工具：可透過人格、性向、興趣、成就、智力等科學化的
客觀標準測驗或量表，協助學生瞭解自己的人格、性向、興
趣、成就、智力，再與所念科系與現實職場需求資格條件，相
互檢視對應自我優勢與缺點，如何善用優勢，加強弱勢的增
能，以有效協助其做好職涯規劃與就業準備。

經由前述工具運用後，可提出學生提升就業能力、培養創業能力、
職涯規劃、建立正確職業觀念、培養第二專長、建構多元進路（升學、就
業、創業等）之輔導機制、縮短學校教育與企業用人的落差、強化就業輔
導措施、提升職場適應力及發展潛力、建立學生個人學習歷程資料等具體
的建議，協助其作為進入職場的職能證明及再教育訓練的參考。

(四)政府在促進青年就業方面應有具體的政策作為

1.強化青年就業能力：強化中等學校及大專校院職涯輔導體系組織功
能，主導職涯諮商師提前進入校園，協助學生清楚自己所唸科系，
未來就業市場所需之專業知能，以利做好核心職能準備，適性就業
（教育部、勞動部）。

2.整合教育與就業銜接機制：加強增辦「大學及技專校院辦理就業學
程（課程）專案」，協助學生清楚自己所唸科系，未來就業市場概
況（勞動部、教育部）。

3.培養青年創業力：開設創業教育學程及課程、輔導大專校院成立學
生校院研習社團、舉辦大專學生創業計畫競賽、擴大辦理青年創業
輔導工作（勞動部、教育部）、強化大專校院創新育成中心功能
（教育部、經濟部）。

4.開發青年就業機會：強化「全國就業e網」（www.taiwanjob.gov.tw）功能及宣導、具體有效積極推動「大專校院校園聯名網」（勞動部）、實施「創業諮詢及輔導計畫」（勞動部、經濟部）、舉辦校園及跨校際就業博覽會（勞動部、教育部）、訂定及修正相關法規，保障從事非典型工作青年之勞動權益（勞動部）。

5.弱勢族群就業機會均等：辦理青年「青年職場體驗計畫」、「青少年飛young計畫」、「促進身心障礙者就業方案」、推動「兩性工作平等法」、推動「友善職場推展計畫」（勞動部）、「促進原住民就業方案」（勞動部、原民會）。

6.協助排除就業障礙，促進就業媒合：加強學校與政府部門合作機制，建置青年就業服務資訊平台，提供充分的就業服務資訊，積極主動擴大推動運用缺工就業獎勵、跨域就業津貼、職場學習及再適應計畫、僱用獎助措施等促進就業工具，協助在學、在職及轉業與待業青年順利適性就業。

7.提供待業青年職涯（就業）諮詢與心理支持服務、職前訓練諮詢與職能提升訓練推介、僱用獎助措施等「積極工作福利」的「增能」（empowerment）就業促進服務協助，輔導其進入社區或企業工作，以獲得穩定就業機會，有效培育及運用、提升人力資源（陳聰勝，2009；李庚霈，2014）。

第二節　勞工保險失業給付開辦及實施概況

一、勞工保險失業給付開辦背景

近年來失業率的攀升，使得大量的失業勞工頓時陷入困境，亦使得初入社會的新鮮人面臨「工作不好找」的困局，在在都顯示我國目前的失

業現象已面臨了需要去正視與解決的時機。而由於此波失業潮多由於結構性失業所致，短期間實不易消化失業人口，再加上失業人數多為中高齡人口，其再就業機會較少，且輔導就業困難度較高，亦加深了失業的嚴重程度，也難怪民間對於開辦勞工失業保險的殷殷期待。

民國87年11月12日，由一百三十多個工會與民間團體所發動的「秋鬥」遊行，其主要訴求即在要求行政部門承諾開辦失業保險，並要求立即給付。而當時行政院勞委會主委（現為勞動部）詹火生在與「秋鬥」遊行總指揮鄭村棋協商後宣布，保證年底之前開辦失業保險（《自由時報》，17版，1998.11.12），從此媒體亦經常追蹤報導勞工保險失業給付的規劃流程。

由於失業率的持續上升，行政院於民國87年12月19日審查完成勞委會提報的「勞工失業給付實施辦法」，鑑於財務考量，給付對象由「非自願失業」的受僱勞工，改成領取資遣費的歇業、轉讓、解散、破產、業務緊縮的離職勞工，一般有意工作但找不到工作，或因被雇主壓迫而「非自願性失業」者卻被排除（《聯合報》，8版，1998.12.20）。針對失業保險給付對象的大幅縮減，全國總工會與台灣勞工陣線一致表達強烈的反對立場，他們表示，在經濟不景氣、金融風暴的風行及外勞持續引進等因素影響下，台灣的失業率不斷提高，而需要失業給付的勞工也愈來愈多，但縮限後的失業保險卻保障不了大多數的失業勞工（《自由時報》，19版，1998.12.22）。同時，體制內、外勞工團體亦都認為，失業給付杯水車薪，無法真正解決失業勞工的失業問題，尤其是無一定雇主、中高齡的邊緣勞工，無法得到任何補償。因此，台灣勞工陣線秘書長郭國文表示，失業保險實施之適用對象過於嚴苛，使得二十八萬失業人口中，只有因場所歇業或業務緊縮的近八萬人才領得到失業給付，其他同樣繳了保費的非自願性失業勞工卻無法領取失業給付。此外郭國文亦指出，失業給付額亦太低，因為失業給付雖以被保險人投保薪資的50%給付，但投保薪資常以多報少，故其實際給付常僅為勞工實領薪資的三成左右（《聯合報》，6

版，1998.12.25）。

由上可知，在勞工保險失業給付施行前夕，各界均指責「勞工失業給付實施辦法」給付對象過於狹窄與給付不足等。然而卻另有些人恐怕失業保險淪為救濟性質的「懶人保險」，從而使失業率高出更多，針對此，中華經濟研究院辛炳隆則指出，失業保險開辦後會把潛在的失業人口逼出來，因此失業率會攀升，而職訓和輔導就業機構的機能就必須轉為積極（《自由時報》，19版，1998.12.27）。亦即就業服務與職業訓練必須雙管齊下，使失業勞工在領取失業給付之外，還能有提升技能與找尋新工作的管道，使得失業保險在就業服務與職業訓練的配合下，達成解決失業問題的目標。

二、勞工保險失業給付實施內容

就業安全的主要目的乃在於促使國民就業獲得保障，無失業的恐懼與危險。因此，一般認為其主要內涵為人力規劃、就業服務、職業訓練及失業保險等四項，而透過此四項環節的緊密結合，可以經由失業保險的實施，保障有工作能力的被保險人，於遭遇非自願性失業而未獲得適當的工作之前，在其短暫的失業期間，依法領取較原薪資為低的保險給付，以維持其最基本的生活安全。而在失業保險給付之申請程序過程中，位居最重要的關鍵性工作者，當屬「失業認定」了。

所以，值此開辦失業保險之際，在在凸顯了失業認定工作的重要性，甚至於可以說失業保險實施的成敗，端繫於失業認定工作是否落實與確實。由此可見，我國當前在規劃開辦實施失業保險時，絕對是不能輕忽失業認定工作的各項重要議題，以免造成劣幣逐良幣與遺患無窮之不良後果。因此，為保障失業勞工生活，使能迅速再就業，自民國88年1月1日起開辦勞工保險失業給付，該給付係以「勞工保險條例」為法源基礎，依據該條例第七十四條授權訂定「勞工保險失業給付實施辦法」，茲簡述其內

容概況如下。

(一)適用對象

失業給付以「勞工保險條例」第六條第一項第一款至第五款所規定之本國籍被保險人為適用對象，亦即必須符合以下資格者：

1.年滿15歲以上，60歲（現為65歲）以下之勞工保險被保險人。
2.「勞工保險條例」第六條第一項第一款至第五款之投保單位員工，包括：
 (1)受僱於僱用勞工五人以上之公、民營工廠、礦場、鹽場、農場、牧場、林場、茶場之產業勞工及交通、公用事業之員工。
 (2)受僱於僱用五人以上公司、行號之員工。
 (3)受僱於僱用五人以上之新聞、文化、公益及合作事業之員工。
 (4)依法不得參加公務人員保險或私立學校教職員保險之政府機關及公、私立學校之員工。
 (5)受僱從事漁業生產之勞動者。
3.具中華民國國籍者。

(二)給付條件與限制

被保險人自民國88年1月1日「勞工保險失業給付實施辦法」施行後，因所屬投保單位關廠、歇業、休業、轉讓、解散、破產、業務緊縮或因生產技術調整，致所擔任之工作確不能勝任，且非自願離職辦理勞工保險退保，而有下列之情形者，得請領失業給付：

1.具有工作能力及繼續工作意願。
2.至離職辦理勞工保險退保當日止，已參加勞工保險滿兩年。
3.向公立就業服務機構辦理求職登記，但十四日內仍無法接受推介就業或安排職業訓練。

但被保險人有下列情形之一者,不得請領失業給付:

1.無正當理由不接受推介就業或安排職業訓練者。
2.失業期間另有工作,其每月工作收入超過基本工資80%者。

(三)保險費率及保險負擔

勞工保險失業給付業務開辦初期,係以不增加勞、雇雙方保費負擔之原則規劃開辦。經精算後,失業給付之保險費率為1%,其開辦所需財源將於現行普通事故保險費率6.5%內調整提撥。對於保費負擔方面,基於權利義務對等原則,對於不適用失業給付之被保險人,將免收其失業給付適用部分之保險費,即其普通事故保險費率按5.5%計收。

(四)給付流程

被保險人離職後,應檢附離職證明文件,親自向各地公立就業服務機構辦理求職登記,並填寫「失業(再)認定、失業給付申請書暨給付收據」,申請失業認定。公立就業服務機構於申請日起十四日內無法推介申請人就業或安排職業訓練者,或於安排職業訓練期滿申請人仍未能就業者,應於隔日完成失業認定,將申請案件轉送勞工保險局辦理失業給付。凡繼續請領失業給付者,每十五日應親自前往原公立就業服務機構接受失業再認定。

(五)給付標準與給付終止

失業給付每月按被保險人退保前6個月平均月投保薪資60%計算,自被保險人向公立就業服務機構辦理求職登記之日起第十五日起算,每個月發給一次。當被保險人有下列情形時,則為給付之終止:

1.未依規定前往原公立就業服務機構辦理失業再認定者。
2.經原公立就業服務機構認定已不符合失業給付申請規定條件者。

3.已經再就業者。

　　從民國88年1月1日勞工保險失業給付開辦以來，各公立就服中心之勞工保險失業給付申請情形與詢問人數相較顯示，詢問人數相當多；但受理申請人數則大為減少，表示失業給付開辦之初，民眾大多對其內容不甚瞭解，故詢問人數相當多；但由於失業給付的申請有諸多規定，符合此規定者大量減少，故受理申請的人數其實仍不多見。由此可見，原先開辦前民間工會團體批評申請條件過於嚴苛，以致預期無法嘉惠大多數失業勞工之情形的確發生，亦實有檢討修正之必要。因此，民國89年5月民進黨執政後，經檢討，便將原先之等待期由兩週減為一週，致使請領人數由民國88年受理核付件數，至民國91年底，約增加了14.2倍左右。為此乃經過檢討後，積極推動「就業保險法」之立法工作，於民國91年5月15日總統公布，開始準備就業服務「三合一」（即將就業服務、職業訓練、失業保險等就業安全三環節工作，整合於就服機構提供單一窗口業務）試辦工作，並於民國92年1月1日開始實施。

第三節　就業保險失業給付內容與實施概況

一、落實就業保險法宗旨，強化公立就業服務機構單一窗口化服務理念

(一)失業率上升原因分析

　　1.產業結構調整與知識經濟發展趨勢。
　　2.社會結構改變。
　　3.科技與資訊化的影響。
　　4.貿易國際化與全球化的衝擊。

5.工作態度與職業價值觀改變。

6.東南亞與大陸市場大量低人力成本及優厚誘因。

7.亟待修法建立勞資雙贏的制度。

8.全球景氣尚未回復。

(二)OECD國家就業服務改革趨勢

1.建立「顧客導向」服務觀念。

2.就業資訊公開化與透明化。

3.建立尋職者履歷表資料庫。

4.整合失業給付、就業服務及職業訓練，建立就業服務網絡。

5.加強對失業者尋職行為監督。

6.提供個人化、深度化就業諮詢服務。

7.就業服務分化權，下放地方。

(三)開放私立就業服務機構參與競爭——外國就業服務機構改革型態

1.美國：勞動力投資法、單一窗口生涯中心。

2.澳洲：Centerline、JSCI、Job Network、委託民間辦理就業諮詢及就業媒合。

3.英國：尋職津貼、新協定、個人就業行動計畫。

4.韓國：實施僱用保險法、因應失業率攀升大量擴增就服機構據點及人力達三倍之多。

(四)強化公立就業服務機構單一窗口化服務理念與依據

◆經濟發展諮詢委員會共同意見

1.加強就業服務措施：

(1)整合就業服務系統。

(2)建立區域運籌中心。

(3)增加就業服務人力。

(4)強化就業專業服務。

(5)強化求職求才網路資訊系統。

(6)擴大就業服務據點。

(7)民間策略聯盟。

2.整合訓練資源擴大辦理職業訓練。

3.失業保險單獨立法。

◆ 就業保險法與就業服務及職業訓練相關部分

1.第十條及十一條：保險給付之五個種類（失業給付、提早就業獎助津貼、職業訓練生活津貼、失業之被保險人及隨同被保險人辦理加保之眷屬全民健康保險保險費補助、育嬰留職停薪津貼），及請領條件規定。

2.第十二條：公立就業服務機構為促進失業之被保險人再就業，須提供就業諮詢、推介就業或參加職業訓練（就業諮詢係指提供選擇職業、轉業或職業訓練之資訊與服務、就業促進研習活動或協助工作適應之專業服務）。

另第三項規定：中央主管機關得於就業保險年度應收保險費10%範圍內提撥經費，辦理被保人之在職訓練及失業後職業訓練暨獎助雇主僱用本國籍失業勞工。

3.第十三條及十四條：申請人得拒絕公立就服機構推介等服務，而請領失業給付。

4.第十五條：公立就業服務機構應拒絕受理失業給付之申請。

5.第二十五條：公立就業服務機構受理求職登記後，應辦理就業諮詢，並自求職登記之日起十四日內推介就業或安排職業訓練。

6.第二十七條：就業推介卡未回覆者不予辦理認定。

7.第二十八條：職訓期滿未能推介就業者之失業認定與給付。

8.第二十九條及三十條：失業再認定及二次以上求職紀錄規定。

9.第三十一條及三十二條：領取失業給付期間另有收入及再就業通知之規定。

10.「就業保險法」主要規定內容已與國際接軌，較「勞保失業給付實施辦法」規定，加強「積極工作福利」概念的規劃推動與落實應有權利義務間之相對論概念做法。

二、我國公立就業服務機構轉型改造計畫（直接服務與間接服務脫鉤）概況

(一)服務機構

　　台灣地區的就業服務機構，可溯自1946年新竹縣政府成立職業介紹所，歷經五十幾年歷史，主要業務為求職求才推介服務，然而自1993年起，國內失業問題日益惡化，失業率的上升不僅顯示國內人力資源未能有效利用，更重要的是可能造成社會問題。1999年開辦勞保失業給付，非自願性失業者至就業服務中心申領失業給付，因而增加求職者，公立就業服務機構之功能備受大眾期待。因此，為積極推動失業給付之認定工作，規劃目標為：將失業給付業務、就業促進及職業訓練等配套措施緊密結合，以單一窗口作業方式，提供民眾三合一服務。

(二)策略

1.服務流程標準化：重整服務流程，建立客觀評估指標。

2.就業媒合資訊化：提供民眾便利網際網路就業機會查詢及回覆系統，並充實各中心電腦機具設備，協助求職民眾利用資訊設備。

3.就業促進效率化：服務流程之規劃設計以就業促進為思考，並針對相關政策工具考量效益加以評估並整合。

(三)作法

1. 強化求職求才資料庫系統：求職求才線上登錄及媒合，失業給付、就業促進津貼、就業資料庫之整合。

2. 訂立分類服務架構，篩選高失業危險人口以加強服務。

3. 擴大自助服務區（就業資訊區）：自助區增加空間、增設電腦資訊設備、傳真機、電話以利民眾求職。

4. 辦理就業諮詢、就業深度諮商。

5. 重整就業服務流程為「三合一五個服務區塊」，分為接待服務區、求職服務區、求才服務區、諮詢（深度諮詢或諮商）服務區、就業資訊區等。惟自民國102年起為更積極改善服務模式，改為「一案到底」強化「終身職涯發展的個案管理模式」之「職涯發展中心體系」，強化櫃檯服務同仁的諮商輔導之能，及採取實體櫃檯與網路之「預約制度」為主，「未預約現場臨櫃」為輔的「資訊科技化」服務模式，現場亦分為五個服務區塊模式。

6. 訂立績效評估標準。

(四)整合求職求才資料庫系統

透過就業服務資訊系統上線運作，民眾自民國92年6月3日e-job網站開站，即可於網際網路查詢就業機會及自動媒合，及提供就業服務科技客服諮詢專線：0800-777888。

(五)規劃就業諮詢、諮商等專業化服務

就業諮詢包括櫃檯簡易諮詢、就業促進研習活動、深度就業諮商等，針對失業三個月以上，經分類服務標準評估屬高危險失業人口群者，提供就業諮詢服務，擬採委外方式辦理。

(六)建立全國職業訓練網,開辦職訓諮詢

職訓師於就服機構駐點提供職訓諮詢服務,提升職訓成效,及建立職業訓練資訊系統,由職訓中心整合並提供區域內職訓資源,定期評估職訓績效。

(七)實施效益

1.便民服務:民眾可運用網際網路查詢就業機會,並可於各公立就業服務機構獲得單一窗口化服務。
2.提高就業率:領取失業給付者,透過分類服務、就業諮詢,提高再就業率。
3.提升就業能力:經由職業訓練資源轉介及相關就業服務,提升民眾就業力。

所以,透過就業保險法結合推動就服機構三合一單一窗口運作機制之改造,可知其具有特色為:

1.強化公立就業服務機構三合一專業服務,重整服務流程,使服務流程標準化。
2.訂定分類架構,建立就業能力分類服務之客觀評估指標因素,以篩選高失業可能人口,提供個別化與專業化之就業諮詢服務。
3.強化求職者自助尋職之功能,並於各功能區滿足求職者不同之就業服務需求,設置全國性就業資訊網,使求職者、雇主、地方政府均能共享就業資訊,加速就業媒合。
4.結合地方政府設置就業資訊區,協助求職者能利用電腦資訊系統自行尋職及就業媒合,獲得相關之就業與職訓等各種資訊,加速人力供需調節。
5.引進專業諮商資源,商議合作模式,並辦理個人化專業之深度就業諮詢,以解決就業障礙。

(八)實施就業保險法後失業給付下降

實施「就業保險法」後,失業給付由前述民國91年之暴增狀況,至民國92年12月底止急遽下降約二倍多。

經由上述分析原因觀之,可知就業保險法與其配套措施實施後,已對失業者之生涯輔導與積極性就業促進工作發生效用,與其他實施失業保險之國家相較,顯然因民族性與社經發展背景之不同,其針砭之道則須因地制宜,方能發揮失業保險最極致之效益,實值得吾輩深思。

問題與討論

一、我國失業保險政策及體制名稱為何?請任舉保險給付的項目。

二、我國失業率趨勢概況,依據預測約略會在多少比率(%)之間遊走?

三、我國失業給付是於幾年幾月幾日開辦?正式法制化是於幾年幾月幾日開辦?

延伸閱讀討論議題

我國「勞工保險失業給付實施辦法」與「就業保險法」間之規定異同,及未來發展趨向議題。

Part

5

未來趨勢篇

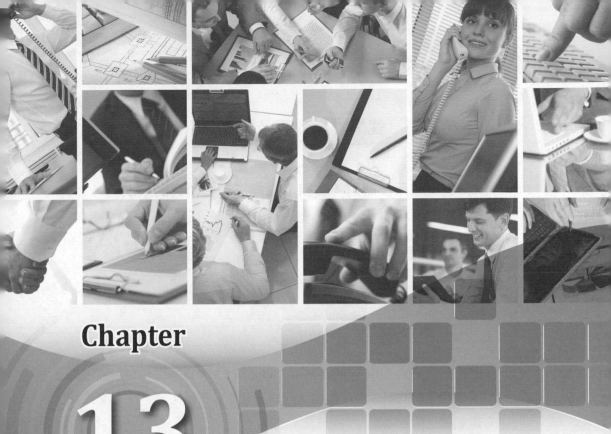

Chapter

13

就業安全政策及體制之評估分析與未來展望

352

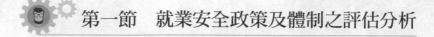

第一節　就業安全政策及體制之評估分析

一、就業安全政策及體制（服務）之需求評估研究的類別

以評估的性質從事有關評估模式的探討，而有三種不同分類（詹火生，1991）：

(一)李文森之評估模式分類

李文森將評估模式分為三種類別：

1. 體系評估模式（the system-model approach）：係將服務的各種組成因素相互間的關係體系都加以分析，並藉分析結果判定該方案或計畫組織上的效率。
2. 目標模式（the goal-model approach）：立基於服務方案或計畫目標之評鑑。即從開始到結束成果之整體過程中，針對不同的變數從事評鑑。
3. 因果評估模式（the impact-model approach）：係「一套理論上的觀念或理念，用以探討服務方案如何產生所期望的效果」。其主要是建立在因果假設、干預假設與行動假設等三種基本假設上。所以，它是運用因果關係的理論來評鑑某項問題的處分，是否已對症下藥。

(二)史克里文之評估模式分類

史克里文（M. Scriven）依評估的先後次序不同將評估模式分為兩種類別：

1. 形式的評估（formative evaluation）：即以正在進行的服務或活動

進行評估，以具體積極的建議，協助社會服務方案的推展與改善。
在此一過程中評估者應為團體成員。

2.總結的評估（summative evaluation）：即針對已完成的服務或活動
進行評估，在此一過程中評估者應為旁觀或局外者，以第三者立場
做客觀的評量。

(三)Caro和Francis之評估模式分類

Caro和Francis（1969）以評估的性質為基礎將評估模式分為兩種類別
（引自馮燕，1993）：

1.產出的評估（output evaluation）：即以正在進行中或結束時的服
務或活動所得結果進行評估，注重該方案的影響（impact）及效率
（efficiency）的高低。

2.投入的評估（input evaluation）：即以進行前的服務或活動進行評
估，以檢視其是否值得採行，簡言之其為「方案執行前的評估」，
故又稱「計畫性評估」（planning evaluation）。

Everitt和Hardiker（1996）認為績效指標（performance indicator）是
用來描述但不說明一項服務被適切或不當執行之多項統計的概括名詞，
通常對這些資料並沒有嚴謹的說明，因而，績效評估的指標被指為是需要
進一步探討的提示。所以，績效評估與績效測量應以比較的方式為之。近
年來，個人社會服務及社會福利的評估，已廣泛的獲得重視，保護服務措
施對具有不同利益的人而言，可能會有公平或不公平、適當或不適當的情
形，因而，需要有系統、明確的及嚴謹的評估予以區辨。評估經常可能被
要求回答的問題包括：

1.是否可行。
2.是否達到最初可欲的目標。

3.所投入的金錢、資源和時間是否值得。

4.好或不好。

5.是否夠好（good enough）。

所以，績效評估具有監督實現工作標準的功能。

Matheson等（1995）認為完善的績效評估應符合三項準則，即評估應是有效的（valid）、可靠的（reliable）及可行的（practical）。所以人群服務績效評估之理想過程具有二十三項特徵：

1.在目的和設計上是正面且非懲罰性的。

2.在每個面向上強調行政的條件及自我的發展和專業的成長。

3.包括一般的和特殊工作的面向。

4.使用一個水準點指示機構期待的水準。

5.與報酬或報酬的增加無關。

6.使用易於明瞭的語言。

7.基於員工的參與。

8.描述須繫於實際的事項。

9.是有時間範圍的且重複的。

10.有使用者手冊的。

11.操作上是未來取向的。

12.是迅速且有效的。

13.事先有一套完成的獨立構成要素。

14.是非對抗的且允許異議。

15.是對過去能力的發展或縮減的反應。

16.立即可用於就業和整個個人的就業。

17.有高滿意的效度。

18.是一種個別化的經驗。

19.有一種公平的感覺。

20.以一種目標取向的步驟作為結束的一部分。

21.一套適合於所有員工的工具。

22.能隨著機構成長及改變。

23.是由語意的和數字的要素所構成。

Osborne強調所謂「正向服務評估」的觀念，即評估的意義是在導正、改善服務效果及目標達成。他明確的歸納出五個「合格的服務評估」原則（引自馮燕，1993）：

1.任何一個評估體系都應是服務提供過程中的一部分，既非分離並行的，也非附加於後的。

2.評估一定要確實達成評估本身的目標，而非僅以現成資料將就著分析。

3.評估應盡量使用現有的知識與技術，而不必複雜到需要專門人才來做。

4.評估不是管理階層人士的專利，應該讓各個服務的參與者感受到其意義，並樂意的參與。

5.評估體系的重點之一，是要確保服務是為了滿足售服務者而存在，不是為了服務者有提供的需要而存在。

二、就業安全政策及體制（服務）之需求評估研究的模式

(一)一般績效評估的模式

一般績效評估的模式有兩種：

◆ 傳統績效評估模式（traditional-driven model）

包括目標評估模式（goal model）、無目標評估模式（goal free model）、系統評估模式（system model）等三種。

◆理論導向的績效評估的模式（theory-driven model）

包括可達成性目標（plausible goals）、可達成性結果（plausible outcomes）等兩種。

(二)常用的績效評估技巧

常用的績效評估技巧有五種：

1.以特性為依據的考核量表（ait-based rating scales）。
2.等級、配對比較及強迫分配法（ranking, paired comparison, and forced distribution systems）。
3.績效檢定（performance tests）。
4.重大事件的技術（critical incident techniques）。
5.行為定向的評核量表（Behaviorally Anchored Rating Scales, BARS）。

(三)績效評估的主要焦點

Matheson等（1995）認為績效評估的主要焦點應該在於：

1.促進專業成長及發展。
2.將員工融入機構的指示與任務中。
3.賦予員工參與他們自己評估體系發展和運作的權利。
4.提升機構政策和程序公正的感覺。
5.促進一種平等的組織文化。
6.增進訓練和發展的機會。
7.激發創造力和追求所從事領域之新知識的熱望等七個事項上。

綜合前述各家之說法，評估研究的概念係源自1950～1960年代「系統分析」的概念和方法發展而來。評估研究的模式建立自有其一定的程

序。首先需蒐集所欲評估的詳細資料，進行服務或活動分析，並配合其相關理論，將問題予以抽象化，並透過簡單語言模式說明各變項間的關係；其次將簡單語言模式轉變為數學符號的模式，以供爾後擬定相關服務或活動之參考。

簡言之，他們皆強調評估需著重於整體性、簡潔、共同的參與，最重要的是需兼顧到目標的達成。所以，在其過程中為了達到有效的評估效果，必須注意幾個主要項目：(1)必須達到客觀、系統和綜合的要求；(2)評估研究的變項必須儘可能予以量化；(3)評估研究是一種過程，必須包括問題的分析、明確目標、現有相關方案、可行方案探討、方案的執行與評鑑等。相關研究即可採取此一概念進行評估研究，期冀藉由嚴密的評估研究，能夠針對研究主題提供有效與有意義的職業輔導目標結構，及有助於人力的運用與紓解當前勞動力普遍缺乏的困境。

三、服務需求評估研究方法

目前有關服務需求評估研究的方法常被運用的有四種，即是成本功用分析（cost utility analysis）、成本效益分析（cost benefit analysis）、線型規劃（linear programming）及德爾菲法（The Delphi Technique）等四種方法（詹火生，1991；洪榮昭，1996）。

(一)成本功用分析

為了克服社會服務方案或活動量化過程的困難，可以運用比較簡單的量化技術，即成本功用分析。在社會服務方案或活動的成本功用分析中，是假設一項方案所需成本都可以充分提供，則在評估此項方案是否值得採行時，功用的高低就成了決定的因素。而功用的意義則有四種意涵：

1.是邊沁（Jeremy Bentham）個人幸福的主觀狀態。

2.是亞當‧斯密（Adam Smith）所言之一種價值。

3.是費雪（Irving Fisher）所言之個人主觀的愛好，與邊沁所強調的十分相似。

4.從邊沁與費雪所強調的觀點進一步探研，可以說是個人對事物的需求（needs）。

(二)成本效益分析

又稱成本效用分析，其主要目的是在描述或量化某一方案計畫的利益與損失（advantages & disadvantages），其利益或損失的描述或量化係以共同貨幣（金錢）單位為依據，並以社會的觀點來進行分析。

(三)線型規劃技術

本是屬於作業研究（operational research）中用以解決資源分配的問題，其目的在尋求一個方案或數個方案能夠同時達成成本最低、效益最高及風險最小的三個目標。基本上是以一組數學模式來解決資源分配的問題，同時資源變數間的關係是呈現直線函數的關係。

(四)德爾菲法

最初是由美國蘭德公司（Rand Corporation）在第二次大戰之後才發展出來的，爾後廣泛被運用到評估中程計畫（medium-range planning）中的方案。在社會福利規劃方面已被運用於計畫的優先性方案（priority projects）之選擇。它包括幾個簡單卻有組織的步驟：

1.對於所要評估的問題先加以清楚的範定。

2.聘請對所要評估的問題有深入瞭解的專家組成小組。

3.擬好一份問卷，分別送請這些專家，請其指出問卷每一問題進行修

正或說明他們所作的判斷。

4.利用專家會議（panel discussion）將資料處理方式做初步瞭解。

5.將專家小組的答案加以分析後，針對每一問題方案的答案，分為四分位數。

6.第二次問卷必須包括第一次問卷的分析結果，再送請回答第一次問卷的專家小組進行評定，以給渠等根據團體一般意見來修正他的第一次判斷，特別是第一次問卷判斷時落在最高或最低四分之一的結果者。

7.將第二次問卷再收回加以分析。如須進一步確認評定者，則可再實施第三次、第四次之問卷判斷。

8.如此經過幾回合（2-4 step），整理並發展專家的意見到立場一致（a single position）。

由於德爾菲法的要點是在尋求一群專家在「有控制的回饋」（controlled feedback）之下，使集中於一致判斷的評估。因此，審慎選擇不同興趣團體的不同專家之意見，以便可以預先排除所可能產生的偏差（bias），及在評估過程的反覆本質，使專家可以不斷的修正他們的判斷，亦可以使評估結果不至於太趨向於偏差。因此，希耳（Hill）與福勒（Fowler）認為德爾菲法較適合中長程計畫，而且更適合評估具有高度不穩定的問題，所以，應儘可能縮短評估過程的時間，最長在四個月內完成兩次問卷評估（引自馮燕，1993）。

總之，評估研究在概念化、量度和解釋等方面均含有預測性質。其主要方法有成本功用分析、成本效益分析、線型規劃及德爾菲法技術等四種方法。政策研究常以第四種德爾菲法技術進行，即尋求一群與本研究相關領域之專家學者在「有控制的回饋」之下，使渠等人員對「研究主題」之自我評價（self-rating）意見，集中於一致判斷的評估，以作為設計提供相關服務或輔導諮商單位與人員，在執行過程中參考的有效計

畫、方案之建議。

四、就業安全政策及體制（服務）之需求評估研究的方法

所以，一般就業安全政策及體制（服務）之需求評估研究的方法如下述供參考：

1.文獻探究法：蒐集國內外有關文獻，藉以提供研究設計問卷、比較研究與提出建議之參考。
2.問卷法：根據理論與實務之經驗，配合所蒐集之文獻資料，編製相關之「問卷」進行施測。
3.調查法：研究可分專家學者之Delphi調查質化研究，和針對實際從業人員隨機抽樣實證調查之量化研究等兩種方法。
4.統計法：以次數分配、百分比、卡方檢定、t考驗或變異數分析及迴歸預測分析等。
5.演繹法：將原理規則應用至特定事例之解釋方法。
6.歸納法：將觀察情形締結成理論的方法。

 ## 第二節　就業服務未來趨勢及其他相關問題

一、現代工作者應有的生涯規劃

生涯規劃概念是個體生涯發展過程中所必須學習、面對與澈底執行的重要課題。所以，一般專家學者認為，成功的生涯規劃應該包含知己、知彼、行動力等三個重要的要素，據此進行規劃與執行，方能開創個體適性就業與幸福快樂的人生。因此，所謂知己，即是指個體很清楚自己的人格、性向、興趣、知能條件、價值觀。所謂知彼，即是指個體瞭解社

會發展、經濟趨勢、行職業狀況、就業機會訊息的獲得、資格條件。而所謂行動力，即是指個體做決定技巧、勇氣和毅力、採取行動等。

(一)如何知己

一般人常運用來探索、測量「知己」的方法與工具，不外乎是主觀直覺的訊息判斷與客觀的科學化、標準化量表兩種，概述如下：

◆主觀直覺的訊息判斷

主觀直覺的訊息來源不外乎數字遊戲、血型、西洋星座、紫微斗數、袁天罡先師稱骨算命不求人——算斤計兩、生肖特質、圖像心理學、自我催眠，其他如卜卦、問神、四柱、姓名學等方式。

1. 數字遊戲：即是經由當事人依照自己平常習慣性的寫字簽名形狀與阿拉伯數字的形狀，進行其人格特質與適合行業層面之廣度諮商建議。

2. 血型：即是經由當事人的血型種類，進行其人格特質與適合行業層面之廣度諮商建議。例如：

A型的人	對團體有強烈的歸屬感，能夠觀察入微，善體人意，有服務精神，但是有時過於神經質、想不開，是屬於慎重處理事務類型的人。
B型的人	是屬於喜歡以自己的方法做事的獨創派類型的人。因此，常讓人有不拘泥形式，有活力、喜快樂現實且獨立，而情緒善變的感覺。
O型的人	是屬於富有野心的拚命三郎苦幹類型的人。因此，常讓人有熱情、強烈權力慾望、固執且行動快速，而有不服輸的感覺。
AB型的人	是屬於為雙重人格所苦惱的合理主義類型的人。因此，常讓人有理性冷靜，缺乏情調、靈巧圓滑且喜批判，而輕視感情的感覺。

3. 西洋星座：即是經由當事人的國曆星座種類，進行其人格特質與適合行業層面之廣度諮商建議。例如：

水瓶座 （1/21-2/19）	個性溫和但有點神經質，具社會服務精神，適合從事公關或文藝事業。
雙魚座 （2/20-3/20）	個性活潑開朗但有點過分理想而不能面對現實，內心充滿矛盾，適合從事藝術、文藝事業或自行創業。
牡羊座 （3/21至4/20）	個性富有正義感，具不服輸能助弱者之個性，適合從事社工、輔導或記者傳播等事業。
金牛座 （4/21-5/21）	個性順從但有點重視經濟錢財，能堅守原則不同流合汙，適合從事設計或藝術方面的事業。
雙子座 （5/22-6/21）	個性比較沒定型，能言善道有才華，且機智善交際，適合從事思考性或多變化方面的事業。
巨蟹座 （6/22-7/23）	個性和藹可親重責任，不喜愛他人干涉個人事務，對事過度著迷而盲目，適合從事大眾化方面的事業，如廚師、經營餐廳。
獅子座 （7/24-8/23）	個性明朗充滿魅力，熱情、勇敢有俠義心，居領導地位，但有點急躁，而內心強烈孤獨感，適合從事司法或演藝、記者、作家等方面事業。
處女座 （8/24-9/23）	個性細心認真，過度講求完美而有點吹毛求疵，適合從事企劃、服務業等方面的事業。
天秤座 （9/24-10/23）	個性溫和冷靜，保持中庸之道，受人敬重排難解紛，適合從事司法或警察、裝飾、美容、設計等方面的事業。
天羯座 （10/24-11/22）	個性沉著，能吃苦耐勞，不善交際，但有點常沒瞻前顧後，適合從事醫生或工程師、技術研究員等方面的事業。
射手座（天箭座） （11/23-12/22）	個性崇尚自由，態度冷靜，集中注意力，但有時會不顧一切向前衝，即使傷害他人亦不自覺，適合從事自由或富變化方面事業。
山羊座（魔羯座） （12/23-1/20）	個性保守具勤儉美德，謹慎而馴良，有強烈忍耐力，但有點重視現實利益，而易造成孤獨感，適合自行創業或從事較為需耐心之工作，如醫護、社工等方面的事業。

4.紫微斗數：紫微斗數是以個人出生的年、月、日、時的天干、地支為基礎，推算出各種星，作為卜測命運的占卜術。星的推算是為了把星填入「出生圖」。「出生圖」是根據萬年曆把出生年、月、日、時換算成天干、地支，再依算出的天干、地支找出各星配置的圖表。共有十二宮〔命宮、父母宮、兄弟宮、夫妻宮、男女（子女

宮）、財帛宮、疾厄宮、遷移宮、奴僕宮（朋友宮）、官祿宮、田宅宮、福德宮〕代表不同的意義與關係，並配合宮內的主要星宿特質，予以推算分析。例如：命宮有紫微星者的容貌是有品格、威嚴且沉著的人；而性格是忠厚、謙虛且正直，易受人影響，而走向歧途之人。而福德宮有紫微星者則喜歡和有地位及公益之人來往；疾厄宮有紫微星者則須注意腦部的保養；奴僕宮有紫微星者，其災難為小人會有不利於己之妨礙地位、名譽之舉動。至於官祿宮與財帛宮有紫微星者，則適合從事商業、貴金屬與技術方面的事業。

5.袁天罡先師稱骨算命不求人：即是以個人出生的年、月、日、時的天干、地支為基礎，推算出四種資料之兩數，作為卜測命運的占卜術。例如甲子年1月1日子時生者，則為三兩九錢，其命評為；此乃利上近貴有福有祿之命。詩云：此命少年運不通，勞勞做事盡皆空，苦心竭力成家計，到得那時在夢中。

6.生肖特質：即是以個人出生的生肖為基礎，作為卜測命運的占卜術。例如鼠年出生者，則為天生活潑好動，第六感極敏銳，擁有豐富的彈性與社交性，是一個警戒心極強的人，適合從事智慧型方面的事業。

7.圖像心理學：即是在安全氣氛的環境下，讓個體放鬆的隨音樂或下意識的畫出一些圖像，或在結構式的圖形中畫出一些圖像，藉以作為解釋分析個體人格特質與適合從事的事業。

8.自我催眠：即是透過立定目標，重力加速度前進，催請目標達成等方式之持續進行，以達成自我目標實現之方法。

9.其他方式：如色彩學、卜卦、問神、四柱、姓名學等。

◆ **客觀的科學化、標準化量表**

客觀科學化與標準化方式的測量測驗和量表訊息來源：不外乎人格量表、性向量表、興趣量表、成就量表、智力量表及其他等種類。透過此些測驗和量表的施測結果，由專業諮商輔導人員進行職業諮商輔導，以協

助個案釐清與瞭解自我人格、性向、興趣、能力，以適性就業。

1. 人格量表：即是在安全氣氛與指導的環境下，讓個體放鬆的依照結構式或非結構式人格量表所呈現的題目，進行作答後，予以計分，藉以作為解釋分析個體人格特質與適合從事的事業之基礎架構。例如，基氏人格量表或賴氏人格量表，即是藉由量表的施測結果予以計分，並判斷其情緒、性格、社會性及忠實度等情況，以便據以進行職業諮商輔導。

2. 性向量表：即是在安全氣氛與指導的環境下，讓個體放鬆的依照結構式測驗進行紙筆填答，及實際操作技巧測驗，結束後予以計分，以瞭解個體在文書知覺、數量、空間、語文、圖形知覺、動作協調、手部靈巧與手指靈巧等實際情況，藉以作為解釋分析個體能力潛能與適合從事的事業之基礎架構，以進行職業諮商輔導。例如，行政院勞委會職業訓練局所研發之「通用性向測驗」即是，惟因為一般受試者測驗必須費時一至二小時，因而頗受微詞，而有朝簡易式「通用性向測驗」研發之爭議。

3. 興趣量表：即是在安全氣氛與指導的環境下，讓個體放鬆的依照結構式測驗進行紙筆填答，結束後予以計分，以瞭解個體在藝術、科學、動植物、保全、機械、工業生產、企業事務、銷售、個人服務、社會福利、領導與體能表演等職業之興趣趨向實際情況，藉以作為解釋分析個體能力潛能與適合從事的事業之基礎架構，以進行職業諮商輔導。例如，行政院勞委會職業訓練局所研發之「我喜歡做的事——職業興趣量表」即是，且因為一般受試者只須花費約二十分鐘左右填答，因而頗受一般學校及就輔機構廣泛使用，而有朝網路版、光碟片之研發，提供相關單位據以使用。

4. 成就量表：即是在安全氣氛與指導的環境下，讓個體放鬆的依照結構式測驗進行紙筆填答，結束後予以計分，以瞭解個體在各種學科

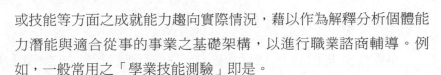
或技能等方面之成就能力趨向實際情況，藉以作為解釋分析個體能力潛能與適合從事的事業之基礎架構，以進行職業諮商輔導。例如，一般常用之「學業技能測驗」即是。

5.智力量表：即是在安全氣氛與指導的環境下，讓個體放鬆的依照結構式測驗進行紙筆填答，結束後予以計分，以瞭解個體在各種層面之發展與趨向實際情況，藉以作為解釋分析個體智力與適合從事的事業之基礎架構，以進行職業諮商輔導。例如，一般常用之「普通能力測驗」、「非語文團體智慧測驗」等即是。

6.其他：如工作氣質測驗、自我探索、價值觀、父母管教態度等相關量表或測驗、檢核表，均可依照測驗結果，據以作為解釋分析個體能力、潛能、價值觀、特質與適合從事的事業之基礎架構，以進行職業諮商輔導。

(二)如何知彼

所謂知彼，前已述及即是個體如何瞭解社會發展、經濟趨勢、行職業狀況、資格條件及就業機會訊息的獲得。一般可從下述幾個方面著手：

1.瞭解生活型態或方式及實況。

2.做好就業的準備，蒐集如何愉快學習、做個有成就感的人等訊息。

3.交友類別及現況訊息的掌控。

4.瞭解當前事業（職業）類別及就業市場訊息實況，以做好適性之抉擇。

5.瞭解婚姻類別及現況，以做好規劃及管理。

6.其他如有效的教養方式之知能技巧的學習等。

(三)如何規劃有效的行動力

個體在做決定技巧、勇氣和毅力、採取行動等行動力之規劃和執行時，應掌控有效的溝通類別與方式、優先順序的短、中、長程的規劃執行、做決定技巧的學習、勇氣與毅力的培養、依計畫採取行動的進程等要項，以促使自己一生愉快的工作，充分發揮自我潛能與知能。

1.有效的溝通類別與方式：

(1)討好型：一般認為多數人與人溝通時，常採取此種「以對方為主，唯唯諾諾稱是型」方式，約占有50%。

(2)責備型：一般認為多數人與人溝通時，有些會採取此種「以自己為主，對方全都不是型」方式，約占有30%。

(3)電腦型：一般認為人與人溝通時，有些會採取此種「冷靜、冷漠、理性不主動無反應型」方式，約占有15%。

(4)打岔型：一般認為人與人溝通時，有些會採取此種「以表達自己意見為主，讓對方無法完整的表達意見之是否感覺均不存在型」方式，約占有0.5%。

(5)一致型：一般認為多數人與人溝通時，只有少數人會採取此種「是真實的雙向互動使彼此都清楚意向，達到共識之真實的類型」方式，約占有4.5%。

2.優先順序的短、中、長程的規劃執行：一般分成長程的目標（六年至十年）、中程的目標（三年至五年）、短程的目標（一年至三年）等目標期程之設定，一個階段接續一個階段，隨時調整修正，使之具彈性與現實性，有效執行個體終身各階段之計畫。

(1)做決定的技巧輔導：透過腦力激盪及平衡單（7W：who、when、where、what、how、why、for whom）的檢討計畫，明列出與瞭解自己生涯規劃過程之阻力、助力及其他可運用資源，以有效運用助力及其他可運用資源，排除阻力，增加成功機

率。

(2)勇氣與毅力的培養：此是執行生涯規劃過程中不可或缺之重要
因素，因此應包含時間管理、情緒管理、壓力管理、情感婚姻
管理、生涯事業（工作）管理、人際關係管理等之管控，方能
創造出成功的生涯規劃。

(3)依計畫採取行動的進程。

生涯規劃是自生即始的一輩子之重要課題，透過對自我的瞭解
與充實，及蒐集就業市場各項資訊、資格條件與各個階段的問
題，進行自我一輩子的適性生涯規劃，並積極主動的有效行動
力，則相信必能創造一個屬於自我的亮麗天空，而愉快幸福的
過一生，可由**圖13-1**窺見一斑。

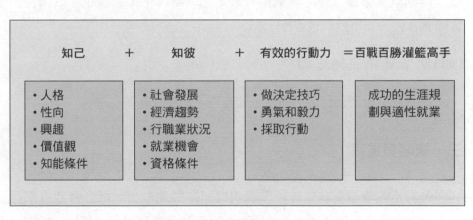

圖13-1　生涯發展三要素圖

二、就業服務未來發展之「廣度與深化」、「彈性與多元」、「專業與人性」、「新速與普化及獨特性」趨勢

(一)專業制度方面

達到就業服務工作之專業化、分工化、制度化、系統化、合法、合理、合情化、研究發展評核性、社會心理性、周延性。

(二)時空發展方面

達到就業服務工作之自動化、現代化、大眾化、普遍化、因應性。

(三)推動之廣度與深度方面

達到就業服務工作之專業化、分工化、制度化、系統化、政治性、實際實在性、獨特性與包容性。

(四)就業資訊流通方面

達到就業服務工作之迅即性、補充性、最新性、簡化性。

三、策略與展望

針對上述就業服務工作現況說明與面臨問題分析，謹參考政府部門未來應有之因應對策與筆者多年從事教學與就業服務工作之經驗，提出一些可行建議條敘如下，期待在工業科技化、資訊化之社會變遷過程中，透過政府與民間之協同努力，能夠協助民間企業及個人有效的生存。

(一)強化公立就業服務機構組織及建立專業制度

1.調整與增設公立就業服務機構組織及員額編制，並於未設置公立就

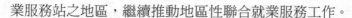
業服務站之地區，繼續推動地區性聯合就業服務工作。

2.建立就業服務專業與獎勵制度，以提升就業服務品質與服務量。

3.研議將公立就業服務機構之服務項目，部分業務委託民間辦理，以補充公立就業服務機構在地區與量方面服務之不足。

4.整合中央就業輔導機關職權，使趨於統一體制，由單一機關統籌規劃與推動全國就業服務工作。

5.因應週休二日與部分民眾習慣於夜間尋求就業機會之習性，研議是否需開放假日與夜間之就業服務工作可行性。

6.與相關大專校院合作，透過日間、夜間、假日及遠距教學與大眾傳播媒體等方式，獎勵與補助就業服務機構人員進修，以提升專業知能及服務品質。

(二)加強就業服務宣導與建立服務資訊網路

1.加強就業服務與職業觀念之宣導，以擴大服務網面，建立正確就業觀念與態度，進而提高就業意願。

2.建立全國就業服務與電腦連線作業系統，並於公共場所普設「觸摸式多媒體就業資訊站」，及依據「公眾網路處理求才求職者資料作業要點」將求才求職資料送上網路，以達到普及性利用率之目標。

3.發展生涯輔導電腦輔助系統與職業心理測驗工具，落實就業諮詢與職業輔導工作，達到「適才適所，適性就業」之目標。

4.適時增修訂就業服務工作手冊，並充實各就業服務機構之機具設備，以促進就業服務工作現代化與標準化。

5.因應週休二日與部分民眾習慣於夜間或假日尋求就業機會之習性，研議是否需增置電腦自助查詢區，開放二十四小時，及夜間就業諮詢之就業服務工作可行性，以達到便民、為民服務目標與塑造高效率政府形象。

(三)加強特定對象就業之促進

1. 依據「就業服務法」規定加強對獨力負擔家計者、二度就業婦女、中高齡者、身心障礙者、原住民、生活扶助戶中有工作能力者、被資遣員工與失業者、退役人員、更生受保護人等特定對象，輔導其適性就業，以開發潛在勞動力，促進渠等人員充分就業，及人力資源之運用。

2. 依據「就業服務法」規定加強對渠等人員之適性就業評量工具或檢核表之研發，以輔導其適性就業，開發潛在勞動力，促進其充分就業，及人力資源之運用。

3. 依據「就業服務法」規定加強對身心障礙者輔具之研發，以輔導其適性就業。

4. 依據「就業服務法」及相關法令規定，加強對各特定對象支持網絡與可運用資源網絡之建立，以適時適地的提供必要之協助，輔導其適性就業。

5. 依據個案管理、社區化就業與職務再設計等就業服務理念，積極落實到推動就業服務工作上，以加強對其適性就業之輔導。

6. 檢討修正並整合各相關就業服務法令，以免法令如牛毛，無法適時趕上時代需求之腳步。例如「特定對象」可思考研訂依經濟財力認定原則之標準指標，符合者及可享有規定權益，如此可減少前述臚列諸多對象，會有掛一漏萬及無法因應時需變遷，尤以我國屬「剛性法令」，修法常有曠日廢時之憾。

7. 依據現行「身心障礙者權益保障法」規定，提供身心障礙者服務體系分成兩種，一種是「職業重建措施」由地方主管機關提供支持性與庇護性就促服務，而中央主管機關提供一般性就促服務，行政體系各自軌道妨礙身障者「最佳利益」與「最適發展機會」之服務，意即實務上發現不可思議現象，地方直轄市主管機關分屬就業服務

與重建兩個部門，結果中央的就促工具在「職業重建（輔導評量等服務方法、模式）」部門不能運用，導致對身障「最有利、最適性與最佳機會」之「職業重建與就業促進措施」形成行政扞格的嚴重遺憾惡果。因此，應積極主動搭建分工合作平臺，否則應再回歸到未修法前由就服機構統籌情形，畢竟古聖先賢對公職人員的警語：「人在公門好修行」、「一世官九世牛」，應引以為鑑為戒的。很高興民國103年6月得悉新北市政府已將於民國104年整併，該府由就服機構統籌，這是值得喝采與肯定其睿智決策。

(四)積極開拓就業機會，促進國民充分就業

1. 依據就業服務法規定加強推動「部分時間工作」或「分享式工作方式」與「轉業輔導」之就業服務工作，以開發潛在勞動力，促進國民充分就業，及人力資源之運用。

2. 加強對雇主服務，以爭取就業機會，強化勞動供需系統之緊密結合，以因應國家建設計畫與經濟發展之人力需求。

3. 加強與職訓機構聯繫合作，提供就業安全體系之周全系統服務。

4. 期望藉由上述就業服務對策的推動，使就業服務工作的品質與服務量能更專業和提升，達到健全就業服務體系，提升就業服務功能之目標。進而因應未來社會、經濟及政治環境變動與就業市場需要，以發揮就業安全制度之整體功能，達到便民、高效率與專業之就業輔導目標。

第三節　職業訓練未來趨勢及其他相關問題

自民國57年政府致力於職業訓練工作之推動起，迄今約四十餘年，所培訓的技術人力，對國家經濟發展與工業升級頗多貢獻。惟近年來台灣

地區由於經濟與產業結構轉型、社會環境快速變遷、教育制度的改革與人力結構的改變，導致職業訓練面臨複雜挑戰與影響，而產生亟待克服之問題，包括職訓設備汰舊換新、提升職業訓練層次、因應產業需求開發新職類，及建立終身學習與生涯訓練等四個問題。

所以，為因應科技快速發展，及就業者的高齡化、高學歷化與婦女就業意願的升高等內外在因素，除了必須一方面配合國家的人力政策，朝向人力培養多元化及人力品質高級化目標邁進，依其特性、條件與資源等因素，以建立政府與民間的任務分工，因應國家建設人力多樣化需求，積極推動高級技術人力培訓制度外。另一方面應掌握環境變動對人力的需求，審視影響人力資源開發運用的各項環境因素，注重職業訓練的實用與效益，據以妥善規劃執行，辦理各項職類訓練，以滿足需求面的要求。由此可知，工業社會變遷中職業訓練之未來趨勢有下述五個方向（勞動力發展署，1997、1998；陳聰勝，2009）。

一、公共職業訓練方面

(一)強化公共職業訓練機構的特性與功能

1.統一全國性職業訓練職權，健全公立職業訓練機構之組織體制與發展重點暨特色，以發揮培訓就業市場所需人力之整體效能。

2.因應環境變遷趨勢，提升職訓師水準，充實與更新訓練設備，發展訓練教材教具，推展能力本位訓練方法，以因應受訓學員素質的多元化和異質性，達到因材施教目標。

3.積極規劃調整開發公訓機構之訓練職類，以配合產業結構變動所需之人力資源的培訓，達到以就業為導向之訓練目標。

4.結合各種相關社會資源，例如學校、事業機構之附設訓練中心、各級工業會暨工會、立案之績優技藝補習班等機構，與之合作辦理職業訓練工作，以擴充訓練容量，提升職訓層次，提高訓練品質與因

應能力。

5.加強整合職業訓練資源，結合大眾傳播媒介功能，擴大辦理空中教學方式，以滿足大眾對職業訓練的需求。

(二)加強辦理專案職業訓練

1.配合產業自動化與科技人才培訓計畫，積極推動辦理高級技術人力與產業自動化人才之培訓。

2.加強辦理重大工程有關之管理、監工、技術及服務等人才之培訓。

3.配合行職業變遷，加強辦理農漁民、關廠歇業及被資遣失業員工、屆退國軍官兵、照顧服務員等對象之轉業訓練與第二、三專長之培訓。

(三)加強辦理特定對象及就業能力薄弱者職業訓練

1.結合社會福利法令，寬籌經費，擴增辦理職業訓練資源，以擴大辦理適合再就業獨立家計者暨二度就業婦女、中高齡者、身心障礙者、生活扶助戶中有工作能力者、原住民及其他經中央主管機關認定者等特定對象之職業訓練，以強化其就業技能。

2.寬籌訓練生活津貼經費，給予參加職業訓練之前述特定對象及就業能力薄弱者適度的生活補助，使能安心受訓，學得一技之長，並予以適性就業之推介。

(四)促進職業訓練與技職教育、技能檢定、就業服務之配合

1.加強辦理建教訓用（學用）合一之輪調式教育訓練班、高級技工養成訓練班之訓練，及職訓機構辦理職業學校以上在校生短期技能專精訓練。

2.推展公訓機構與專科以上學校合作，培養產業升級及發展高科技所需之研發、管理、製造及維修人才。

3.推展公訓機構配合技能檢定等級規範內容，研析建置職能基準分析規範，擴大辦理技術士升級進修訓練。

4.運用就服機構之求職求才資料，規劃開辦職業訓練職類，並依其性向、興趣與專長輔導其適性訓練及就業。

(五)擴大辦理地方政府職業訓練

1.擴大補助地方縣市政府辦理職業訓練，運用區域性社會資源，建立職業生涯訓練體系，以充分提供當地民眾就近參加職訓機會與進修管道，加強社區化職業訓練工作。

2.結合地方產業特性，加強辦理地區性產業所需人才之課程規劃，以提升訓練品質與層次，達到繁榮地方產業與經濟與調節人力供需之目標。

(六)開發新職類，建立多元化職訓機制

因應新產業需求開發新職類，建立多元化職訓機制。傳統基礎之職類於公共職訓中心培訓，其餘職類則可考慮由社會資源開訓，以彈性因應時空、人事、設備、師資與法令之不足，而得以及時提供所需人才培訓之管道。

(七)籌設職訓大學與研究學院，結合網際網路提供遠距教學

籌設職訓大學與研究學院，並結合網際網路提供職訓之遠距教學，以使職訓工作得以達到無遠弗屆的目標，滿足國人終身學習與生涯訓練之職業生涯需求。

(八)建立職訓師甄選聘用與考核制度

建立職訓師甄選聘用與鐘點學分及考核之彈性制度，以提升其專業知能技術，方足以因應時代變遷行職業所需人力之培訓所需師資，以免落

伍無法趕上時代需求，而又將職訓師人力閒置，浪費人力與經費，並且耽誤受訓學員專精技能之學習。

(九)研究職訓機構公辦民營之可行性

研究職訓機構公辦民營之可行性，以免將公訓機構首長淪為酬庸性職位。另行政人員專業化與外聘職訓師以符合時需職類的開訓，亦是未來社會變遷之重要趨勢，不可不慎之。

(十)建立有效的公訓機構訓練效益評估模式

建立有效的公訓機構之訓練效益評估模式，作為預算編製之參考，以激勵並提升訓練績效，避免資源重複使用與浪費閒置，達到職業訓練之真正目標。

二、在企業訓練方面

企業訓練有助於國家改善人力素質，加速經濟發展，亦可為企業本身培育所屬員工，提升在職人員技術水準，強化企業競爭能力，又可為個人奠立技能基礎，開拓升遷機會，滿足個人自我發展之需求，所以各先進國家對於企業訓練均甚為重視。特別是近年來因技術水準的快速發展、少子女化與高齡人口的逐年增加，企業訓練已成為國家人力資源開發與運用的最重要課題，配合跨世紀國家建設計畫，以加強人力培訓，提升國家競爭力，積極培育各類專業及技術人才為目標，以及秉持輔助企業訓練活性化、普及化暨員工「訓練生涯化」之理念推展下列工作：

1. 應積極推動企業界自設職訓機構，並輔以租稅優惠減免方式，充實訓練師資與設備，促使企業自辦員工專業知能之各種訓練。
2. 加強中央政府與地方政府有關訓練業務之協調分工，擴大企業訓練相關支援配合單位，以免訓練資源之重複浪費。

3.建立企業訓練師資及專業人員培訓制度,並強化區域性企業訓練活動聯絡網之功能,以落實及加速訓練訊息傳遞和充分運用,激勵企業界積極籌辦訓練。

4.因應產業變革,擴大辦理各階層幹部之管理訓練,及高科技尖端技術人才與在職員工轉換職務專長之訓練,以因應時代需求,降低員工之衝擊與流動率。

5.建立有效的企業訓練效益評估模式,以激勵廠商踴躍參與自辦訓練,提升訓練績效,避免資源重複使用與浪費,達到給予真正需要者之獎勵與獎助目標。

6.擴增企業訓練體系,達到訓用合一之效益功能,以保障特定對象之就業權益,落實社會福利與企業之社會責任目標。

7.擴大辦理宣導,促使業界自辦訓練:

(1)依據「職業訓練法」積極推動企業界附設職業訓練機構,並協調建立職業訓練機構之租稅優惠等措施,以利各機構充實訓練師資及設備;另將強化上述職業訓練機構參與辦理職業訓練、技能檢定、技能競賽之機能及條件,以鼓勵業界廣為設置專責單位辦理訓練,俾達成全面提升企業員工專業素養及技能水準之目標。

(2)積極運用傳播媒體宣導企業訓練相關措施,並規劃擴大辦理各類宣導會、研討會及座談會等活動,鼓勵業界參與辦理職業訓練,促使企業訓練全面普及。

8.加強溝通協調,充分運用社會資源:

(1)加強與中央及省市相關訓練辦理單位之溝通聯繫,以針對訓練工作進行通盤檢討,俾依據區域特性及民眾需求建立訓練業務之協調分工,並就訓練對象及訓練經費作統籌規劃,以避免訓練資源之重複投資,充分發揮訓練之成效。

(2)擴大企業訓練的相關支援配合單位,包括大專校院及專業訓練

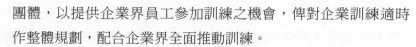
團體,以提供企業界員工參加訓練之機會,俾對企業訓練適時作整體規劃,配合企業界全面推動訓練。

9.建立服務體系,健全業界訓練體制:

(1)強化輔導服務措施,對於公民營事業機構、工商業等勞資團體、財團法人及學校等具有辦理訓練能力者,提供設立職訓機構之協助及訓練方法、技術之服務,以減少事業機構對人力、財力及物力之重複投資,激勵企業界積極籌辦訓練。

(2)建立企業訓練師資及專業人員的培訓,協助中大型企業自行規劃辦理教育訓練之條件與能力,並強化區域企訓活動聯絡網之功能,俾能落實及加速訓練訊息傳遞與充分運用,促成訓練經驗之交流活動。

(3)推動企業界訓練師資及專業人員之經驗交流及觀摩機會,及事業機構擔任技術訓練專業人員之研習進修,並為企業界培訓訓練師資及策劃人員,研製訓練課程教材,以利企業自辦訓練;繼續引進外國優良訓練方法與制度,作為企業界辦理訓練之參考,或進而與外國企業建立職業訓練之合作關係。

10.因應產業變革,培訓所需專業人才:

(1)提升企業經營策略注重管理訓練,為80年代以來各先進國家教育訓練的焦點及建立學習型企業組織的關鍵,影響極為深遠亦屬大勢所趨,亟待擴大拓展各階層幹部之管理訓練,順應時代潮流。

(2)加強辦理服務業訓練,台灣地區服務業生產毛額及就業人口已逐年遞升至民國85年分別占國內生產毛額之61.06%及總就業人口之52.39%,現仍快速成長並具發展潛力。今後更應擴展服務業從業人員的進修訓練,並開發策略性及新興服務業之訓練職類,以因應服務業人才之需求。

(3)配合產業自動化及高附加價值產品之開發,倡導培訓高科技尖端

技術人才，及在職員工轉換職務專長訓練，期能有計畫地培養技術層次較高的員工，避免或降低產業自動化及技術升級對基層勞工的衝擊。

11. 重視效益評估，提升訓練績效：

(1) 持續推動實施訓練效益評估：企業訓練是事業機構一項重要的長期投資，其與企業發展關係密切，近年來在政府大力推動及民間積極配合下，業已提升業界參與的意願，然在投入財力、物力及人力辦理訓練的同時，亦須藉效益評估審慎評量訓練成效，俾免人力及資源之重複或無謂之浪費。今後為有效推動效益評估制度，除了已規劃由國內外專家專題介紹效益評估之重要模式及範例外，並將加強邀請具有實務經驗之廠商進行實務發表，以激勵廠商踴躍參與。

(2) 建立訓練效益評估制度模式：綜合國內外專家研究結論顯示，效益評估可歸納由員工個別之生產力、工作時數、職務升遷、待遇調整，以及廠商整體之營業額成長、人事成本之降低、品質提升、顧客滿意度等兩大方向進行評量，至於評量方式及績效之量化，專家說法各異，亟待進行歸納整合，俾研擬可供國內廠商付諸實施之可行模式，鼓勵業界參考採行，使效益評估制度更為普及，達成提升訓練績效之目標。

12. 擴增企業訓練體系，培育原住民等特定對象專業技能：

(1) 為有效解決國內就業市場因經濟變動所造成之失業問題，以紓緩失業問題對社會及經濟層面所產生之壓力，爰計畫協助失業勞工以訓代賑方式參加職業訓練，並策劃辦理第二專長訓練，另將籌劃因應公營事業民營化之相關訓練事宜，對於上述人員參加訓練者，由政府提供訓練津貼或生活津貼，以鼓勵失業者參加職業訓練，進而培育其專業技能，達成降低失業率之目標。

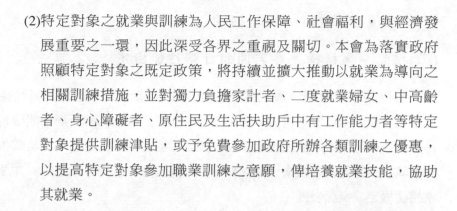

(2)特定對象之就業與訓練為人民工作保障、社會福利，與經濟發展重要之一環，因此深受各界之重視及關切。本會為落實政府照顧特定對象之既定政策，將持續並擴大推動以就業為導向之相關訓練措施，並對獨力負擔家計者、二度就業婦女、中高齡者、身心障礙者、原住民及生活扶助戶中有工作能力者等特定對象提供訓練津貼，或予免費參加政府所辦各類訓練之優惠，以提高特定對象參加職業訓練之意願，俾培養就業技能，協助其就業。

三、技能檢定證照制度之未來趨勢

隨著社會進步、經濟發展，今後技能檢定業務將逐步擴大發展，亟應針對未來經濟、社會發展需要審慎規劃，建立完整的技能檢定法制，一方面運用社會各種資源，擴大辦理技能檢定，成立技能檢定團體及技能檢定作業中心，提升技能檢定品質；另一方面則要結合各業目的事業主管機關，共同推動落實技術士職業證照制度，以達到提升國民技術水準，保障社會大眾生命安全，加速國家社會經濟發展。今後規劃每年參加技能檢定人數至少可達約五十五萬人次，核發技術士證約三十萬張，技能檢定之實施對策未來趨勢如下：

(一)建立完整之技能檢定法制

協調完成技能檢定法之立法工作，建立完整之技能檢定法制，以利技能檢定業務健全發展。

(二)輔導設立財團法人技能檢定團體

專責辦理技能檢定新職類研究開發、規範制定、試題命製、監評研習及有關建立技能檢定之基準相關事宜等，以縝密規劃技能檢定之運

作，提升檢定之品質。

(三)推動事業機構、專業團體自辦技能檢定

為提高事業機構、專業團體在職員工技能水準，提升其勞動生產力，允宜規劃推動事業機構、專業團體自辦技能檢定，其所辦技能檢定若符合法令規定要件，並經技能檢定中央主管機關專案核定者，發給該相關檢定職類相當等級之技術士證，俾運用民間資源，發揮專業分工，加速國家技能檢定之全面發展。

(四)分區設置技能檢定作業中心，並辦理隨到隨考事務

民國103年2月17日行政院組改後，雖於勞動力發展署下附設技能檢定中心，援例辦理全國性檢定業務；然，仍應積極規劃於北、中、南、東等地區分設技能檢定作業中心，專責辦理學科、術科測驗等行政作業事務，以提升技能檢定作業效率，便利國民參加檢定，並齊一檢定水準，確保檢定的品質與公信力。

(五)協調目的事業主管機關落實技術士證照效用

1.明定技術上與公共安全、公共衛生、環境保護等有關業別之事業單位團體，應僱用一定比率或人數之技術士始得營業。
2.協調各中央目的事業主管機關適時修訂相關職業管理法規，納入技術士作為執業資格或營業條件之一。
3.協調中央教育主管機關對技術士證取得者，報考相關技職校院甄試時，給予加分或抵充選讀科目等就學獎勵措施。
4.政府機關學校等對進用技術性職位，宜優先進用取得技術士證者，並予敘薪、升遷之獎勵或加給措施。
5.政府機關對取得技術士證者申請創業貸款或失業輔助時，應優先核給與利息補貼或優先推介就業。

(六)研議國際相互承認技能證照

民國84年11月APEC各經濟會員體部長於日本大阪集會，強調「APEC經濟會員體將透過雙邊協定，加速有資格人員於本地區內自由往來，以達成專業資格之相互承認」。由於APEC會員體間經濟之發展程度尚有一些差異，必須考慮彼此技能檢定水準間之相稱性與差異性，故目前必須先進行各會員體技能檢定標準相稱性與差異性之比較研究，並選擇若干職類作為個案研究之對象，其結果若可行，再由部分會員體來試辦，以因應未來亞太地區各會員體彼此間相互認證之需求。此對當前的國際化、地球村、跨域就業人才流動等勞動力發展趨勢，應是需面對與積極規劃思考的重要議題。

(七)研議建立國家技能檢定與技能競賽場所之可行性

在大專校院招生不足，嚴重影響永續辦學與併校或破產宣告結束辦學，及經費允許情況下，研議修建國家技能檢定與技能競賽場所，或利用結束辦學校地作為檢定與場所，並統一機具設備（施），以建立國家級技能檢定與技能競賽場所。

第四節　失業保險未來趨勢及其他相關問題

一、目前就業服務制度之爭議論點

(一)就業服務業務事權不統一

目前我國就業服務業務事權除勞動部職掌外，為因應不同對象而分別由相關部會及直轄市、縣市政府等機關來職掌就業服務業務，未來更應因時因地因事建立統一事權及適切分權體系。

(二)就業服務機構未能有效整合

目前我國公立就業服務機構設置，係依據「就業服務法」第六條規定：勞動部為中央主管機關，直轄市政府與縣市政府為地方主管機關，並依同法第十二條及公立就業服務機構設置準則之規定：得視業務需要，設置公立就業服務機構。進而研修定據以明確規範中央與地方公立就業服務機構之職掌與權責。

(三)公立就業服務機構轄區重整與區域運籌體制規劃

中央主管機關之公立就業服務機構轄區重整與區域運籌體制規劃，以直轄市、縣市為主軸核心規劃，以符合地方自治精神。

(四)私立就業服務機構專業能力不足

主管機關核發私立就業服務機構設立許可證時，均須依據「私立就業服務機構許可及管理辦法」規定，審核其所聘僱員工中是否有依法聘僱就業服務專業人員，如未依規定聘僱則不予以核准；另勞動部為有效管理私立就業服務機構，亦應針對其執行業務概況進行評鑑，及為提升私立就業服務機構就業服務人員專業職能，辦理各項業務研習，以提升其就業服務人員專業能力。

(五)我國現行失業給付制度與職業訓練、就業服務體系應如何結合

我國現行勞工保險失業給付制度與職業訓練、就業服務體系應加強「訓用合一」之訓後即可就業之制度網絡建立，結合公私部門爭取就業機會，及就業諮詢（商）與就業準備等之職業生涯規劃制度等方面，能確實落實，以提升失業者與求職者職業規劃與就業能力，方能實現就業安全體系之理想。

(六)就業者經由公立就服機構獲得現職者比率不高之迷思

就業市場是自由操作的市場機制，雇主之求才就業機會刊登招募方式與管道亦非常多元，除了報章雜誌與親友師長介紹外，公私立就服機構與網際網路登錄媒合方式亦是常見之管道，而公立就服機構與前開眾多管道不同之處，即是其所掌握之就業機會是事先確認與查詢過的，比較具有公信力與安全性，也因而在時效性上，較其他管道稍慢；但是其對身心障礙者等特定對象之服務，係一般民間與其他管道所無法提供的，因此其利用率不高與其他國家均大同小異。後因開辦「失業給付」強制非自願離職者，必須至公立就服機構辦理失業認定，利用率因而增加許多。

(七)公立就服機構在專業諮詢（商）服務、就服項目方面，結合民間資源之措施

目前為因應「就業保險法」實施，已於公立就業服務機構，加強辦理專業諮商服務業務，由民間專業諮商團體機構承包指派專業人力進駐，提供就業諮詢（商）服務，及職業生涯規劃與就業準備等就業能力及良好工作態度之培訓。

(八)就業服務資訊系統求職求才線上登錄與線上媒合

應加速完成就業服務資訊系統求職求才線上登錄與線上媒合，及就業服務網站應有效力與效率之經營管理，以符合政府公務電子化之目標。另如何與民間人力網站資訊分工合作，以符合民眾網際網路求職求才線上登錄與線上媒合，及就業市場行職業與薪資概況暨就業服務相關資訊查詢之需求。

(九)如何與「社會企業」、「培力就業方案」、「多元就業開發方案」等計畫接軌，及其未來發展模型建構

減少「社會型計畫」，可由社政單位之以工代賑計畫取代，增加

「企業型計畫」與「經濟型計畫」及「社會企業」，以落實民眾永續就業、穩定就業、適性就業之目標。

(十)檢討修正

勞工保險失業給付現行規定，由其所規定的在認定時須提出「二次求職紀錄」之規定，可再思考如何多元化或彈性化的配套措施，例如，接受安排二次參加就促研習活動、擔任志工二次，或回歸保險精神概念，與勞保事件給付做法一樣，減少津貼給付額度，使其更符合失業民眾需求，以達到照顧失業者之目標，解決就服人員與雇主之互信合作夥伴關係，爭取更多優質中高職缺。

因此，為因應當前社會、經濟與政治環境的變動、未來社經發展與就業市場需要，及發揮就業安全制度之整體功能，我國當前之就業政策與就業服務工作內容，亦隨之與日俱增，尤以「外籍勞工」的引進，及新新人類（尼特族、宅男女……）所衍生的許許多多之多元與複雜的問題，已非民國81年所通過的「就業服務法」之條文所能規範，亦即其已不符實際需要。因此，先後多次進行修法，以符合社經與就業市場脈動之實際需要，激發國民就業意願，增進國民就業技能，確保國民充分就業權益，方能達成支援生產、繁榮經濟與安定社會之目標，進而導正國人的工作價值觀與心態，激發其向上奮進意志力，以奉獻所學所知所能於國家社會。

二、我國就業服務制度轉型的必然性

(一)優質人文素養與競爭優勢的必然性

所謂人文素養即是指一個人在平日的對人、事、物的認知、態度及行動上，均能充分的發揮其所接受訓練的人文主義與人文科學精神學養，進而展現出關懷、接納與慈悲喜捨的待人處事情懷。而競爭優勢是

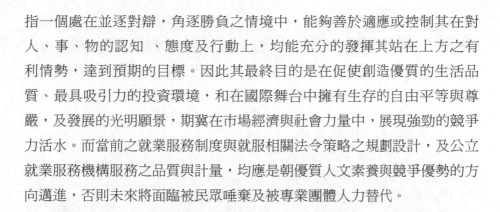

指一個處在並逐對辯，角逐勝負之情境中，能夠善於適應或控制其在對人、事、物的認知、態度及行動上，均能充分的發揮其站在上方之有利情勢，達到預期的目標。因此其最終目的是在促使創造優質的生活品質、最具吸引力的投資環境，和在國際舞台中擁有生存的自由平等與尊嚴，及發展的光明願景，期冀在市場經濟與社會力量中，展現強勁的競爭力活水。而當前之就業服務制度與就服相關法令策略之規劃設計，及公立就業服務機構服務之品質與計量，均應是朝優質人文素養與競爭優勢的方向邁進，否則未來將面臨被民眾唾棄及被專業團體人力替代。

(二)就業服務企業管理與專業行銷發展的必然趨勢

就業服務之積極性意義，即是依其獨特之專業功能，加強就業市場組織，掌握人力供需動態，迅速輸送職業消息，並提供必要之職業輔導，期使求職者不因職業消息不靈通，以及對職業涵義的缺乏認識，致就業市場雖有其適性的工作機會存在，然而卻無法順利獲致職業所造成的「摩擦性失業」。因此，就業服務係政府運用組織的力量與整合的方法，充分結合社會之資源力量，協助國民解決就業問題，以實現就業安全政策，使「人盡其才」與「事得其人」、「人」與「事」得到適當的配合，建立社會安全制度為目標的一項主要工作。綜合言之，就業服務措施的執行在於如何由執行機關產出「服務」給政策對象求職者與雇主，亦即就業服務機構如何建立有效的傳送系統，提供服務予目標對象，使「人」與「事」之妥適調節、配合與運用的過程。

(三)雇主拜訪聯繫，以開發中高階就業機會之迫切性需求，及工作職務遍及各類別，不再多數是屬於基層操作工或事務工作

未來就業保險法實施時，公立就業服務機構需提供就業機會予申請失業給付民眾，進行就業推介，期望其儘速再就業，由此可看出開發就業

機會之迫切性與重要性。因此,未來就業服務政策規劃單位與公立就業服務機構針對雇主之相關獎助津貼與合作機制之配套設計,將是就業機會能否充實且廣布各行職業職務之重要關鍵,捨此則將促使公立就業服務機構仍停留現況,無法有效的改變,進而產生「公辦民營」聲浪與危機。

(四)人力與機構服務方面

1.就業服務機構實體與虛擬化並存。

2.專業服務人力之多樣化與替代性及獨特性並存。

3.專業服務人力之知能需與時並進,時時進修充實獲取新知與技術,且不再是傳統「守株待兔」式之消極等待的服務模式,而應是「積極走動式」的與雇主聯繫拜訪,向外開發就業機會之服務與經營管理模式。

4.機構業務整合與外包項目增加,將僅保留法令職掌業務,及民間不做之身心障礙者等特定對象,或無力承作之就業服務工作。

5.就業服務業務資訊化、網路化。

6.現有就業服務中心與就業服務站(含就業服務台或據點)工作模式脫鉤,發展為「間接服務」(區域運籌綜計評鑑與資源整合規劃運用)與「直接服務」(負責民眾第一線服務需求之滿足)。

三、策略與展望

針對上述就業服務工作面臨問題分析,可以瞭解失業保險制度的建立與有效的實施,端賴就服與職訓組織系統的結合、相輔相成,方能為失業給付申領者提供完善的與精緻的服務。亦即透過全方位職業生涯規劃系統之研發建立與推動,可使其服務內涵與品質更能提升與奏效,所以,可加強以下之趨勢工作項目的整合,以發揮相互輝映之功效。

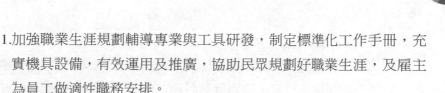
1. 加強職業生涯規劃輔導專業與工具研發，制定標準化工作手冊，充實機具設備，有效運用及推廣，協助民眾規劃好職業生涯，及雇主為員工做適性職務安排。

2. 調整及重整公立就業服務機構組織及設置，以強化其服務功能。

3. 加強就業服務與職業觀念之宣導。

4. 加強對雇主服務，舉辦現場徵才活動，以爭取就業機會。

5. 強化勞動供給，因應國家建設計畫與經濟發展所需人力。

6. 研究規劃數位經濟體系（電子商務）中就業與勞動市場人力運用之發展趨勢，加強人力培訓，以與國際勞動力需求同步，得以及時回應所需之人才。

7. 結合社會資源，有效運用民間團體與私立就服機構共同推動就業服務工作。

8. 有效推動與落實就業促進津貼、就業券、職訓券、電腦券、職訓生活津貼之實施，以避免資源浪費重複與效益之提升。

所以，在現代社會中，實用與功利的現實主義趨勢下，科技的實用性所帶來的商機，已經迫使著現代人類心靈、精神與思維，全部被現實的物質世界所蒙蔽和占據，因而忽略了對人類本身的認識與評價的使命感，造成了許多殺傷擄掠等犯罪行為的不幸社會事件。因此，如何促使人文科學素養哲理與現代科技間的緊密融合，將是現代人類所必須嚴加思索與加緊腳步努力的當務之急，也唯有如此方能夠導正現今社會「笑貧不笑娼」、「向錢看」、「發展經濟奇蹟中之脫序橫逆」的物慾橫流之不良社會風氣，進而能瞭解人類思想、歷史的發展、社會組織的演變，及文學藝術的欣賞，而能夠同理萬物、關懷生命與堅持人性尊嚴，建立人類的正向價值觀與就業態度，以避免二者間之偏差現象產生，造成遺憾事件之發生。由此可見，現代工業社會中透過國民人文素養的培養，方能積極有效的輔導國民建立正確的職業觀念與就業態度，促使人力充分資源運用，達

到適性就業之目標。

　　總之，期望藉由上述就業服務對策的推動與就業服務制度轉型變革，能使失業保險的實施，透過就業服務工作的品質與服務量能更專業和提升，達到健全就業服務體系，提升就業服務功能之目標，進而因應未來社會、經濟及政治環境變動與就業市場需要，以發揮就業安全制度之整體功能，達到便民、高效率與專業之就業輔導目標。

問題與討論

一、請各任舉一個就業安全政策及體制之評估分析與方法。

二、請各任舉就業服務未來趨勢生涯規劃之知己、知彼、行動力的
　　要素內涵或項目，及發展趨勢面向項目。

三、請各任舉一個公共與企業訓練及技能檢定證照制度未來趨勢相
　　關項目或問題。

四、請任舉我國就業保險未來發展趨勢之相關問題，及你的觀點為
　　何？

五、請以主觀直覺及客觀科學化量表工具運用過程的結果，以你自
　　己為例，進行前述工具的比對，進而以「7W力場分析」擬定
　　自己的職涯規劃及未來期待（許）的診斷分析。

延伸閱讀討論議題

人力資源規劃、運用及預測，對就業安全政策與體制的影響力為何
等相關議題。

參考書目

中文部分

日本勞動省職業安定局（1986）。《日本勞動省職業安定局組織簡介》。台北市：行政院勞委會職訓局委託曾敏傑研究。

王白鶴（1998）。《就業安全辭典——行業等名詞》。台北市：行政院勞委會職訓局。

王慧君（1992）。〈生涯規劃：圓一個人生的夢座談會紀錄〉，《聯合報》（20版，1992.8.19）。

台灣省政府教育廳（1985）。《高級職業學校輔導工作手冊》。

司徒達賢（1991）。《「國民就業輔導中心」服務政策組織之研究》。台北市：勞委會職訓局。

白秀雄（1983）。《現代社會學》。台北市：五南圖書公司。

石滋宜（1988）。《競爭力手冊》。台北市：天下文化出版股份有限公司。

成之約（1998）。《就業安全辭典——入出國暨移民署等名詞》。台北市：行政院勞委會職訓局。

朱言明（1994）。《中共改革開放與民生主義》。台北市：黎明文化事業股份有限公司，頁1-32。

江亮演（1995）。《社會工作概論》。台北市：國立空中大學。

江亮演（1996）。《社會安全制度》。台北市：五南圖書出版公司。

江南發（1982）。《青少年自我統整與形式運思能力關係之研究》，高雄師範學院教育研究所教育碩士論文。

江順裕（1985）。《國民教育輔導論叢——青少年的價值觀》。台北市：教育部國教司。

行政院主計總處（2014）。《102年人力資源統計調查年報》。

行政院主計總處（2014）。《中華民國台灣地區人力資源統計月報》。

行政院主計總處（2010）。《第六次修訂職業標準分類表》。

行政院青年輔導委員會編印（1996）。《青少年白皮書》。頁125-176、225-226、230-244。

行政院勞委會職訓局（現改為勞動力發展署）編印（1990）。《推展我國殘障者

職業訓練及就業輔導之研究》。

行政院勞委會職訓局編印（2014）。《公共職業訓練機構歷年招生簡章》。

行政院勞委會職訓局編印（1992）。《中華民國職業標準分類》。

行政院勞委會職訓局編印（1992）。《就業服務工作手冊》。

行政院勞委會職訓局編印（1992）。《職業分析手冊》。

行政院勞委會職訓局編印（1994）。《就業市場資訊作業基準手冊》。

行政院勞委會職訓局編印（1996）。《公共職業訓練機構簡介》。

行政院勞委會職訓局編印（1996）。《台灣地區公立就業服務機構簡介》。

行政院勞委會職訓局編印（1996）。《就業服務與就業促進相關法規彙編》。

行政院勞委會職訓局編印（1997）。《就業安全政策白皮書》。

行政院勞委會職訓局編印（1998）。《就業安全辭典》；2014組改為勞動部勞動
　　力發展署，編修為「勞動力發展辭典」（結案稿）未付梓。

行政院勞委會職訓局編印（2000）。《中華民國職業分類典》。

行政院勞委會職訓局編印（1989a）。〈瑞典就業政策〉，《就業輔導類第十六
　　輯》。

行政院勞委會職訓局編印（1989b）。〈英國就業政策〉，《就業輔導類第十七
　　輯》。

行政院勞委會職訓局編印（1989c）。〈西德就業政策〉，《就業輔導類第十五
　　輯》。

行政院勞委會職訓局編印（1989d）。〈日本就業政策〉，《就業輔導類第十四
　　輯》。

行政院勞委會職訓局編印（1995）。《日本殘障者僱用制度與實務》。

行政院勞委會職訓局編印（1997a）。《日本的勞動政策》（1996年版）。

行政院勞委會職訓局編印（1997b）。《促進身心障礙者僱用》。

行政院勞委會職訓局編印（2013）。《中華民國台灣地區統計速報》。

何華國（1991）。《個人能力與工作要求對照量表編製研究》。

余志綏（1985）。《國民教育輔導論叢──青年應有的職業價值觀》。台北市：
　　教育部國教司。

余煥模（1991）。《就業安全辭典》。台北市：行政院勞委會職訓局。

吳天元（1988）。〈二十一世紀的工作世界〉，《就業與訓練雙月刊》，6卷，頁
　　34-39。

吳老德（1986）。《民生主義人力發展中職業教育制度之研究》，國立台灣大學

三民主義研究所論文。

吳京（1996）。〈當前技職教育改革的理念與方向〉，《技職雙月刊》，36期。

吳寄萍（1987）。《三民主義學習手冊》。台北市：正中書局，頁2-23。

吳就君（1985）。《人在家庭》。台北市：張老師出版社。

吳就君編譯（1987）。《家族治療——入門》。台北市：大洋出版社。

吳就君譯（1989）。《家庭如何塑造人》。台北市：時報文化公司。

吳惠林（1991）。《台灣地區的勞力短缺與外籍勞工問題》。台北市：中華經濟研究院，經濟叢書（24）。

吳裕益（1981）。《我國兒童及青少年認知的發展及其影響因素之研究》，高雄師範學院教育研究所教育碩士論文。

吳錦才（1992）。《就業服務理論與實務》。台北市：中原文化出版社。

吳靜吉（1986）。《國民教育輔導論叢——青少年發展的歷程自我肯定與角色混淆》。台北市：教育部國教司。

吳聰賢（1983）。《農村青年職業興趣、工作價值與職業選擇之關係研究》。台北市：行政院青輔會。

呂麗絲（1992）。〈談工作與工作教育〉，《青年輔導月刊》，7卷。

李如霞（1985）。《社會行政》。台中市：士明出版社。

李如霞（1986）。《新編經濟學》。台中市：士明出版社。

李宗派（1990）。〈在跨文化中青少年之身心發展及其適應問題〉，《社區發展季刊》，50期，頁123-128。

李庚霈（2012）。《兒童及少年福利概要》。台北市：保成出版社。

李庚霈（1993）。《行為異常國中生就業態度相關因素之探討研究》，中國文化大學兒童福利研究所碩士論文。

李庚霈（1995）。〈我國外勞管理政策理性取向分析模型之建構評估〉，《就業與訓練雙月刊》，13卷，2期，頁33-37。

李庚霈（1996）。〈由當代經濟體系主義論證建構我國外勞管理政策理性取向分析模型之研究〉（一），《勞工之友月刊》，543期，頁12-17。

李庚霈（1996）。〈由當代經濟體系主義論證建構我國外勞管理政策理性取向分析模型之研究〉（二），《勞工之友月刊》，543期，頁12-15。

李庚霈（1996）。〈當前新新人類的就業服務策略與趨向的探討研究〉，《就業與訓練雙月刊》，14卷，6期，頁42-48。

李庚霈（1997）。〈原住民失業問題與因應對策之探討及評估〉，《就業與訓練

雙月刊》，15卷，1期，頁24-31。

李庚霈（2004）。《犯罪少年職業輔導》。新北市：揚智。

李庚霈（2010）。《青少年職業生涯規劃與發展專題演講簡報資料》。

李庚霈（1995）。〈外籍勞工作業中心的角色與功能分析〉，《就業與訓練雙月刊》，13卷，5期，頁58-64。

李庚霈等編著（2014）。〈青年職涯發展與規劃應有策略及作為〉。《衛生福利部社區發展季刊》。

李庚霈等編著（2002）。《工業社會學》。國立空中大學。

李旻陽（1992）。《國中學生學業成績、師生互動與偏差行為關係之探討》，中國文化大學兒童福利研究所碩士論文。

李清泉（1997）。《台灣新竹少年監獄簡介》。

李欽湧（1994）。《社會政策分析》。台北市：巨流圖書公司。

李華璋（1990）。《大學生工作價值觀之評量研究》，國立彰化師大輔導研究所碩士論文。

李增祿（1987）。《社會工作概論》。台北市：巨流圖書公司。

李德高（1987）。〈特殊兒童學習評量〉，《特殊教育季刊》，20期，頁6-11。

沈健華（1992）。〈從生涯發展的觀點談企業員工輔導的有效作法〉，《就業與訓練雙月刊》，10卷，頁87-91。

沙依仁（1982）。〈自我功能不健全的孩子〉，《青少年兒童福利學刊》，5期，頁25-34。台北市：台北市青少年兒童福利學會。

辛炳隆（2002）。《行政院經濟建設委員會委託研究「強化我國就業安全體制之研究」》。

周丁安、劉炯鈴（1998）。《就業安全辭典——求職求才有效人數等名詞》。台北市：行政院勞委會職訓局。

周世輔（1978）。《國父思想要義》。台北市：三民書局，頁158-164。

周珪棟（1991）。《技術合作訓練成效之分析——職訓局與荷蘭飛利浦暨西門子公司合作計畫之效益研究》。台北市：經建會。

周添城（1992）。〈青年就業市場趨勢分析〉，《青年輔導月刊》，4卷。

周震歐（1983）。〈少年犯罪行為問題之探討及對策〉，收錄於陳英豪主編，《青少年行為與輔導——對學校道德教育與訓導工作的檢討》。台北市：幼獅文化事業公司。

周震歐（1985）。《服刑期滿青少年職業需求及輔導狀況之研究》。行政院青年

　　輔導委員會青年輔導委託研究報告。

周震歐（1986）。《我國青年福利服務工作之綜合規劃研究》。行政院青年輔導
　　委員會青年輔導研究報告。

周震歐（1987）。《犯罪心理學》。自印。

周震歐（1969）。《少年犯罪與觀護制度》。台北市：商務出版社。

林邦傑（1990）。《大專在學青年工作價值觀與工作環境需求之調查研究》。台
　　北市：行政院青輔會。

林佳瑩（1998）。《就業安全辭典──外國人之工作類別等名詞》。台北市：行
　　政院勞委會職訓局。

林幸台（1976）。〈影響國中學生職業選擇態度的家庭因素：職業發展歷程研
　　究〉，《教育學院學報》，1，頁79-107。

林幸台（1987）。《生計輔導的理論與實施》。台北市：五南圖書公司。

林幸台（1992）。《國中導師生計輔導手冊──生計輔導基本概念》。台北市：
　　行政院勞委會職訓局。

林松齡（1984）。〈貧窮問題〉，見楊國樞、葉啟政主編，《台灣的社會問
　　題》。台北市：巨流圖書公司。

林桂鳳（1991）。《生涯探索期男女學生職業興趣結構及其適配性、一致性、
　　分化性、與職業認定之研究》，台灣師範大學教育心理與輔導研究所碩士論
　　文。

林淑玟（1989）。《職訓機構內肢體障礙者自我觀念系統與生涯成熟的關聯及其
　　影響因素之研究》，台灣師範大學特研所碩士論文。

林清江（1980）。〈國中畢業生升學與就業意願之影響因素〉，《師大教育研究
　　所集刊》，22，頁129-188。

林義男（1986）。《理想員工特質調查研究報告》。台北市：內政部職訓局。

林萬億（1982）。《當代社會工作》。台北市：五南圖書公司。

林萬億等譯（1982）。《社會福利計畫論》。台北市：黎明文化事業公司。

林聯章（1990）。〈青少年的身心發展〉，《就業與訓練雙月刊》，8卷。

林聰明等（1998）。《韓國僱用安定制度考察報告》。台北市：行政院勞委會職
　　訓局。

林寶貴譯（1989）。《特殊教育新論》。台北市：幼獅文化事業公司。

林顯宗（1994）。〈高齡者就職機會之開拓〉，《就業與訓練雙月刊》，12卷，2
　　期，頁3-6。

394

林顯宗（1995a）。《日本式勞資關係》。台北市：中國生產力中心。

林顯宗（1995b）。《家庭社會學》。台北市：五南圖書公司。

林顯宗（1996）。〈高齡者職業能力開發與二度就業生涯學習的理念〉，《就業與訓練雙月刊》，14卷，5期，頁8-11。

林顯宗（1998）。《就業安全辭典──外國人之聘僱與管理等名詞》。台北市：行政院勞委會職訓局。

金樹人（1990）。《生計發展與輔導》。台北市：天馬文化公司。

侯月瑞（1986、1987）。〈生計發展課程對高中（職）學生生計成熟與職業自我概念之輔導效果研究〉，台灣師大輔導研究所碩士論文，《就業與訓練雙月刊》，5卷，4期，頁63-71。

施建矗（1992）。〈青年就業市場的趨勢分析〉，《青年輔導月刊》，3、4版。

施貞仰譯（1992），〈員工異動因素之探討〉，《就業與訓練雙月刊》，10卷，頁70-73。

柯三吉（1992）。《配合實施失業保險調整台灣地區就業服務機構組織及員額編制之研究》。台北市：行政院勞委會職訓局。

柯三吉（1999）。《台灣地區「加強就業服務方案」績效評估研究》。台北：行政院勞工委員會職業訓練局。

柯木興（1998）。《社會保險》。

柯木興（1998）。《就業安全辭典──失業保險名詞解釋》。台北市：行政院勞工委員會職業訓練局。

柯樹青（1979）。〈台灣地區高工學生就業意願之研究〉，《人與社會》，7卷，5期，頁31-40。

洪榮昭（1996）。〈技術教育訓練的需求分析方式〉，《就業與訓練雙月刊》，14卷，4期，頁40-45。

洪榮昭（1996）。《人力資源發展》。台北市：遠流出版事業股份有限公司。

胡秉正（1986）。《國民教育輔導論叢──青年的發展任務》。台北市：教育部國教司。

范珍輝（1986）。〈現行社會救助措施之檢討與改進〉，《七十五年全國社會救助工作研討會專輯》。台北市：內政部。

夏林清（1987）。《現代人的前程規劃（生涯規劃）》。台北市：行政院勞委會職訓局，頁6。

夏林清、林黛蒂（1983）。《生涯成熟態度問卷指導手冊》。台北市：輔大出版

社。

孫清山（1994）。《就業輔導體系與功能評估》。台北市：行政院研考會。

徐正光（1997）。《台灣高雄少年輔育院業務簡報》。

徐麗敏（1991）。《國中啟智班學生的就業態度及其就業福利服務需求之研究》，中國文化大學兒童福利研究所碩士論文。

袁志晃（1982）。〈國中學生工作價值之研究——性別、家庭社經地位、學業成就、地區之比較〉，《輔導學報》，5，頁163-183。

袁志晃（1983）。〈台灣地區接受感化處遇的男性少年犯之工作價值分析——地區、學業成就、家庭社經地位之比較研究〉，《輔導學報》，頁53-89。

袁智麗（1987）。〈西德職業輔導與諮商跨向就業的橋樑〉，《就業與訓練雙月刊》，5卷，4期，頁56-59。

財團法人中華商情研究基金會（1985）。《國民就業輔導機構與企業界應如何相互配合有效辦理應屆畢業生之就業輔導工作專題研究》。台北市：內政部職訓局。

馬道容（1996）。《聯合晚報》（1版，1996.9.5）。

高橋憲行（1989）。《立竿見影的生涯企畫》。台北市：卓越文化公司，Know-How系列。

張丕繼、周珪棟（1996）。《人力資源運用之相關專題研究》。台北市：行政院經建會。

張波鋒（1985）。《職業訓練與輔導工作》。

張春興（1983）。《心理學概要》。台北市：東華書局。

張春興（1986）。《張氏心理學辭典》。台北市，東華書局。

張植珊（1986）。《國民教育輔導論叢——現代化過程中的青年問題》。台北市：教育部國教司。

張慶凱（1984）。《職業輔導理論與實際運作》。台北市：政院青輔會。

張鏡予（1990）。《社會工作辭典》。台北市：社區研究發展中心。

莊安祺譯（1997）。《AQ逆境商數》。台北市：時報文化出版公司。

郭為藩（1986）。《國民教育輔導論叢——青年工作與青年問題》。台北市：教育部國教司。

郭為藩、李安（1983）。《國民教育輔導論叢——青年工作與青年問題》。台北市：教育部國教司。

郭振昌（1987）。《就業安全研究》。台北市：天龍圖書公司。

396

郭振昌（1992）。《就業安全政策——含就業市場、就業法規》。台北市：千華
　　出版公司。

郭振昌（1995）。〈台灣地區勞工失業補償制度類型規劃抉擇之得爾法
　　（DELPHI）分析〉，《就業與訓練雙月刊》，13卷，1期，頁48-52。

郭振昌（1998）。《就業安全辭典——就業安全名詞解釋》。台北市：行政院勞
　　工委員會職業訓練局。

郭振昌（2005）。《職業訓練與就業安全》。新北市：國立空中大學。

郭靜晃等（1994）。《心理學》。台北市：揚智，頁238-240。

陳水竹（1999）。《我國就業安全制度之研究》，中國文化大學中山學術研究所
　　博士論文。

陳育俊（1992）。《德國聯邦就業署簡介》。台北市：行政院勞工委員會職業訓
　　練局。

陳怡安（1990）。〈新人類的工作價值觀〉，《就業與訓練雙月刊》，8卷，4
　　期，頁71-73。

陳秉章（1988）。《社會學理論》。台北市：三民書局。

陳金泉（1986）。《英國人力運用政策暨措施》。台北市：行政院青輔會。

陳信木（1998）。《就業安全辭典——外勞入境體檢等名詞》。台北市：行政院
　　勞委會職訓局。

陳英豪等（1989）。《工作價值觀量表指導手冊》。台北市：行政院青輔會。

陳淑英（1983）。〈突破貧窮的惡性循環——致貧因素的因徑分析〉，《社區發
　　展季刊》，第24號，頁63-70。

陳皎眉（1992）。《我國國民中學問題學生家庭之調查研究》。台北市：教育部
　　訓育委員會。

陳惠次（1994）。《計畫績效評估理論之回顧與展望，行政績效評估專論選
　　輯》。行政院研究發展考核委員會編印，頁1-16。

陳榮華（1989）。〈建立國中啟智班畢業生職業輔導網絡之研究〉，《特殊教育
　　研究學刊》，5期，頁31-80。

陳憲生（1980）。《工廠青年生活調適問題與輔導》。新竹：台灣省新竹社會教
　　育館。

陳聰勝（2009）。《青年就業輔導專題演講簡報資料》。台北市：行政院青年輔
　　導委員會。

陳麗娟（1981）。〈職業成熟發展與自我觀的關係〉，《輔導月刊》，17卷，9、

10期合刊，頁16-20。

陳麗娟（1982）。《中學生職業成熟發展之研究》，台灣教育學院輔導研究所碩士論文。

陳麗娟（1983a）。〈影響學生職業成熟的父母因素之預測研究〉，《輔導學報》，6，頁195-224。

陳麗娟（1983b）。〈家庭社經地位、排行、家庭大小與國中學生職業成熟的關係〉，《教育學院學報》，8，頁93-112。

陸民仁（1983）。《經濟學》。台北市：三民書局。

勞動部（2014）。《促進青年就業方案》。台北市：勞動力發展署。

彭台臨（1989）。《人力發展理論與實施》。台北市：三民書局。

彭駕騂（1983）。《國民教育輔導論叢——青少年家庭關係之研究》。台北市：教育部國教司。

曾昭旭（1992）。〈生涯規劃：圓一個人生的夢座談會紀錄〉，《聯合報》（20版，1992.8.19）。

曾敏傑（1990）。〈經濟發展與社會發展：一項跨國、經濟別與區域間之比較研究〉，《台灣經濟金融月刊》，26卷，9期，頁49-73。

曾敏傑（1999）。《公立就業服務機構重整預增設之評估：為因應勞工保險失業給付開辦而規劃》。行政院勞委會職訓局委託研究。

曾碧淵（1987）。《產業結構轉變中就業服務之改進》。台北：行政院經濟建設委員會人力規劃處。

曾碧淵（1998）。《就業安全辭典——就業市場資訊名詞解釋》。台北市：行政院勞工委員會職業訓練局。

馮燕（1993）。《行政績效評估專論選輯(二)——社會福利計畫評估》。台北市：行政院研究發展考核委員會。

黃坤祥（1995）。〈外勞政策制度之評估分析〉，《勞資關係月刊》。

黃昆輝（1985）。《當前青少年問題與輔導——青年就業問題與輔導策略》。台北市：中央文物供應社。

黃俊傑、吳素倩（1988）。《都市青少年的價值觀》。台北市：巨流圖書公司。

黃炳煌（1984）。《國中未升學畢業生去向之調查》。台北市：行政院青輔會，青年人力研究報告，33。

黃惇勝（1997）。《日本職業訓練》。台北市：五南圖書公司。

黃富順（1998）。〈終身學習釋義〉，《社教雙月刊》，83期，頁20-21。

黃惠惠（1991）。《助人歷程與技巧》。台北市：張老師文化。

楊孝濚（1983）。〈青年適應職業〉，《就業與訓練雙月刊》，1卷，5期，頁1-12。

楊國樞（1986）。《國民教育輔導論叢──青少年的心路歷程》。台北市：教育部國教司。

楊國樞（1989）。《未升學未就業青少年學習適應與職業成熟之系統研究》。台北市：行政院勞委會職訓局，就業輔導叢書，24。

楊國樞（1990）。〈未升學未就業青少年學習適應與職業成熟問題之探討〉，《就業與訓練雙月刊》，8卷，1期，頁23-28。

楊國樞（1991）。《少年問題與少年福利法制》。台北：行政院經建會、健全經社法規工作組。

楊崑玉（1976）。《就業問題與研究》。台北市：幼獅文化事業公司。

楊朝祥（1986）。〈大專生的生計發展安置服務──以賓州大學作法為例〉，《就業與訓練雙月刊》，4卷，6期，頁39-45。

楊朝祥（1988）。〈學生與工作世界的橋樑──美國大專院校生計輔導工作簡介〉，《就業與訓練雙月刊》，6卷，6期，頁36-42。

楊朝祥（1991）。《生計輔導──終身的輔導歷程》。台北市：行政院青輔會。

楊瑩（1989）。《建立就業服務績優獎勵評量標準之研究》。台北市：行政院勞委會職訓局八十六年度委託研究計畫。

葉重新（1986）。《心理測驗》。台北市：大洋出版社。

詹火生（1988）。《社會學》。台北市：空中大學。

詹火生（1991）。《社會福利工作方案評估方法概論》。台北市：中華民國社區發展研究中心。

詹火生等編著（2001）。《職業訓練與就業服務》。國立空中大學。

遇港萍（1986）。《國民教育輔導論叢──青少年問題與輔導》。台北市：教育部國教司。

廖為仁（1983）。《英國之失業保險──就業服務之相關配合措施》。台北市：行政院勞工委員會職業訓練局。

廖為仁（1990）。〈日本促進生計抉擇與生計適應的作法〉，《就業與訓練雙月刊》，8卷，3期，頁80-85。

熊鈍生（1979)等，《辭海》。台北市：台灣中華書局。

趙守博（1990）。《社會問題與社會福利》。台北市：中華日報出版社。

劉玉蘭（1998）。《就業安全辭典——雇主等名詞》。台北市：行政院勞委會職訓局。

劉振強等（1985）。《大辭典》。台北市：三民書局。

劉脩如（1977）。《社會政策與社會立法》（上冊）。台北市：國立編譯館。

劉焜輝（1985）。《國中畢業生職業流動與工作環境及工作興趣關聯性之究》。台北市：行政院青輔會、青年人力研究報告。

劉焜輝（1986）。《國民教育輔導論叢——青年期的重要性》。台北市：教育部國教司。

劉德生（1988）。《中等學校學生職業觀念與職業態度發展之研究》，台灣師範大學教育研究所博士論文。

蔡文輝（1987）。《社會學》。台北市：三民書局。

蔡文輝（1987）。《社會學理論》。台北市：三民書局。

蔡文輝（1989）。《比較社會學》。台北市：東大圖書股份有限公司。

鄭李足（1978）。《東方國語辭典》。台北市：東方出版社。

鄭清風編譯（1993）。《主要工業國家社會安全政策》。台北：台閩地區勞工保險局。

薛文郎（1984）。《就業輔導的理論與實際》。台北市：台灣學生書局。

謝玉新（1991）。《低收入家庭人力資源運用之研究》，台灣大學社學研究所碩士論文。

謝高橋（1992）。《社會學》。台北市：巨流圖書公司。

謝瑞智（1985）。《當前青少年問題與輔導——青少年犯罪之原因論》。台北市：中央文物供應社。

鍾儀倩（1990）。《影響大專院校畢業生的行職業選擇因素與工作滿足之研究》，台大社會學研究所碩士論文。

藍三印（1992）。《心理學的奧秘》。台北市：正中書局，頁84-87。

羅超華（1990）。《社會工作辭典》。台北市：社區研究發展中心。

譚仰光（1976）。《職業訓練概論》。台北市：復興書局印行。

譚仰光（1998）。《就業安全辭典——職業訓練名詞解釋》。台北市：行政院勞工委員會職業訓練局。

蘇萍（1984）。《台北市中學生職業發展狀況及其影響因素之研究》，台灣師大輔導研究所碩士論文。

蘇薌雨（1986）。《國民教育輔導論叢——青年的心理特徵》。台北市：教育部

國教司。

蘇靜芬（1986）。《台北市國民中學畢業後就業學生職業輔導、工作滿足、職業
調適及離職傾向、職業流動之關聯性研究》，私立東吳大學社會研究所社會
工作組碩士論文。

饒夢霞（1999）。〈新時代六Q父母〉，《國語日報》（12版，1999.3.12）。

外文部分

Achebe, C. (1982). Assessing the vocational maturity of students in the East Center state of Nigeria. *Journal of Vocational Behavior, 20*(2), 153-161.

Au, C. P., & Chung, C. M. (1988). A study of career decision making process of Hong Kong secondary school students using Harren's Model. *Chinese University Education Journal, 16*(2), 165-176.

Barrett, T. C., & Howard E. A. Tinsley (1977a). Measuring vocational self-concept crystallization. *Journal of Vocational Behavior, 11*(3), 305-312.

Barrett, T. C., & Howard E. A. Tinsley (1977b). Vocational self-concept crystallization & vocational indecision. *Journal of Counseling Psychology, 24*(4), 301-306.

Blustein, D. L. (1988). A canonical analysis of career choice crystallization & vocational maturity. *Journal of Counseling Psychology, 35*(3), 294-297.

Bradshaw, J. (1972). The concept of social need. In Gilbert, N., & Harry, S. (EDS.), *Planning for Social Welfare*. N. J. : Prentice-Hall.

Brandt, R. B. (1976). The concept of welfare. In N. Timms & D. Watson (eds.), *Talking about Welfare: Reading in Philosophy and Social Policy* (pp. 64-87). London: Henley & Boston: RKP.

Burkhead, E. J., & Cope, C. S. (1984). Career maturity and physically disabled college students. *Rehabilitation Counseling Bulletin, 27*(3), 142-150.

Crites, J. O. (1969). *Vocational Psychology*. N. Y. : McGraw-Hill, 569-586.

Crites, J. O. (1973). *The Career Maturity Inventory Monterey*. Calif: CTB/ McGraw-Hill.

Damin, M. H., & Hodinko, S. A. (1987). Career choice attitudes of Jordanian adolescents related to educational level of parents. (ERIC Document Reproduction Service No. OED 308 367).

Daniels, L. K., & Stewart, J. A. (1972). The use of verbal self reports with the educable mentally retarded *.Training School Bulletin, 68*(4), 212-216.

Dillard, J. M., & Perin, D. W. (1980). Puerto Rican, Black, & Auglo adolescents' career aspirations, expectations, & maturity. *Vocational Guidance Queterly, 28*, 4, 312-321.

Dolgoff, Ralph; Feldstein, Donald & Skolnik, Louise (1993). *Understanding Social Welfare*. New York: Harper Row.

Emanuel, Ellen Jane (1989). *A of Dissertation Abstracts international, Volume,51*(1), 292.

Everitt, Angela & Hardiker, Pauline (1996). *Evaluating for Good Practice*. London: British Association of Social Workers.

Fouad, N. A. (1988). The Construct of career maturity in the United States & Israel. *Journal of Vocational Behavior, 32*(1), 49-59.

Ginzberg, E., et al. (1951). *Occupational Choice*. N. Y. : Columbia Unipress.

Handley, H. M. (1975). Vocational readiness attitude of rural disadvantaged adolescents from exemplary vocational, and no vocational educational backgrounds. Mississippi State Dept. of Education, Jackson, Div. of Vocational and Technical Education. (ERIC Document Reproduction Service No. ED 142 341).

Harrington, T. F., & O'shea, A. (1983). *Vocational Self Concepts-A Stratified U. S. Sample, Grades 7-13*. U. S.: Massachusetts.

Holland, J. L., & Holland, J. E. (1977). Vocational indecision: more evidence and speculation. *Journal of Counseling Psychology, 24*(5), 404-413.

Johnson, L. C., & Schwartz, C. L. (1988). *Social Welfare: A Response to Human Need*. New York: Allyn and Bacon, Inc.

Kapes, J. T., & Baker, G. E. (1983). Exploring the effects of industrial arts on career maturity in grades seven through twelve: a synthesis of cross-sectional & longitudinal method. *Journal of industrial Teacher Education, 20*(2), 18-35.

Krau, E. (1987). The crystallization of work values in adolescence: a sociocultural approach. *Journal of Vocational Behavior, 30*(2), 103-123.

Maslow, A. H. (1954). *Motivation & Personality*. New York: Harper & Row.

Matheson, Wayne; Dyk, Cornelius Van & Millar, Kenneth (1995). *Performance Evaluation in the Human Services*. New York & London: Haworth.

Maslow, A. H. (1962). *Toward a Psychology of Being*. New Jersey: Van Nostrnd.

McNair, D., & Brown, D. (1983). Predicting the occupational aspirations, occupational expectations, and career maturity of black and white male and female 10th graders.

Vocational Guidance Quarterly, 32(1), 29-36.

Miller, M. F. (1974). Relationship of vocational maturity to work values. *Journal of Vocational Behavior, 5*, 367-371.

Moracco, J. C. (1976). Vocational maturity of Arab & American high school students. *Journal of Vocational Behavior, 8*, 367-373.

Murphy, G. (1974). *Personality: A Biosocial Approach to Origins & Structure*. New York: Harper & Row.

Nevill, D. D., & Super, D. E. (1988). Career maturity & commitment to work in university students. *Journal of Vocational Behavior, 32*, 2, 139-151.

Niles, S., & Herr, E. L. (1989). Using secondary school behaviors to predict career behaviors in young adulthood: Does "Success"breed "Success"? *Career Development Quarterly, 37*(4), 345-354.

Palmo, A. J., & Lutz, J. G. (1983). The relationship of performance on the CMI to intelligence with disadvantaged youngsters. *Measurement and Evaluation in Guidance, 16*(3), 139-148.

Parlow, Simmie (1988). *A of Dissertation ABSTRACTS International, 50*(5), 256.

Post-Kammer, P. (1987). Intrinsic and extrinsic work values and career maturity of 9th- and 11th-grade boys and girls. *Journal of Counseling & Development, 65*(8), 420-423.

Pound, R. E. (1978). Using self-concept subscales in predicting career maturity for race & sex subgroups. *Vocational Guidance Quarterly, 27*(1), 61-70.

Pratt, P. A. (1989). *The Stability of Occupational Aspirations of Young Adults*. U. S.: Maine.

Putnam, B. A. (1978). Sex differences in self-concept variables & vocational attitude maturity of adolescents. *Journal of Experimental Education.47*(1), 23-27.

Putnam, B. A., & Hansen, J. C. (1972). Relationship of self-concept & feminine role concepts to vocational maturity in young women. *Journal of Counseling Psychology, 19*, 436-440.

Remer, P. (1984). Multiple outcome evaluation of a life-career development course. *Journal of Counseling Psychology, 31*(4), 532-540.

Roe, A. (1957). Early determinats of vocational choice. *Journal of Counseling Psychology, 4*, 212-217.

Romanyshyn, John M. (1971). *Social Welfare: Charity to Justice*. New York: Random House, Inc.

Savickas, M. L. (1984). Interpreting the career maturity inventory attitude Scale's relationship to measures of mental ability. U. S.: Ohio. (ERIC Document Reproduction Service No. ED 246 051).

Savickas, M. L. (1990). Developing career choice readiness. Paper presented at the annual meeting of the American Association for Counseling and Development. (ERIC Document Reproduction Service No. ED 316 781).

Schultze, Edward Walton (1988). *A of Dissertation ABSTRACTS International, 49*(9), 272.

Shertzer, B., & Stone, B. C. (1981). *Fundamentals of Guidance*. (4th ed.). Boston: Houghton Mifflin.

Small, J. A. (1980). Sex differences in personality characteristics of workers in selected occupations. Southwestern Psychological Association, Oklahoma City, (ERIC Document Reproduction Service No. ED 200 857).

Super, D. E. (1957). *The Psychology of Career*. N. Y.: Harper & Row.

Super, D. E., & Overstreet, P. L. (1960). *The Vocational Maturity of Ninth Grade Boys*. N. Y. : Teachers College Bureau of Publications.

Super, D. E., & Nevill, D. D. (1984). Work role salience as a determinant of career maturity in high school students. *Journal of Vocational Behavior, 25*(1), 34-44.

Super, D. E., Starishevsky, R., Matlin, N., & Jordaan, J. P. (1963). *Career Development: Self-Concept Theory*. New York: College Entrance Examination Board.

Taylor, M. S. (1985). The roles of occupational knowledge and vocational self-concept crystallization in students, school to work transition. *Journal of Counseling Psychology, 32*(4), 539-550.

Tittle, C. K. (1981). Sex differences in occupational values: Implications for reducing sex bias. American Psychological Association. (ERIC Document Reproduction Service No. ED 209 625).

Ward, Doris Elizabeth (1990). *A of Dissertation ABSTRACTS International, Volume 49*(9), 189.

Westbrook, B. W., & Others (1988a). Career maturity in grade 9: Can students who make appropriate career choices for others also make appropriate career choices for themselves? *Measurement & Evaluation in Counseling & Development, 21*(2), 64-71.

Westbrook, B. W., & Others (1988b). Career maturity in grade 9: The relationship between accuracy of self appraisal & ability to appraise the career-relevant capabilities of others. *Journal of Vocational Behavior, 32*(3), 269-283.

Whitman, R. L. (1972). The vocational attitude maturity of disadvantaged eighth and twelfth grade students in rural Eastern Kentucky. Ph. D. Dissertation, Pennsylvania State University. (ERIC Document Reproduction Service No. ED 073 271).

William, R M., & Curtis, A. M. (1982). Relations of socioe-economic status & sex variables to the complexity of worker functions in the occupational choices of elementary school children. *Journal of Vocational Behavior, 20*, 31-39.

附錄

附錄一　就業服務法

修正日期：民國102年12月25日

第一章　總則

第1條　為促進國民就業，以增進社會及經濟發展，特制定本法；本法未規定者，適用其他法律之規定。

第2條　本法用詞定義如下：

一、就業服務：指協助國民就業及雇主徵求員工所提供之服務。

二、就業服務機構：指提供就業服務之機構；其由政府機關設置者，為公立就業服務機構；其由政府以外之私人或團體所設置者，為私立就業服務機構。

三、雇主：指聘、僱用員工從事工作者。

四、中高齡者：指年滿四十五歲至六十五歲之國民。

五、長期失業者：指連續失業期間達一年以上，且辦理勞工保險退保當日前三年內，保險年資合計滿六個月以上，並於最近一個月內有向公立就業服務機構辦理求職登記者。

第3條　國民有選擇職業之自由。但為法律所禁止或限制者，不在此限。

第4條　國民具有工作能力者，接受就業服務一律平等。

第5條　為保障國民就業機會平等，雇主對求職人或所僱用員工，不得以種族、階級、語言、思想、宗教、黨派、籍貫、出生地、性別、性傾向、年齡、婚姻、容貌、五官、身心障礙或以往工會會員身分為由，予以歧視；其他法律有明文規定者，從其規定。

雇主招募或僱用員工，不得有下列情事：

一、為不實之廣告或揭示。

二、違反求職人或員工之意思，留置其國民身分證、工作憑證或其他證明文件，或要求提供非屬就業所需之隱私資料。

三、扣留求職人或員工財物或收取保證金。

四、指派求職人或員工從事違背公共秩序或善良風俗之工作。

五、辦理聘僱外國人之申請許可、招募、引進或管理事項，提供不實
資料或健康檢查檢體。

第6條　本法所稱主管機關：在中央為行政院勞工委員會；在直轄市為直轄市
政府；在縣（市）為縣（市）政府。

中央主管機關應會同行政院原住民委員會辦理相關原住民就業服務事
項。

中央主管機關掌理事項如下：

一、全國性國民就業政策、法令、計畫及方案之訂定。

二、全國性就業市場資訊之提供。

三、就業服務作業基準之訂定。

四、全國就業服務業務之督導、協調及考核。

五、雇主申請聘僱外國人之許可及管理。

六、辦理下列仲介業務之私立就業服務機構之許可、停業及廢止許
可：

(一)仲介外國人至中華民國境內工作。

(二)仲介香港或澳門居民、大陸地區人民至台灣地區工作。

(三)仲介本國人至台灣地區以外之地區工作。

七、其他有關全國性之國民就業服務及促進就業事項。

直轄市、縣（市）主管機關掌理事項如下：

一、就業歧視之認定。

二、外國人在中華民國境內工作之管理及檢查。

三、仲介本國人在國內工作之私立就業服務機構之許可、停業及廢止
許可。

四、前項第六款及前款以外私立就業服務機構之管理。

五、其他有關國民就業服務之配合事項。

第7條　主管機關得聘請勞工、雇主、政府之代表及學者專家組成就業服務策
進委員會，研議有關就業服務及促進就業等事項。

第8條　主管機關為增進就業服務工作人員之專業知識及工作效能，應定期舉
辦在職訓練。

第9條　就業服務機構及其人員，對雇主與求職人之資料，除推介就業之必要

外，不得對外公開。

第10條　在依法罷工期間，或因終止勞動契約涉及勞方多數人權利之勞資爭議
　　　　在調解期間，就業服務機構不得推介求職人至該罷工或有勞資爭議之
　　　　場所工作。

　　　　前項所稱勞方多數人，係指事業單位勞工涉及勞資爭議達十人以上，
　　　　或雖未達十人而占該勞資爭議場所員工人數三分之一以上者。

第11條　主管機關對推動國民就業有卓越貢獻者，應予獎勵及表揚。

　　　　前項獎勵及表揚之資格條件、項目、方式及其他應遵行事項之辦法，
　　　　由中央主管機關定之。

第二章　政府就業服務

第12條　主管機關得視業務需要，在各地設置公立就業服務機構。

　　　　直轄市、縣（市）轄區內原住民人口達二萬人以上者，得設立因應原
　　　　住民族特殊文化之原住民公立就業服務機構。

　　　　前兩項公立就業服務機構設置準則，由中央主管機關定之。

第13條　公立就業服務機構辦理就業服務，以免費為原則。但接受雇主委託招
　　　　考人才所需之費用，得向雇主收取之。

第14條　公立就業服務機構對於求職人及雇主申請求職、求才登記，不得拒
　　　　絕。但其申請有違反法令或拒絕提供為推介就業所需之資料者，不在
　　　　此限。

第15條　公立就業服務機構推介之求職人為生活扶助戶者，其為應徵所需旅
　　　　費，得酌予補助。

第16條　公立就業服務機構應蒐集、整理、分析其業務區域內之薪資變動、人
　　　　力供需及未來展望等資料，提供就業市場資訊。

第17條　公立就業服務機構為協助國民選擇職業或職業適應，應提供就業諮
　　　　詢。

第18條　公立就業服務機構與其業務區域內之學校應密切聯繫，協助學校辦理
　　　　學生職業輔導工作，並協同推介畢業學生就業或參加職業訓練及就業
　　　　後輔導工作。

第19條　公立就業服務機構為輔導缺乏工作知能之求職人就業，得推介其參加

職業訓練；對職業訓練結訓者，應協助推介其就業。

第20條　公立就業服務機構對申請就業保險失業給付者，應推介其就業或參加職業訓練。

第三章　促進就業

第21條　政府應依就業與失業狀況相關調查資料，策訂人力供需調節措施，促進人力資源有效運用及國民就業。

第22條　中央主管機關為促進地區間人力供需平衡並配合就業保險失業給付之實施，應建立全國性之就業資訊網。

第23條　中央主管機關於經濟不景氣致大量失業時，得鼓勵雇主協商工會或勞工，循縮減工作時間、調整薪資、辦理教育訓練等方式，以避免裁減員工；並得視實際需要，加強實施職業訓練或採取創造臨時就業機會、辦理創業貸款利息補貼等輔導措施；必要時，應發給相關津貼或補助金，促進其就業。

　　　　前項利息補貼、津貼與補助金之申請資格條件、項目、方式、期間、經費來源及其他應遵行事項之辦法，由中央主管機關定之。

第24條　主管機關對下列自願就業人員，應訂定計畫，致力促進其就業；必要時，得發給相關津貼或補助金：

一、獨力負擔家計者。

二、中高齡者。

三、身心障礙者。

四、原住民。

五、生活扶助戶中有工作能力者。

六、長期失業者。

七、其他經中央主管機關認為有必要者。

　　　　前項計畫應定期檢討，落實其成效。

　　　　第一項津貼或補助金之申請資格、金額、期間、經費來源及其他相關事項之辦法，由主管機關定之。

第25條　公立就業服務機構應主動爭取適合身心障礙者及中高齡者之就業機會，並定期公告。

第26條　主管機關為輔導獨力負擔家計者就業，或因妊娠、分娩或育兒而離職之婦女再就業，應視實際需要，辦理職業訓練。

第27條　主管機關為協助身心障礙者及原住民適應工作環境，應視實際需要，實施適應訓練。

第28條　公立就業服務機構推介身心障礙者及原住民就業後，應辦理追蹤訪問，協助其工作適應。

第29條　直轄市及縣（市）主管機關應將轄區內生活扶助戶中具工作能力者，列冊送當地公立就業服務機構，推介就業或參加職業訓練。

第30條　公立就業服務機構應與當地役政機關密切聯繫，協助推介退伍者就業或參加職業訓練。

第31條　公立就業服務機構應與更生保護會密切聯繫，協助推介受保護人就業或參加職業訓練。

第32條　主管機關為促進國民就業，應按年編列預算，依權責執行本法規定措施。

中央主管機關得視直轄市、縣（市）主管機關實際財務狀況，予以補助。

第33條　雇主資遣員工時，應於員工離職之十日前，將被資遣員工之姓名、性別、年齡、住址、電話、擔任工作、資遣事由及需否就業輔導等事項，列冊通報當地主管機關及公立就業服務機構。但其資遣係因天災、事變或其他不可抗力之情事所致者，應自被資遣員工離職之日起三日內為之。

公立就業服務機構接獲前項通報資料後，應依被資遣人員之志願、工作能力，協助其再就業。

第33-1條　中央主管機關得將其於本法所定之就業服務及促進就業掌理事項，委任所屬就業服務機構或職業訓練機構、委辦直轄市、縣（市）主管機關或委託相關機關（構）、團體辦理之。

第四章　民間就業服務

第34條　私立就業服務機構及其分支機構，應向主管機關申請設立許可，經發給許可證後，始得從事就業服務業務；其許可證並應定期更新之。

未經許可，不得從事就業服務業務。但依法設立之學校、職業訓練機構或接受政府機關委託辦理訓練、就業服務之機關（構）。為其畢業生、結訓學員或求職人免費辦理就業服務者，不在此限。

第一項私立就業服務機構及其分支機構之設立許可條件、期間、廢止許可、許可證更新及其他管理事項之辦法，由中央主管機關定之。

第35條　私立就業服務機構得經營下列就業服務業務：

一、職業介紹或人力仲介業務。

二、接受委任招募員工。

三、協助國民釐定生涯發展計畫之就業諮詢或職業心理測驗。

四、其他經中央主管機關指定之就業服務事項。

私立就業服務機構經營前項就業服務業務得收取費用；其收費項目及金額，由中央主管機關定之。

第36條　私立就業服務機構應置符合規定資格及數額之就業服務專業人員。

前項就業服務專業人員之資格及數額，於私立就業服務機構許可及管理辦法中規定之。

第37條　就業服務專業人員不得有下列情事：

一、允許他人假藉本人名義從事就業服務業務。

二、違反法令執行業務。

第38條　辦理下列仲介業務之私立就業服務機構，應以公司型態組織之。但由中央主管機關設立，或經中央主管機關許可設立、指定或委任之非營利性機構或團體，不在此限：

一、仲介外國人至中華民國境內工作。

二、仲介香港或澳門居民、大陸地區人民至台灣地區工作。

三、仲介本國人至台灣地區以外之地區工作。

第39條　私立就業服務機構應依規定備置及保存各項文件資料，於主管機關檢查時，不得規避、妨礙或拒絕。

第40條　私立就業服務機構及其從業人員從事就業服務業務，不得有下列情事：

一、辦理仲介業務，未依規定與雇主或求職人簽訂書面契約。

二、為不實或違反第五條第一項規定之廣告或揭示。

三、違反求職人意思，留置其國民身分證、工作憑證或其他證明文件。

四、扣留求職人財物或收取推介就業保證金。

五、要求、期約或收受規定標準以外之費用，或其他不正利益。

六、行求、期約或交付不正利益。

七、仲介求職人從事違背公共秩序或善良風俗之工作。

八、接受委任辦理聘僱外國人之申請許可、招募、引進或管理事項，提供不實資料或健康檢查檢體。

九、辦理就業服務業務有恐嚇、詐欺、侵占或背信情事。

十、違反雇主之意思，留置許可文件或其他相關文件。

十一、對主管機關規定之報表，未依規定填寫或填寫不實。

十二、未依規定辦理變更登記、停業申報或換發、補發證照。

十三、未依規定揭示私立就業服務機構許可證、收費項目及金額明細表、就業服務專業人員證書。

十四、經主管機關處分停止營業，其期限尚未屆滿即自行繼續營業。

十五、辦理就業服務業務，未善盡受任事務，致雇主違反本法或依本法所發布之命令。

十六、租借或轉租私立就業服務機構許可證或就業服務專業人員證書。

十七、接受委任引進之外國人入國三個月內發生行蹤不明之情事，並於一年內達一定之人數及比率者。

前項第十七款之人數、比率及查核方式等事項，由中央主管機關定之。

第41條　接受委託登載或傳播求才廣告者，應自廣告之日起，保存委託者之姓名或名稱、住所、電話、國民身分證統一編號或事業登記字號等資料二個月，於主管機關檢查時，不得規避、妨礙或拒絕。

第五章　外國人之聘僱與管理

第42條　為保障國民工作權，聘僱外國人工作，不得妨礙本國人之就業機會、勞動條件、國民經濟發展及社會安定。

第43條　除本法另有規定外，外國人未經雇主申請許可，不得在中華民國境內工作。

第44條　任何人不得非法容留外國人從事工作。

第45條　任何人不得媒介外國人非法為他人工作。

第46條　雇主聘僱外國人在中華民國境內從事之工作，除本法另有規定外，以下列各款為限：

一、專門性或技術性之工作。

二、華僑或外國人經政府核准投資或設立事業之主管。

三、下列學校教師：

(一)公立或經立案之私立大專以上校院或外國僑民學校之教師。

(二)公立或已立案之私立高級中等以下學校之合格外國語文課程教師。

(三)公立或已立案私立實驗高級中等學校雙語部或雙語學校之學科教師。

四、依補習教育法立案之短期補習班之專任外國語文教師。

五、運動教練及運動員。

六、宗教、藝術及演藝工作。

七、商船、工作船及其他經交通部特許船舶之船員。

八、海洋漁撈工作。

九、家庭幫傭及看護工作。

十、為因應國家重要建設工程或經濟社會發展需要，經中央主管機關指定之工作。

十一、其他因工作性質特殊，國內缺乏該項人才，在業務上確有聘僱外國人從事工作之必要，經中央主管機關專案核定者。

從事前項工作之外國人，其工作資格及審查標準，由中央主管機關會商中央目的事業主管機關定之。

雇主依第一項第八款至第十款規定聘僱外國人，須訂立書面勞動契約，並以定期契約為限；其未定期限者，以聘僱許可之期限為勞動契約之期限。

續約時，亦同。

414

第47條 雇主聘僱外國人從事前條第一項第八款至第十一款規定之工作，應先以合理勞動條件在國內辦理招募，經招募無法滿足其需要時，始得就該不足人數提出申請，並應於招募時，將招募全部內容通知其事業單位之工會或勞工，並於外國人預定工作之場所公告之。

雇主依前項規定在國內辦理招募時，對於公立就業服務機構所推介之求職人，非有正當理由，不得拒絕。

第48條 雇主聘僱外國人工作，應檢具有關文件，向中央主管機關申請許可。但有下列情形之一，不須申請許可：

一、各級政府及其所屬學術研究機構聘請外國人擔任顧問或研究工作者。

二、外國人與在中華民國境內設有戶籍之國民結婚，且獲准居留者。

三、受聘僱於公立或經立案之私立大學進行六個月內之短期講座、學術研究經教育部認可者。

前項申請許可、廢止許可及其他有關聘僱管理之辦法，由中央主管機關會商中央目的事業主管機關定之。

第一項受聘僱外國人入境前後之健康檢查管理辦法，由中央衛生主管機關會商中央主管機關定之。

前項受聘僱外國人入境後之健康檢查，由中央衛生主管機關指定醫院辦理之；其受指定之資格條件、指定、廢止指定及其他管理事項之辦法，由中央衛生主管機關定之。

受聘僱之外國人健康檢查不合格經限令出國者，雇主應即督促其出國。

中央主管機關對從事第四十六條第一項第八款至第十一款規定工作之外國人，得規定其國別及數額。

第49條 各國駐華使領館、駐華外國機構、駐華各國際組織及其人員聘僱外國人工作，應向外交部申請許可；其申請許可、廢止許可及其他有關聘僱管理之辦法，由外交部會商中央主管機關定之。

第50條 雇主聘僱下列學生從事工作，得不受第四十六條第一項規定之限制；其工作時間除寒暑假外，每星期最長為十六小時：

一、就讀於公立或已立案私立大專校院之外國留學生。

二、就讀於公立或已立案私立高級中等以上學校之僑生及其他華裔學
　　生。

第51條　雇主聘僱下列外國人從事工作,得不受第四十六條第一項、第三項、
　　　　第四十七條、第五十二條、第五十三條第三項、第四項、第五十七
　　　　條第五款、第七十二條第四款及第七十四條規定之限制,並免依第
　　　　五十五條規定繳納就業安定費:
　　　　一、獲准居留之難民。
　　　　二、獲准在中華民國境內連續受聘僱從事工作,連續居留滿五年,品
　　　　　　行端正,且有住所者。
　　　　三、經獲准與其在中華民國境內設有戶籍之直系血親共同生活者。
　　　　四、經取得永久居留者。
　　　　前項第一款、第三款及第四款之外國人得不經雇主申請,逕向中央主
　　　　管機關申請許可。
　　　　外國法人為履行承攬、買賣、技術合作等契約之需要,須指派外國人
　　　　在中華民國境內從事第四十六條第一項第一款或第二款契約範圍內之
　　　　工作,於中華民國境內未設立分公司或代表人辦事處者,應由訂約之
　　　　事業機構或授權之代理人,依第四十八條第二項及第三項所發布之命
　　　　令規定申請許可。

第52條　聘僱外國人從事第四十六條第一項第一款至第七款及第十一款規定之
　　　　工作,許可期間最長為二年,期滿有繼續聘僱之需要者,雇主得申請
　　　　展延。
　　　　聘僱外國人從事第四十六條第一項第八款至第十款規定之工作,許可
　　　　期間最長為三年。有重大特殊情形者,雇主得申請展延,其情形及期
　　　　間由行政院以命令定之。但屬重大工程者,其展延期間,最長以六個
　　　　月為限。
　　　　前項每年得引進總人數,依外籍勞工聘僱警戒指標,由中央主管機關
　　　　邀集相關機關、勞工、雇主、學者代表協商之。
　　　　受聘僱之外國人於聘僱許可期間無違反法令規定情事而因聘僱關係終
　　　　止、聘僱許可期間屆滿出國或因健康檢查不合格經返國治療再檢查合
　　　　格者,得再入國工作。但從事第四十六條第一項第八款至第十款規定

工作之外國人，應出國一日後始得再入國工作，且其在中華民國境內工作期間，累計不得逾十二年。

第53條 雇主聘僱之外國人於聘僱許可有效期間內，如需轉換雇主或受聘僱於二以上之雇主者，應由新雇主申請許可。申請轉換雇主時，新雇主應檢附受聘僱外國人之離職證明文件。

第五十一條第一項第一款、第三款及第四款規定之外國人已取得中央主管機關許可者，不適用前項之規定。

受聘僱從事第四十六條第一項第一款至第七款規定工作之外國人轉換雇主或工作者，不得從事同條項第八款至第十一款規定之工作。

受聘僱從事第四十六條第一項第八款至第十一款規定工作之外國人，不得轉換雇主或工作。但有第五十九條第一項各款規定之情事，經中央主管機關核准者，不在此限。

前項受聘僱之外國人經許可轉換雇主或工作者，其受聘僱期間應合併計算之，並受第五十二條規定之限制。

第54條 雇主聘僱外國人從事第四十六條第一項第八款至第十一款規定之工作，有下列情事之一者，中央主管機關應不予核發招募許可、聘僱許可或展延聘僱許可之一部或全部；其已核發招募許可者，得中止引進：

一、於外國人預定工作之場所有第十條規定之罷工或勞資爭議情事。

二、於國內招募時，無正當理由拒絕聘僱公立就業服務機構所推介之人員或自行前往求職者。

三、聘僱之外國人行蹤不明或藏匿外國人達一定人數或比例。

四、曾非法僱用外國人工作。

五、曾非法解僱本國勞工。

六、因聘僱外國人而降低本國勞工勞動條件，經當地主管機關查證屬實。

七、聘僱之外國人妨害社區安寧秩序，經依社會秩序維護法裁處。

八、曾非法扣留或侵占所聘僱外國人之護照、居留證件或財物。

九、所聘僱外國人遣送出國所需旅費及收容期間之必要費用，經限期繳納屆期不繳納。

十、於委任招募外國人時，向私立就業服務機構要求、期約或收受不
　　正利益。

十一、於辦理聘僱外國人之申請許可、招募、引進或管理事項，提供
　　　不實或失效資料。

十二、刊登不實之求才廣告。

十三、不符申請規定經限期補正，屆期未補正。

十四、違反本法或依第四十八條第二項、第三項、第四十九條所發布
　　　之命令。

十五、其他違反保護勞工之法令情節重大者。

前項第三款至第十五款規定情事，以申請之日前二年內發生者為限。

第一項第三款之人數、比例，由中央主管機關公告之。

第55條　雇主聘僱外國人從事第四十六條第一項第八款至第十款規定之工作，
　　　　應向中央主管機關設置之就業安定基金專戶繳納就業安定費，作為加
　　　　強辦理有關促進國民就業、提升勞工福祉及處理有關外國人聘僱管理
　　　　事務之用。

前項就業安定費之數額，由中央主管機關考量國家經濟發展、勞動供
需及相關勞動條件，並依其行業別及工作性質會商相關機關定之。

第一項受聘僱之外國人有連續曠職三日失去聯繫或聘僱關係終止之情
事，經雇主依規定通知而廢止聘僱許可者，雇主無須再繳納就業安定
費。

雇主未依規定期限繳納就業安定費者，得寬限三十日；於寬限期滿仍
未繳納者，自寬限期滿之翌日起至完納前一日止，每逾一日加徵其未
繳就業安定費百分之零點三滯納金。但以其未繳之就業安定費百分之
三十為限。

加徵前項滯納金三十日後，雇主仍未繳納者，由中央主管機關就其未
繳納之就業安定費及滯納金移送強制執行，並得廢止其聘僱許可之一
部或全部。

主管機關並應定期上網公告基金運用之情形及相關會議紀錄。

第56條　受聘僱之外國人有連續曠職三日失去聯繫或聘僱關係終止之情事，雇
　　　　主應於三日內以書面通知當地主管機關、入出國管理機關及警察機

關。但受聘僱之外國人有曠職失去聯繫之情事，雇主得以書面通知入出國管理機關及警察機關執行查察。

第57條 雇主聘僱外國人不得有下列情事：

一、聘僱未經許可、許可失效或他人所申請聘僱之外國人。

二、以本人名義聘僱外國人為他人工作。

三、指派所聘僱之外國人從事許可以外之工作。

四、未經許可，指派所聘僱從事第四十六條第一項第八款至第十款規定工作之外國人變更工作場所。

五、未依規定安排所聘僱之外國人接受健康檢查或未依規定將健康檢查結果函報衛生主管機關。

六、因聘僱外國人致生解僱或資遣本國勞工之結果。

七、對所聘僱之外國人以強暴脅迫或其他非法之方法，強制其從事勞動。

八、非法扣留或侵占所聘僱外國人之護照、居留證件或財物。

九、其他違反本法或依本法所發布之命令。

第58條 外國人於聘僱許可有效期間內，因不可歸責於雇主之原因出國、死亡或發生行蹤不明之情事經依規定通知入出國管理機關及警察機關滿六個月仍未查獲者，雇主得向中央主管機關申請遞補。

雇主聘僱外國人從事第四十六條第一項第九款規定之家庭看護工作，因不可歸責之原因，並有下列情事之一者，亦得向中央主管機關申請遞補：

一、外國人於入出國機場或收容單位發生行蹤不明之情事，依規定通知入出國管理機關及警察機關。

二、外國人於雇主處所發生行蹤不明之情事，依規定通知入出國管理機關及警察機關滿三個月仍未查獲。

三、外國人於聘僱許可有效期間內經雇主同意轉換雇主或工作，並由新雇主接續聘僱或出國者。

前二項遞補之聘僱許可期間，以補足原聘僱許可期間為限；原聘僱許可所餘期間不足六個月者，不予遞補。

第59條 外國人受聘僱從事第四十六條第一項第八款至第十一款規定之工作，

　　有下列情事之一者，經中央主管機關核准，得轉換雇主或工作：

一、雇主或被看護者死亡或移民者。

二、船舶被扣押、沉沒或修繕而無法繼續作業者。

三、雇主關廠、歇業或不依勞動契約給付工作報酬經終止勞動契約
　　者。

四、其他不可歸責於受聘僱外國人之事由者。

　　前項轉換雇主或工作之程序，由中央主管機關另定之。

第60條　雇主所聘僱之外國人，經入出國管理機關依規定遣送出國者，其遣送
　　所需之旅費及收容期間之必要費用，應由下列順序之人負擔：

一、非法容留、聘僱或媒介外國人從事工作者。

二、遣送事由可歸責之雇主。

三、被遣送之外國人。

　　前項第一款有數人者，應負連帶責任。

　　第一項費用，由就業安定基金先行墊付，並於墊付後，由該基金主管
　　機關通知應負擔者限期繳納；屆期不繳納者，移送強制執行。

　　雇主所繳納之保證金，得檢具繳納保證金款項等相關證明文件，向中
　　央主管機關申請返還。

第61條　外國人在受聘僱期間死亡，應由雇主代為處理其有關喪葬事務。

第62條　主管機關、入出國管理機關、警察機關、海岸巡防機關或其他司法警
　　察機關得指派人員攜帶證明文件，至外國人工作之場所或可疑有外國
　　人違法工作之場所，實施檢查。

　　對前項之檢查，雇主、雇主代理人、外國人及其他有關人員不得規
　　避、妨礙或拒絕。

第六章　罰則

第63條　違反第四十四條或第五十七條第一款、第二款規定者，處新臺幣十五
　　萬元以上七十五萬元以下罰鍰。五年內再違反者，處三年以下有期徒
　　刑、拘役或科或併科新臺幣一百二十萬元以下罰金。

　　法人之代表人、法人或自然人之代理人、受僱人或其他從業人員，因
　　執行業務違反第四十四條或第五十七條第一款、第二款規定者，除依

前項規定處罰其行為人外，對該法人或自然人亦科處前項之罰鍰或罰金。

第64條 違反第四十五條規定者，處新臺幣十萬元以上五十萬元以下罰鍰。五年內再違反者，處一年以下有期徒刑、拘役或科或併科新臺幣六十萬元以下罰金。

意圖營利而違反第四十五條規定者，處三年以下有期徒刑、拘役或科或併科新臺幣一百二十萬元以下罰金。

法人之代表人、法人或自然人之代理人、受僱人或其他從業人員，因執行業務違反第四十五條規定者，除依前二項規定處罰其行為人外，對該法人或自然人亦科處各該項之罰鍰或罰金。

第65條 違反第五條第一項、第二項第一款、第四款、第五款、第三十四條第二項、第四十條第二款、第七款至第九款規定者，處新臺幣三十萬元以上一百五十萬元以下罰鍰。

未經許可從事就業服務業務違反第四十條第二款、第七款至第九款規定者，依前項規定處罰之。

第66條 違反第四十條第五款規定者，按其要求、期約或收受超過規定標準之費用或其他不正利益相當之金額，處十倍至二十倍罰鍰。

未經許可從事就業服務業務違反第四十條第五款規定者，依前項規定處罰之。

第67條 違反第五條第二項第二款、第三款、第十條、第三十六條第一項、第三十七條、第三十九條、第四十條第一項第一款、第三款、第四款、第六款、第十款至第十七款、第五十七條第五款、第八款、第九款或第六十二條第二項規定，處新臺幣六萬元以上三十萬元以下罰鍰。

未經許可從事就業服務業務違反第四十條第一項第一款、第三款、第四款、第六款或第十款規定者，依前項規定處罰之。

第68條 違反第九條、第三十三條第一項、第四十一條、第四十三條、第五十六條、第五十七條第三款、第四款或第六十一條規定者，處新臺幣三萬元以上十五萬元以下罰鍰。

違反第五十七條第六款規定者，按被解僱或資遣之人數，每人處新臺幣二萬元以上十萬元以下罰鍰。

違反第四十三條規定之外國人，應即令其出國，不得再於中華民國境內工作。

違反第四十三條規定或有第七十四條第一項、第二項規定情事之外國人，經限期令其出國，屆期不出國者，入出國管理機關得強制出國，於未出國前，入出國管理機關得收容之。

第69條　私立就業服務機構有下列情事之一者，由主管機關處一年以下停業處分：

一、違反第四十條第一項第四款至第六款、第八款或第四十五條規定。

二、同一事由，受罰鍰處分三次，仍未改善。

三、一年內受罰鍰處分四次以上。

第70條　私立就業服務機構有下列情事之一者，主管機關得廢止其設立許可：

一、違反第三十八條、第四十條第二款、第七款、第九款或第十四款規定。

二、一年內受停業處分二次以上。

私立就業服務機構經廢止設立許可者，其負責人或代表人於二年內再行申請設立私立就業服務機構，主管機關應不予受理。

第71條　就業服務專業人員違反第三十七條規定者，中央主管機關得廢止其就業服務專業人員證書。

第72條　雇主有下列情事之一者，應廢止其招募許可及聘僱許可之一部或全部：

一、有第五十四條第一項各款所定情事之一。

二、有第五十七條第一款、第二款、第六款至第九款規定情事之一。

三、有第五十七條第三款、第四款規定情事之一，經限期改善，屆期未改善。

四、有第五十七條第五款規定情事，經衛生主管機關通知辦理仍未辦理。

五、違反第六十條規定。

第73條　雇主聘僱之外國人，有下列情事之一者，廢止其聘僱許可：

一、為申請許可以外之雇主工作。

二、非依雇主指派即自行從事許可以外之工作。

三、連續曠職三日失去聯繫或聘僱關係終止。

四、拒絕接受健康檢查、提供不實檢體、檢查不合格、身心狀況無法
勝任所指派之工作或罹患經中央衛生主管機關指定之傳染病。

五、違反依第四十八條第二項、第三項、第四十九條所發布之命令，
情節重大。

六、違反其他中華民國法令，情節重大。

七、依規定應提供資料，拒絕提供或提供不實。

第74條　聘僱許可期間屆滿或經依前條規定廢止聘僱許可之外國人，除本法另
有規定者外，應即令其出國，不得再於中華民國境內工作。

受聘僱之外國人有連續曠職三日失去聯繫情事者，於廢止聘僱許可
前，入出國業務之主管機關得即令其出國。

有下列情事之一者，不適用第一項關於即令出國之規定：

一、依本法規定受聘僱從事工作之外國留學生、僑生或華裔學生，聘
僱許可期間屆滿或有前條第一款至第五款規定情事之一。

二、受聘僱之外國人於受聘僱期間，未依規定接受定期健康檢查或健
康檢查不合格，經衛生主管機關同意其再檢查，而再檢查合格。

第75條　本法所定罰鍰，由直轄市及縣（市）主管機關處罰之。

第76條　依本法所處之罰鍰，經限期繳納，屆期未繳納者，移送強制執行。

第七章　附則

第77條　本法修正施行前，已依有關法令申請核准受聘僱在中華民國境內從事
工作之外國人，本法修正施行後，其原核准工作期間尚未屆滿者，在
屆滿前，得免依本法之規定申請許可。

第78條　各國駐華使領館、駐華外國機構及駐華各國際組織人員之眷屬或其他
經外交部專案彙報中央主管機關之外國人，其在中華民國境內有從事
工作之必要者，由該外國人向外交部申請許可。

前項外國人在中華民國境內從事工作，不適用第四十六條至第四十八
條、第五十條、第五十二條至第五十六條、第五十八條至第六十一條
及第七十四條規定。

第一項之申請許可、廢止許可及其他應遵行事項之辦法，由外交部會同中央主管機關定之。

第79條　無國籍人、中華民國國民兼具外國國籍而未在國內設籍者，其受聘僱從事工作，依本法有關外國人之規定辦理。

第80條　大陸地區人民受聘僱於台灣地區從事工作，其聘僱及管理，除法律另有規定外，準用第五章相關之規定。

第81條　主管機關依本法規定受理申請許可及核發證照，應收取審查費及證照費；其費額，由中央主管機關定之。

第82條　本法施行細則，由中央主管機關定之。

第83條　本法施行日期，除中華民國九十一年一月二十一日修正公布之第四十八條第一項至第三項規定由行政院以命令定之，及中華民國九十五年五月五日修正之條文自中華民國九十五年七月一日施行外，自公布日施行。

附錄二　就業保險法

修正日期：民國103年06月04日

第一章　總則

第1條　為提昇勞工就業技能，促進就業，保障勞工職業訓練及失業一定期間之基本生活，特制定本法；本法未規定者，適用其他法律之規定。

第2條　就業保險（以下簡稱本保險）之主管機關：在中央為行政院勞工委員會；在直轄市為直轄市政府；在縣（市）為縣（市）政府。

第3條　本保險業務，由勞工保險監理委員會監理。

被保險人及投保單位對保險人核定之案件發生爭議時，應先向勞工保險監理委員會申請審議；對於爭議審議結果不服時，得依法提起訴願及行政訴訟。

第二章　保險人、投保對象及投保單位

第4條　本保險由中央主管機關委任勞工保險局辦理，並為保險人。

第5條　年滿十五歲以上，六十五歲以下之下列受僱勞工，應以其雇主或所屬機構為投保單位，參加本保險為被保險人：

一、具中華民國國籍者。

二、與在中華民國境內設有戶籍之國民結婚，且獲准居留依法在台灣地區工作之外國人、大陸地區人民、香港居民或澳門居民。

前項所列人員有下列情形之一者，不得參加本保險：

一、依法應參加公教人員保險或軍人保險。

二、已領取勞工保險老年給付或公教人員保險養老給付。

三、受僱於依法免辦登記且無核定課稅或依法免辦登記且無統一發票購票證之雇主或機構。

受僱於二個以上雇主者，得擇一參加本保險。

第6條　本法施行後，依前條規定應參加本保險為被保險人之勞工，自投保單位申報參加勞工保險生效之日起，取得本保險被保險人身分；自投保

單位申報勞工保險退保效力停止之日起，其保險效力即行終止。

本法施行前，已參加勞工保險之勞工，自本法施行之日起，取得被保險人身分；其依勞工保險條例及勞工保險失業給付實施辦法之規定，繳納失業給付保險費之有效年資，應合併計算本保險之保險年資。

依前條規定應參加本保險為被保險人之勞工，其雇主或所屬團體或所屬機構未為其申報參加勞工保險者，各投保單位應於本法施行之當日或勞工到職之當日，為所屬勞工申報參加本保險；於所屬勞工離職之當日，列表通知保險人。其保險效力之開始或停止，均自應為申報或通知之當日起算。但投保單位非於本法施行之當日或勞工到職之當日為其申報參加本保險者，除依本法第三十八條規定處罰外，其保險效力之開始，均自申報或通知之翌日起算。

第7條　主管機關、保險人及公立就業服務機構為查核投保單位勞工工作情況、薪資或離職原因，必要時，得查對其員工名冊、出勤工作紀錄及薪資帳冊等相關資料，投保單位不得規避、妨礙或拒絕。

第三章　保險財務

第8條　本保險之保險費率，由中央主管機關按被保險人當月之月投保薪資百分之一至百分之二擬訂，報請行政院核定之。

第9條　本保險之保險費率，保險人每三年應至少精算一次，並由中央主管機關聘請精算師、保險財務專家、相關學者及社會公正人士九人至十五人組成精算小組審查之。有下列情形之一者，中央主管機關應於前條規定之保險費率範圍內調整保險費率：

一、精算之保險費率，其前三年度之平均值與當年度保險費率相差幅度超過正負百分之五。

二、本保險累存之基金餘額低於前一年度保險給付平均月給付金額之六倍或高於前一年度保險給付平均月給付金額之九倍。

三、本保險增減給付項目、給付內容、給付標準或給付期限，致影響保險財務。

第四章　保險給付

第10條　本保險之給付，分下列五種：

一、失業給付。

二、提早就業獎助津貼。

三、職業訓練生活津貼。

四、育嬰留職停薪津貼。

五、失業之被保險人及隨同被保險人辦理加保之眷屬全民健康保險保
　　險費補助。

前項第五款之補助對象、補助條件、補助標準、補助期間之辦法，由
中央主管機關定之。

第11條　本保險各種保險給付之請領條件如下：

一、失業給付：被保險人於非自願離職辦理退保當日前三年內，保險
　　年資合計滿一年以上，具有工作能力及繼續工作意願，向公立就
　　業服務機構辦理求職登記，自求職登記之日起十四日內仍無法推
　　介就業或安排職業訓練。

二、提早就業獎助津貼：符合失業給付請領條件，於失業給付請領期
　　間屆滿前受僱工作，並參加本保險三個月以上。

三、職業訓練生活津貼：被保險人非自願離職，向公立就業服務機構
　　辦理求職登記，經公立就業服務機構安排參加全日制職業訓練。

四、育嬰留職停薪津貼：被保險人之保險年資合計滿一年以上，子女
　　滿三歲前，依性別工作平等法之規定，辦理育嬰留職停薪。

被保險人因定期契約屆滿離職，逾一個月未能就業，且離職前一年
內，契約期間合計滿六個月以上者，視為非自願離職，並準用前項之
規定。

本法所稱非自願離職，指被保險人因投保單位關廠、遷廠、休業、解
散、破產宣告離職；或因勞動基準法第十一條、第十三條但書、第
十四條及第二十條規定各款情事之一離職。

第12條　公立就業服務機構為促進失業之被保險人再就業，得提供就業諮詢、
推介就業或參加職業訓練。

前項業務得由主管機關或公立就業服務機構委任或委託其他機關

（構）、學校、團體或法人辦理。

中央主管機關得於就業保險年度應收保險費百分之十及歷年經費執行
賸餘額度之範圍內提撥經費，辦理下列事項：

一、被保險人之在職訓練。

二、被保險人失業後之職業訓練、創業協助及其他促進就業措施。

三、被保險人之僱用安定措施。

四、雇主僱用失業勞工之獎助。

辦理前項各款所定事項之對象、職類、資格條件、項目、方式、期
間、給付標準、給付限制、經費管理、運用及其他應遵行事項之辦
法，由中央主管機關定之。

第一項所稱就業諮詢，指提供選擇職業、轉業或職業訓練之資訊與服
務、就業促進研習活動或協助工作適應之專業服務。

第13條　申請人對公立就業服務機構推介之工作，有下列各款情事之一而不接
受者，仍得請領失業給付：

一、工資低於其每月得請領之失業給付數額。

二、工作地點距離申請人日常居住處所三十公里以上。

第14條　申請人對公立就業服務機構安排之就業諮詢或職業訓練，有下列情事
之一而不接受者，仍得請領失業給付：

一、因傷病診療，持有證明而無法參加者。

二、為參加職業訓練，需要變更現在住所，經公立就業服務機構認定
　　顯有困難者。

申請人因前項各款規定情事之一，未參加公立就業服務機構安排之就
業諮詢或職業訓練，公立就業服務機構在其請領失業給付期間仍得擇
期安排。

第15條　被保險人有下列情形之一者，公立就業服務機構應拒絕受理失業給付
之申請：

一、無第十三條規定情事之一不接受公立就業服務機構推介之工作。

二、無前條規定情事之一不接受公立就業服務機構之安排，參加就業
　　諮詢或職業訓練。

第16條　失業給付按申請人離職辦理本保險退保之當月起前六個月平均月投保

薪資百分之六十按月發給，最長發給六個月。但申請人離職辦理本保
險退保時已年滿四十五歲或領有社政主管機關核發之身心障礙證明
者，最長發給九個月。

中央主管機關於經濟不景氣致大量失業或其他緊急情事時，於審酌失
業率及其他情形後，得延長前項之給付期間最長至九個月，必要時得
再延長之，但最長不得超過十二個月。但延長給付期間不適用第十三
條及第十八條之規定。

前項延長失業給付期間之認定標準、請領對象、請領條件、實施期
間、延長時間及其他相關事項之辦法，由中央主管機關擬訂，報請行
政院核定之。

受領失業給付未滿前三項給付期間再參加本保險後非自願離職者，得
依規定申領失業給付。但合併原已領取之失業給付月數及依第十八條
規定領取之提早就業獎助津貼，以發給前三項所定給付期間為限。

依前四項規定領滿給付期間者，自領滿之日起二年內再次請領失業給
付，其失業給付以發給原給付期間之二分之一為限。

依前五項規定領滿失業給付之給付期間者，本保險年資應重行起算。

第17條 被保險人於失業期間另有工作，其每月工作收入超過基本工資者，不
得請領失業給付；其每月工作收入未超過基本工資者，其該月工作收
入加上失業給付之總額，超過其平均月投保薪資百分之八十部分，應
自失業給付中扣除。但總額低於基本工資者，不予扣除。

領取勞工保險傷病給付、職業訓練生活津貼、臨時工作津貼、創業貸
款利息補貼或其他促進就業相關津貼者，領取相關津貼期間，不得同
時請領失業給付。

第18條 符合失業給付請領條件，於失業給付請領期限屆滿前受僱工作，並依
規定參加本保險為被保險人滿三個月以上者，得向保險人申請，按其
尚未請領之失業給付金額之百分之五十，一次發給提早就業獎助津
貼。

第19條 被保險人非自願離職，向公立就業服務機構辦理求職登記，經公立就
業服務機構安排參加全日制職業訓練，於受訓期間，每月按申請人離
職辦理本保險退保之當月起前六個月平均月投保薪資百分之六十發給

職業訓練生活津貼，最長發給六個月。

職業訓練單位應於申請人受訓之日，通知保險人發放職業訓練生活津貼。

中途離訓或經訓練單位退訓者，訓練單位應即通知保險人停止發放職業訓練生活津貼。

第19-1條　被保險人非自願離職退保後，於請領失業給付或職業訓練生活津貼期間，有受其扶養之眷屬者，每一人按申請人離職辦理本保險退保之當月起前六個月平均月投保薪資百分之十加給給付或津貼，最多計至百分之二十。

前項所稱受扶養眷屬，指受被保險人扶養之無工作收入之配偶、未成年子女或身心障礙子女。

第19-2條　育嬰留職停薪津貼，以被保險人育嬰留職停薪之當月起前六個月平均月投保薪資百分之六十計算，於被保險人育嬰留職停薪期間，按月發給津貼，每一子女合計最長發給六個月。

前項津貼，於同時撫育子女二人以上之情形，以發給一人為限。

父母同為被保險人者，應分別請領育嬰留職停薪津貼，不得同時為之。

第20條　失業給付自向公立就業服務機構辦理求職登記之第十五日起算。

職業訓練生活津貼自受訓之日起算。

第21條　投保單位故意為不合本法規定之人員辦理參加保險手續，領取保險給付者，保險人應通知限期返還，屆期未返還者，依法移送強制執行。

第22條　被保險人領取各種保險給付之權利，不得讓與、抵銷、扣押或供擔保。

被保險人依本法規定請領保險給付者，得檢具保險人出具之證明文件，於金融機構開立專戶，專供存入保險給付之用。

前項專戶內之存款，不得作為抵押、扣押、供擔保或強制執行之標的。

第22-1條　依本法發給之保險給付，經保險人核定後，應在十五日內給付之。

如逾期給付可歸責於保險人者，其逾期部分應加給利息。

第23條　申請人與原雇主間因離職事由發生勞資爭議者，仍得請領失業給付。

前項爭議結果，確定申請人不符失業給付請領規定時，應於確定之日起十五日內，將已領之失業給付返還。屆期未返還者，依法移送強制執行。

第24條 領取保險給付之請求權，自得請領之日起，因二年間不行使而消滅。

第五章　申請及審核

第25條 被保險人於離職退保後二年內，應檢附離職或定期契約證明文件及國民身分證或其他足資證明身分之證件，親自向公立就業服務機構辦理求職登記、申請失業認定及接受就業諮詢，並填寫失業認定、失業給付申請書及給付收據。

公立就業服務機構受理求職登記後，應辦理就業諮詢，並自求職登記之日起十四日內推介就業或安排職業訓練。未能於該十四日內推介就業或安排職業訓練時，公立就業服務機構應於翌日完成失業認定，並轉請保險人核發失業給付。

第一項離職證明文件，指由投保單位或直轄市、縣（市）主管機關發給之證明；其取得有困難者，得經公立就業服務機構之同意，以書面釋明理由代替之。

前項文件或書面，應載明申請人姓名、投保單位名稱及離職原因。

申請人未檢齊第一項規定文件者，應於七日內補正；屆期未補正者，視為未申請。

第26條 公立就業服務機構為辦理推介就業及安排職業訓練所需，得要求申請人提供下列文件：

一、最高學歷及經歷證書影本。

二、專門職業及技術人員證照或執業執照影本。

三、曾接受職業訓練之結訓證書影本。

第27條 申請人應於公立就業服務機構推介就業之日起七日內，將就業與否回覆卡檢送公立就業服務機構。

申請人未依前項規定辦理者，公立就業服務機構應停止辦理當次失業認定或再認定。已辦理認定者，應撤銷其認定。

第28條 職業訓練期滿未能推介就業者，職業訓練單位應轉請公立就業服務機

構完成失業認定；其未領取或尚未領滿失業給付者，並應轉請保險人核發失業給付，合併原已領取之失業給付，仍以第十六條規定之給付期間為限。

第29條　繼續請領失業給付者，應於前次領取失業給付期間末日之翌日起二年內，每個月親自前往公立就業服務機構申請失業再認定。但因傷病診療期間無法親自辦理者，得提出醫療機構出具之相關證明文件，以書面陳述理由委託他人辦理之。

未經公立就業服務機構為失業再認定者，應停止發給失業給付。

第30條　領取失業給付者，應於辦理失業再認定時，至少提供二次以上之求職紀錄，始得繼續請領。未檢附求職紀錄者，應於七日內補正；屆期未補正者，停止發給失業給付。

第31條　失業期間或受領失業給付期間另有其他工作收入者，應於申請失業認定或辦理失業再認定時，告知公立就業服務機構。

第32條　領取失業給付者，應自再就業之日起三日內，通知公立就業服務機構。

第六章　基金及行政經費

第33條　就業保險基金之來源如下：

一、本保險開辦時，中央主管機關自勞工保險基金提撥之專款。

二、保險費與其孳息收入及保險給付支出之結餘。

三、保險費滯納金。

四、基金運用之收益。

五、其他有關收入。

前項第一款所提撥之專款，應一次全數撥還勞工保險基金。

第34條　就業保險基金，經勞工保險監理委員會之通過，得為下列之運用：

一、對於公債、庫券及公司債之投資。

二、存放於公營銀行或中央主管機關指定之金融機構及買賣短期票券。

三、其他經中央主管機關核准有利於本基金收益之投資。

前項第三款所稱其他有利於本基金收益之投資，不得為權益證券及衍

432

生性金融商品之投資。

就業保險基金除作為第一項運用、保險給付支出、第十二條第三項規定之提撥外，不得移作他用或轉移處分。基金之收支、運用情形及其積存數額，應由保險人報請中央主管機關按年公告之。

第35條　辦理本保險所需之經費，由保險人以當年度保險費收入預算總額百分之三點五為上限編列，由中央主管機關編列預算撥付之。

第七章　罰則

第36條　以詐欺或其他不正當行為領取保險給付或為虛偽之證明、報告、陳述者，除按其領取之保險給付處以二倍罰鍰外，並應依民法請求損害賠償；其涉及刑責者，移送司法機關辦理。

第37條　勞工違反本法規定不參加就業保險及辦理就業保險手續者，處新臺幣一千五百元以上七千五百元以下罰鍰。

第38條　投保單位違反本法規定，未為其所屬勞工辦理投保手續者，按自僱用之日起，至參加保險之前一日或勞工離職日止應負擔之保險費金額，處十倍罰鍰。勞工因此所受之損失，並應由投保單位依本法規定之給付標準賠償之。

投保單位未依本法之規定負擔被保險人之保險費，而由被保險人負擔者，按應負擔之保險費金額，處二倍罰鍰。投保單位並應退還該保險費與被保險人。

投保單位違反本法規定，將投保薪資金額以多報少或以少報多者，自事實發生之日起，按其短報或多報之保險費金額，處四倍罰鍰，其溢領之給付金額，經保險人通知限期返還，屆期未返還者，依法移送強制執行，並追繳其溢領之給付金額。勞工因此所受損失，應由投保單位賠償之。

投保單位違反第七條規定者，處新臺幣一萬元以上五萬元以下罰鍰。

本法中華民國九十八年三月三十一日修正之條文施行前，投保單位經依規定加徵滯納金至應納費額上限，其應繳之保險費仍未向保險人繳納，且未經保險人處以罰鍰或處以罰鍰而未執行者，不再裁處或執行。

第39條　依本法所處之罰鍰，經保險人通知限期繳納，屆期未繳納者，依法移
　　　　送強制執行。

第八章　附則

第40條　本保險保險效力之開始及停止、月投保薪資、投保薪資調整、保險費
　　　　負擔、保險費繳納、保險費寬限期與滯納金之徵收及處理、基金之運
　　　　用與管理，除本法另有規定外，準用勞工保險條例及其相關規定辦
　　　　理。

第41條　勞工保險條例第二條第一款有關普通事故保險失業給付部分及第
　　　　七十四條規定，自本法施行之日起，不再適用。
　　　　自本法施行之日起，本法被保險人之勞工保險普通事故保險費率應按
　　　　被保險人當月之月投保薪資百分之一調降之，不受勞工保險條例第
　　　　十三條第二項規定之限制。

第42條　本保險之一切帳冊、單據及業務收支，均免課稅捐。

第43條　本法施行細則，由中央主管機關定之。

第44條　本法之施行日期，由行政院定之。
　　　　本法中華民國九十八年四月二十一日修正之第三十五條條文，自中華
　　　　民國九十九年一月一日施行。
　　　　本法中華民國一百零一年十二月四日修正之條文，自公布日施行。

附錄三　職業訓練法

修正日期：民國100年11月09日

第一章　總則

第1條　為實施職業訓練，以培養國家建設技術人力，提高工作技能，促進國民就業，特制定本法。

第2條　本法所稱主管機關：在中央為行政院勞工委員會；在直轄市為直轄市政府；在縣（市）為縣（市）政府。

第3條　本法所稱職業訓練，指為培養及增進工作技能而依本法實施之訓練。

職業訓練之實施，分為養成訓練、技術生訓練、進修訓練及轉業訓練。

主管機關得將前項所定養成訓練及轉業訓練之職業訓練事項，委任所屬機關（構）或委託職業訓練機構、相關機關（構）、學校、團體或事業機構辦理。

接受前項委任或委託辦理職業訓練之資格條件、方式及其他應遵行事項之辦法，由中央主管機關定之。

第4條　職業訓練應與職業教育、補習教育及就業服務，配合實施。

第4-1條　中央主管機關應協調、整合各中央目的事業主管機關所定之職能基準、訓練課程、能力鑑定規範與辦理職業訓練等服務資訊，以推動國民就業所需之職業訓練及技能檢定。

第二章　職業訓練機構

第5條　職業訓練機構包括左列三類：

一、政府機關設立者。

二、事業機構、學校或社團法人等團體附設者。

三、以財團法人設立者。

第6條　職業訓練機構之設立，應經中央主管機關登記或許可；停辦或解散時，應報中央主管機關核備。

職業訓練機構，依其設立目的，辦理訓練；並得接受委託，辦理訓練。

職業訓練機構之設立及管理辦法，由中央主管機關定之。

第三章 職業訓練之實施

第一節 養成訓練

第7條 養成訓練，係對十五歲以上或國民中學畢業之國民，所實施有系統之職前訓練。

第8條 養成訓練，除本法另有規定外，由職業訓練機構辦理。

第9條 經中央主管機關公告職類之養成訓練，應依中央主管機關規定之訓練課程、時數及應具設備辦理。

第10條 養成訓練期滿，經測驗成績及格者，由辦理職業訓練之機關（構）、學校、團體或事業機構發給結訓證書。

第二節 技術生訓練

第11條 技術生訓練，係事業機構為培養其基層技術人力，招收十五歲以上或國民中學畢業之國民，所實施之訓練。

技術生訓練之職類及標準，由中央主管機關訂定公告之。

第12條 事業機構辦理技術生訓練，應先擬訂訓練計畫，並依有關法令規定，與技術生簽訂書面訓練契約。

第13條 主管機關對事業機構辦理技術生訓練，應予輔導及提供技術協助。

第14條 技術生訓練期滿，經測驗成績及格者，由事業機構發給結訓證書。

第三節 進修訓練

第15條 進修訓練，係為增進在職技術員工專業技能與知識，以提高勞動生產力所實施之訓練。

第16條 進修訓練，由事業機構自行辦理、委託辦理或指派其參加國內外相關之專業訓練。

第17條 事業機構辦理進修訓練，應於年度終了後二個月內將辦理情形，報主管機關備查。

第四節 轉業訓練

第18條 轉業訓練，係為職業轉換者獲得轉業所需之工作技能與知識，所實施

之訓練。

第19條　主管機關為因應社會經濟變遷，得辦理轉業訓練需要之調查及受理登記，配合社會福利措施，訂定訓練計畫。

　　　　主管機關擬定前項訓練計畫時，關於農民志願轉業訓練，應會商農業主管機關訂定。

第20條　轉業訓練，除本法另有規定外，由職業訓練機構辦理。

第五節（刪除）

第21條　（刪除）

第22條　（刪除）

第23條　（刪除）

第四章 職業訓練師

第24條　職業訓練師，係指直接擔任職業技能與相關知識教學之人員。

　　　　職業訓練師之名稱、等級、資格、甄審及遴聘辦法，由中央主管機關定之。

第25條　職業訓練師經甄審合格者，其在職業訓練機構之教學年資，得與同等學校教師年資相互採計。其待遇並得比照同等學校教師。

　　　　前項採計及比照辦法，由中央主管機關會同教育主管機關定之。

第26條　中央主管機關，得指定職業訓練機構，辦理職業訓練師之養成訓練、補充訓練及進修訓練。

　　　　前項職業訓練師培訓辦法，由中央主管機關定之。

第五章 事業機構辦理訓練之費用

第27條　應辦職業訓練之事業機構，其每年實支之職業訓練費用，不得低於當年度營業額之規定比率。其低於規定比率者，應於規定期限內，將差額繳交中央主管機關設置之職業訓練基金，以供統籌辦理職業訓練之用。

　　　　前項事業機構之業別、規模、職業訓練費用比率、差額繳納期限及職業訓練基金之設置、管理、運用辦法，由行政院定之。

第28條　前條事業機構，支付職業訓練費用之項目如左：

一、自行辦理或聯合辦理訓練費用。

二、委託辦理訓練費用。

三、指派參加訓練費用。

前項費用之審核辦法，由中央主管機關定之。

第29條　依第二十七條規定，提列之職業訓練費用，應有獨立之會計科目，專
　　　　款專用，並以業務費用列支。

第30條　應辦職業訓練之事業機構，須於年度終了後二個月內將職業訓練費用
　　　　動支情形，報主管機關審核。

第六章 技能檢定、發證及認證

第31條　為提高技能水準，建立證照制度，應由中央主管機關辦理技能檢定。
　　　　前項技能檢定，必要時中央主管機關得委託或委辦有關機關（構）、
　　　　團體辦理。

第31-1條　中央目的事業主管機關或依法設立非以營利為目的之全國性專業團
　　　　　體，得向中央主管機關申請技能職類測驗能力之認證。
　　　　　前項認證業務，中央主管機關得委託非以營利為目的之專業認證機
　　　　　構辦理。
　　　　　前二項機關、團體、機構之資格條件、審查程序、審查費數額、認
　　　　　證職類、等級與期間、終止委託及其他管理事項之辦法，由中央主
　　　　　管機關定之。

第31-2條　依前條規定經認證之機關、團體（以下簡稱經認證單位），得辦理
　　　　　技能職類測驗，並對測驗合格者，核發技能職類證書。
　　　　　前項證書之效力比照技術士證，其等級比照第三十二條規定；發證
　　　　　及管理之辦法，由中央主管機關定之。

第32條　辦理技能檢定之職類，依其技能範圍及專精程度，分甲、乙、丙三
　　　　級；不宜分三級者，由中央主管機關定之。

第33條　技能檢定合格者稱技術士，由中央主管機關統一發給技術士證。
　　　　技能檢定題庫之設置與管理、監評人員之甄審訓練與考核、申請檢定
　　　　資格、學、術科測試委託辦理、術科測試場地機具、設備評鑑與補
　　　　助、技術士證發證、管理及對推動技術士證照制度獎勵等事項，由中

央主管機關另以辦法定之。

技能檢定之職類開發、規範製訂、試題命製與閱卷、測試作業程序、學科監場、術科監評及試場須知等事項,由中央主管機關另以規則定之。

第34條 進用技術性職位人員,取得乙級技術士證者,得比照專科學校畢業程度遴用;取得甲級技術士證者,得比照大學校院以上畢業程度遴用。

第35條 技術上與公共安全有關業別之事業機構,應僱用一定比率之技術士;其業別及比率由行政院定之。

第七章 輔導及獎勵

第36條 主管機關得隨時派員查察職業訓練機構及事業機構辦理職業訓練情形。

職業訓練機構或事業機構,對前項之查察不得拒絕,並應提供相關資料。

第37條 主管機關對職業訓練機構或事業機構辦理職業訓練情形,得就考核結果依左列規定辦理:

一、著有成效者,予以獎勵。

二、技術不足者,予以指導。

三、經費困難者,酌以補助。

第38條 私人、團體或事業機構,捐贈財產辦理職業訓練,或對職業訓練有其他特殊貢獻者,應予獎勵。

第38-1條 中央主管機關為鼓勵國民學習職業技能,提高國家職業技能水準,應舉辦技能競賽。

前項技能競賽之實施、委任所屬機關(構)或委託有關機關(構)、團體辦理、裁判人員遴聘、選手資格與限制、競賽規則、爭議處理及獎勵等事項之辦法,由中央主管機關定之。

第八章 罰則

第39條 職業訓練機構辦理不善或有違反法令或設立許可條件者,主管機關得視其情節,分別為下列處理:

一、警告。

二、限期改善。

三、停訓整頓。

四、撤銷或廢止許可。

第39-1條　依第三十一條之一規定經認證單位，不得有下列情形：

一、辦理技能職類測驗，為不實之廣告或揭示。

二、收取技能職類測驗規定數額以外之費用。

三、謀取不正利益、圖利自己或他人。

四、會務或財務運作發生困難。

五、依規定應提供資料，拒絕提供、提供不實或失效之資料。

六、違反中央主管機關依第三十一條之一第三項所定辦法關於資格條件、審查程序或其他管理事項規定。

違反前項各款規定者，處新臺幣三萬元以上三十萬元以下罰鍰，中央主管機關並得視其情節，分別為下列處理：

一、警告。

二、限期改善。

三、停止辦理測驗。

四、撤銷或廢止認證。

經認證單位依前項第四款規定受撤銷或廢止認證者，自生效日起，不得再核發技能職類證書。

經認證單位違反前項規定或未經認證單位，核發第三十一條之二規定之技能職類證書者，處新臺幣十萬元以上一百萬元以下罰鍰。

第39-2條　取得技能職類證書者，有下列情形之一時，中央主管機關應撤銷或廢止其證書：

一、以詐欺、脅迫、賄賂或其他不正方法取得證書。

二、證書租借他人使用。

三、違反第三十一條之二第二項所定辦法關於證書效力等級、發證或其他管理事項規定，情節重大。

經認證單位依前條規定受撤銷或廢止認證者，其參加技能職類測驗人員於生效日前合法取得之證書，除有前項行為外，效力不受影

響。

第40條　依第二十七條規定，應繳交職業訓練費用差額而未依規定繳交者，自
　　　　規定期限屆滿之次日起，至差額繳清日止，每逾一日加繳欠繳差額百
　　　　分之零點二滯納金。但以不超過欠繳差額一倍為限。

第41條　本法所定應繳交之職業訓練費用差額及滯納金，經通知限期繳納而逾
　　　　期仍未繳納者，得移送法院強制執行。

第九章　附則

第42條　（刪除）

第43條　本法施行細則，由中央主管機關定之。

第44條　本法自公布日施行。

　　　　本法修正條文，除中華民國一百年十月二十五日修正之第三十一條之
　　　　一、第三十一條之二、第三十九條之一及第三十九條之二自公布後一
　　　　年施行外，自公布日施行。

附錄四　技術士技能檢定就業服務職類規範

行政院勞工委員會95年01月12日勞中二字第0950200006號函公告
行政院勞工委員會96年01月05日勞中二字第0960200025號函修正
行政院勞工委員會101年01月13日勞中一字第1000100380號函修正

級別：乙級
工作範圍：依據就業服務法第三十五條規定，就業服務乙級技術士技能檢定之
　　　　　職業介紹及人力仲介、招募、職涯諮詢輔導。
應具知能：應具備下列各項知識及技能。

工作項目	技能種類	技能標準	相關知識
一、職業介紹及人力仲介	(一)熟悉相關法令	能熟悉並正確引用相關法令	(1)就業服務法及其相關子法（含就業服務定型化契約）
	(二)蒐集、分析與應用	能蒐集、分析與應用就業市場相關資訊	(2)勞動基準法及其相關子法
			(3)就業保險法及其相關子法
			(4)職業訓練法及其相關子法
	(三)專業精神與職業倫理	能具有專業精神與職業倫理	(5)個人資料保護法及其相關子法
			(6)身心障礙者權益保障法（就業促進）
	(四)顧客關係管理	能妥善管理與應用顧客關係	(7)性別工作平等法
			(8)勞工保險條例
	(五)政府與社會資源之運用	能有效運用社會與政府相關資源	(9)勞工退休金條例
			(10)勞資爭議處理法
			(11)大量解僱勞工保護法
			(12)就業市場基本概念及資訊蒐集與分析運用
			(13)職業道德與專業倫理
			(14)社會資源運用（含公立與私立就業服務機構、社會福利機構、職業訓練機構等社會資源運用）

二、招募	(一)面試技巧	能嫻熟面試技巧	(1)就業媒合會談技巧概論與實務
	(二)職務及職能分析	能分析職務及職能所需之專業能力與條件	(2)行職業概念、分類及分析方法 (3)情緒管理與人際溝通
	(三)情緒管理與人際溝通	能做好情緒管理與人際溝通	
三、職涯諮詢輔導	(一)簡易職業心理測驗與分析	能進行簡易職業心理測驗與分析	(1)職業心理測驗（含重要工具簡介及分析運用）
	(二)職涯諮詢技巧	熟悉職涯諮詢技巧	(2)職業生涯諮商重要理論與技巧

法令修正變動快速，包括其餘相關法令可至勞動部（http://www.mol.gov.tw）或勞動力發展署（http://www.wda.gov.tw）或全國法規資料庫（http://law.moj.gov.tw）等相關網站查詢。

就業安全理論與實務

作　　者／李庚霈

出 版 者／揚智文化事業股份有限公司

發 行 人／葉忠賢

總 編 輯／閻富萍

特約執編／鄭美珠

地　　址／新北市深坑區北深路三段 260 號 8 樓

電　　話／(02)8662-6826

傳　　真／(02)2664-7633

網　　址／http://www.ycrc.com.tw

E-mail ／ service@ycrc.com.tw

印　　刷／鼎易印刷事業股份有限公司

I S B N ／978-986-298-172-6

初版一刷／2004 年 4 月

二版一刷／2015 年 2 月

定　　價／新台幣 550 元

國家圖書館出版品預行編目資料

就業安全理論與實務 / 李庚霈作. -- 二版.
-- 新北市：揚智文化, 2015.02
面；　公分

ISBN 978-986-298-172-6（平裝）

1.就業 2.職業訓練 3.失業保險

542.7　　　　　　　　　　104000277